大学学科地图丛书

丛书总策划　　周雁翎

社会科学策划　　刘　军

人文学科策划　　周志刚

大学 学科地图 丛书

经济学与管理学系列

A GUIDEBOOK FOR STUDENTS

管理学
学科地图

主　编　谭力文
副主编　包玉泽　刘林青　刘明霞

图书在版编目(CIP)数据

管理学学科地图/谭力文主编. —北京:北京大学出版社,2019.11
(大学学科地图丛书)
ISBN 978-7-301-30870-7

Ⅰ. ①管… Ⅱ. ①谭… Ⅲ. ①管理学—高等学校—教材 Ⅳ. ①C93

中国版本图书馆CIP数据核字(2019)第216019号

书　　　名	管理学学科地图 GUANLIXUE XUEKE DITU
著作责任者	谭力文　主编　　包玉泽　刘林青　刘明霞　副主编
责任编辑	刘　军
标准书号	ISBN 978-7-301-30870-7
出版发行	北京大学出版社
地　　　址	北京市海淀区成府路205号　100871
网　　　址	http://www.pup.cn　　新浪微博:@北京大学出版社
电子信箱	zyl@pup.cn
电　　　话	邮购部 010-62752015　发行部 010-62750672　编辑部 010-62767346
印　刷　者	河北滦县鑫华书刊印刷厂
经　销　者	新华书店 730毫米×1020毫米　16开本　18.25印张　280千字 2019年11月第1版　2019年11月第1次印刷
定　　　价	65.00元

未经许可,不得以任何方式复制或抄袭本书之部分或全部内容。
版权所有,侵权必究
举报电话:010-62752024　电子信箱:fd@pup.pku.edu.cn
图书如有印装质量问题,请与出版部联系,电话:010-62756370

大学学科地图丛书
编写说明

"大学学科地图丛书"是一套简明的学科指南。

这套丛书试图通过提炼各学科的研究对象、概念、范畴、基本问题、致思方式、知识结构、表述方式,阐述学科的历史发展脉络,描绘学科的整体面貌,展现学科的发展趋势及前沿,将学科经纬梳理清楚,为大学生、研究生和青年教师提供进入该学科的门径,训练其专业思维和批判性思维,培养学术兴趣,使其了解现代学术分科的意义和局限,养成整全的学术眼光。

"大学学科地图丛书"的作者不但熟谙教学,而且在各学科共同体内具有良好的声望,对学科历史具有宏观全面的视野,对学科本质具有深刻的把握,对学科内在逻辑具有良好的驾驭能力。他们以巨大的热情投入到书稿的写作中,对提纲反复斟酌,对书稿反复修改,力图使书稿既能清晰展现学科发展的历史脉络,又能准确体现学科发展前沿和未来趋势。

近年来,弱化教学的现象在我国大学不断蔓延。这种倾向不但背离了大学教育的根本使命,而且直接造成了大学教育质量的下滑。因此,当前对各学科进行系统梳理、反思和研究,不但十分必要,而且迫在眉睫。

希望这套丛书的出版能为大学生、研究生和青年教师提供初登"学科堂奥"的进学指南,能为进一步提高大学教育质量、推动现行学科体系的发展与完善尽一份心力。

北京大学出版社

前　言

《管理学学科地图》是一本不易撰写的书籍,其困难主要产生于管理学界众所周知的问题:研究的场域不清晰;研究的对象不明确;管理学究竟是科学还是艺术;管理学的学习究竟是知还是行;等等。这一系列问题不仅伴随着一百多年科学管理思想、理论、方法的发展,也使管理学理论一直徘徊、前行在莽莽的理论"丛林"和学界争议中。记得一次与北京大学出版社刘军编辑通话,就如何界定该书的框架、结构、内容等反复讨论,直到手机电池耗尽才意犹未尽地结束。

一本书应该有其内在的逻辑和围绕主干逻辑的框架。为此,本书的编著人员讨论了多次:面对管理学"丛林"般的理论体系,面对林林总总的各类组织理论,特别是面对管理学界的无穷争议,我们应该如何选择编写的逻辑、框架,去实现本书的编写目的呢?

我们思考的结果是,将该书的编写思路定位于管理学理论的范畴,因为,管理学理论既是管理学科的基础,也是各类组织管理活动实施必须参考的基础理论,更是管理走向科学之后管理学研究的重点。

考虑到管理思想发展的"文化因素",在编写过程中,我们始终将管理学理论的陈述、分析和思考置于世界政治、经济、技术的文化因素的框架中。同时,在管理学理论从传统经验进入现代科学之后,美国管理学术界一直引领着世界管理学的发展,在研究内容、模式乃至研究方法上为各国管理学术界指引着方向,因此我们也介绍了美国社会发展进程对管理学理论的影响,以便更为清晰地展现管理学理论发展的路径。

我们主要依照亨利·法约尔(Henri Fayol)所构建、得到管理学界普遍认可的管理过程学派理论的框架来进行写作。这样编写或许会存在异议,但从管理学,特别是管理思想史发展的历程来看,这样做是能够得到管理学界的基本赞同的。

本书的编著是集体劳作的成果。谭力文撰写了本书的第一、二、三和十二章;包玉泽撰写了第四、十章(其中第二节由曹祖毅博士提供了初稿);刘明霞撰写了第五、六章;刘林青撰写了第九、十一章;第七章是参与编写人员共同的成果,其中谭力文撰写了第一节,刘明霞撰写了第二节,包玉泽撰写了第三、四节,刘林青撰写了第五节;第八章的第一、二节由谭力文完成,第三、四节为包玉泽撰写。本书的编写大纲和结构设计,经集体讨论后,由谭力文、包玉泽负责拟定。初稿完成后,由谭力文、包玉泽对书稿进行了统稿、润色工作,最后由谭力文定稿。主编对参加工作的各位老师表示深深的感谢,也对北京大学出版社刘军先生表示感谢。没有大家的参与,没有刘编辑的指导和帮助,本书是难以完成的。

《管理学学科地图》是一本探索性的著作,虽经努力,但肯定存在争议之处,或仍需探讨的地方。本书是一项"抛砖引玉"的工作,期待着学界同人、读者朋友的批评、指正。

谭力文

2019 年秋于武汉大学珞珈山

目 录

第一编 管理学学科综述

第一章 管理学学科概述 ……………………………………………（3）
  第一节 管理学学科概况 …………………………………………（3）
  第二节 管理学学科的基本概念与内涵 …………………………（5）

第二章 管理学学科历史（上）……………………………………（11）
  第一节 历史的回顾 ………………………………………………（11）
  第二节 科学管理思想的出现 ……………………………………（13）
  第三节 行为管理思想 ……………………………………………（18）

第三章 管理学学科历史（下）……………………………………（21）
  第一节 管理学理论在第二次世界大战后发展的环境分析 ……（21）
  第二节 管理学理论在第二次世界大战后的发展 ………………（26）
  第三节 中国管理学学科的发展 …………………………………（38）

第二编 管理学主要学派与理论

第四章 管理学主要理论学派 ……………………………………（43）
  第一节 管理学理论学派的演化 …………………………………（43）
  第二节 管理学主要理论学派 ……………………………………（47）

第五章 管理学理论（微观视角）…………………………………（56）
  第一节 工作特征理论 ……………………………………………（56）
  第二节 期望理论 …………………………………………………（58）

第三节 公平理论 …………………………………………… (61)
第四节 目标设置理论 ………………………………………… (64)
第五节 社会交换理论 ………………………………………… (69)
第六节 社会认同理论 ………………………………………… (73)
第七节 社会学习理论 ………………………………………… (76)
第八节 认知评价理论 ………………………………………… (79)
第九节 路径-目标理论 ………………………………………… (82)
第十节 变革型领导理论 ……………………………………… (86)
第十一节 前景理论 …………………………………………… (88)
第十二节 社会信息加工理论 ………………………………… (90)

第六章 管理学理论(宏观视角) ………………………………… (94)
第一节 代理理论 ……………………………………………… (94)
第二节 资源依赖理论 ………………………………………… (96)
第三节 权变理论 ……………………………………………… (99)
第四节 高阶梯队理论 ………………………………………… (101)
第五节 种群生态学理论 ……………………………………… (105)
第六节 资源基础理论 ………………………………………… (109)
第七节 制度理论 ……………………………………………… (113)
第八节 交易成本经济学 ……………………………………… (117)

第三编 管理学学科基础概念

第七章 管理学学科基础概念 …………………………………… (123)
第一节 管理学基础概念 ……………………………………… (123)
第二节 计划职能的基础概念 ………………………………… (127)
第三节 组织职能的基础概念 ………………………………… (131)
第四节 领导职能的基础概念 ………………………………… (135)
第五节 控制职能的基础概念 ………………………………… (140)

第四编　管理学学科代表人物

第八章　管理学学科代表人物 (147)
- 第一节　科学管理的代表人物 (147)
- 第二节　行为科学管理阶段的代表人物 (153)
- 第三节　管理丛林阶段的代表人物 (156)
- 第四节　现代管理思潮的代表人物 (171)

第五编　管理学学科研究方法

第九章　管理学主要研究方法 (185)
- 第一节　研究方法的类型与研究战略 (185)
- 第二节　实验法与准实验法 (193)
- 第三节　问卷调查法 (194)
- 第四节　非介入性研究 (197)
- 第五节　案例研究 (199)
- 第六节　系统性文献回顾与元分析 (201)

第六编　管理学学科前沿

第十章　管理学学科发展热点与前沿 (207)
- 第一节　热点与前沿之一：管理理论与实践的关系 (207)
- 第二节　热点与前沿之二：管理学在中国的发展道路 (212)
- 第三节　热点与前沿之三：管理创新 (216)
- 第四节　热点与前沿之四：管理时尚 (225)
- 第五节　热点与前沿之五：领导理论的新进展 (231)
- 第六节　热点与前沿之六：社会网络研究 (240)
- 第七节　热点与前沿之七：网络时代的商业模式 (244)

第八节 热点与前沿之八：企业社会责任 …………………… (248)

第七编　管理学重要学术组织与经典文献

第十一章　管理学重要学术组织及学术期刊 …………………… (257)
第一节 管理学重要学术组织 …………………………………… (257)
第二节 管理学重要学术期刊 …………………………………… (259)

第十二章　管理学学科经典文献 ………………………………… (267)
第一节 一般管理理论的经典著作 ……………………………… (267)
第二节 企业战略管理理论的经典著作 ………………………… (271)
第三节 管理思想史的经典著作 ………………………………… (274)
第四节 管理学研究方法的重要著作 …………………………… (275)

第一编

管理学学科综述

第一章 管理学学科概述

管理学属于社会科学,但相对于其他社会科学学科来说,可能是近百年来发展较快、争议很大的学科。例如,管理学学科的创始人之一亨利·法约尔(Henri Fayol)在研究管理问题时指出,在企业的"六组活动"或"六种基本职能"——技术、商业、财务、安全、会计与管理——中,不论企业大小,复杂还是简单,对于其中的管理活动或管理职能,总是需要更多的说明和解释。[①] 彼得·德鲁克(Peter F. Drucker)认为:管理是涉及行动与应用的学科,评价管理的标准应该是成效,这使管理成为一种技术。[②] 赫伯特·西蒙(Herbert A. Simon)认为,目前流行的管理原则有致命的缺陷,管理原则也总是成对出现。无论对哪个原则来说,几乎都能找到另一个看来同样可信、可接受的对立原则。虽然成对的两个原则会提出两种完全对立的组织建议,可是,管理理论却没有指明,究竟哪个原则才适用。[③] 这些管理学界泰斗们的话深刻地揭示了管理学学科的特征,体现了管理学学科可能存在的问题,同时表明为管理学撰写一本学科指南或描绘出一本"学科地图"的不易。

第一节 管理学学科概况

作为一本介绍管理学科基础理论、知识结构的学科指南,要清晰地描述出"管理学学科地图"并非易事。在我国教育部颁布的普通高等学校本科专业目录中,管理学门类下设专业类 9 个,专业 46 个(见表 1-1)。同样为教育部颁布的研究生学位授予和人才培养学科目录中,管理学门类下设一级学科 5 个,二级学科(专业)15 个(见表 1-2)。由于对这样庞大的学科群进行描述、梳理和"绘制"不是易事,所以还很少见根据管理学学科设置或分类开展全面研究的学术成果。

[①] 〔法〕亨利·法约尔.工业管理与一般管理.周安华,林宗锦,展学仲,等译.北京:中国社会科学出版社,1982:2.

[②] 〔美〕彼得·德鲁克.德鲁克管理思想精要.李维安,王世权,刘金岩,译.北京:机械工业出版社,2007:10.

[③] 〔美〕赫伯特·A.西蒙.管理行为.詹正茂,译.北京:机械工业出版社,2004:26.

表1-1 教育部普通高等学校管理类本科专业目录

类别	管理科学与工程类	工商管理类	农业经济管理类	公共管理类	图书情报与档案管理类	物流管理与工程类	工业工程类	电子商务类	旅游管理类
专业	管理科学	工商管理	农林经济管理	公共事业管理	图书馆学	物流管理	工业工程	电子商务	旅游管理
	信息管理与信息系统	市场营销	农村区域发展	行政管理	档案学	物流工程			酒店管理
	工程管理	会计学		劳动与社会保障	信息资源管理				会展经济与管理
	房地产开发与管理	财务管理		土地资源管理					
	工程造价	国际商务		城市管理					
		资产评估							
		物业管理							
		文化产业管理							
		人力资源管理							

资料来源：中华人民共和国教育部网站．[2015.07.05] http://www.moe.edu.cn/publicfiles/business/htmlfiles/moe/s3882/201210/143152.html.

表1-2 教育部普通高等学校管理类研究生专业目录

一级学科	管理科学与工程	工商管理	农林经济管理	公共管理	图书情报管理
二级学科		会计学	农业经济管理	行政管理	图书馆学
		工商管理（含：财务管理、市场营销、人力资源管理）	林业经济管理	社会医学与卫生事业管理	情报学
		技术经济与管理		教育经济与管理	档案学
		旅游经济与管理		社会保障	
				土地资源管理	

资料来源：中国学位与研究生教育信息网．[2015.07.05] http://www.cdgdc.edu.cn/xwyyjsjyxx/sy/glmd/264462.shtml.

与其他学科相比,管理学学科形成这种局面是有其原因的。简略地讲,就是人类为了生存与发展,先后建立了家庭、氏族、宗教团体、军队、国家、企业等各类组织,这些林林总总的组织都各有其使命、目标、任务、工作,由组织最为基本的元素——人构成,都有希望建立组织和维系组织发展壮大的特点,但每类组织运行的规则、机制有很大的不同,组织管理的原则与方法存在一定的差异,由此就形成了各自的理论体系。这就向我们提出了难题:究竟依据什么管理理论体系去确立"地图"的"地标",编织"地图"的"经"与"纬",在繁杂的"管理丛林"中清理或开辟出较为清晰的路径,方便读者的学习。这自然成为本书编写思路的重中之重,也必然是开篇需要说明的问题。

好在管理学研究者为管理学学科理论的梳理提出了有益的意见。如德鲁克所说:"任何讨论管理的书籍,都必须以工商管理为中心。"①"作为一门特殊的学科,管理有其自己的基本问题、特殊方法和特别关心的领域。……相对而言,那些只知道管理技巧和管理手段,但并不理解管理学基本原理的人,却不是一个管理者,他们最多只能算是一个技术人员。"②他在承认各类组织的管理方式存在差异之后认为:"这些差异主要应该体现在应用上,而不应该体现在管理原则上。"他的结论是:"**管理是所有组织机构所特有的、独具特色的器官。**"③这表明,以企业的管理活动为主要的研究对象,将研究工作集聚在管理学学科的基本原理上,是厘清管理学理论、绘制"管理学学科地图"的关键所在,这也就形成了本书撰写的出发点和编写依据。

第二节　管理学学科的基本概念与内涵

一、管理的概念

"管理"是管理学学习初始必须了解的概念。在英文中有两个词与"管理"对应,一个是 management,另一个是 administration。从词义上讲,ad-

---

① 〔美〕彼得·德鲁克.管理:使命、责任、实务(使命篇).王永贵,译.北京:机械工业出版社,2006:9.
② 同上书,18.
③ 〔美〕彼得·德鲁克.德鲁克管理思想精要.李维安,王世权,刘金岩,译.北京:机械工业出版社,2007:64-65.文中黑体为原文加注.

ministration 似偏向行政管理、组织高层管理,而在工商管理领域 management 用得更多,如世界通行介绍管理学原理的书籍,一般都用 management。

Management 是美国管理学界习用的词,这也是该词更为普及的原因之一,但如何理解这个词却需要格外注意。"'管理'(management)这个词是极难理解的。首先,它是美国人特有的一个单词,很难翻译成其他语言,甚至很难准确地翻译成英国的英语。它表明一种职能,但同时又指执行这一职能的人。它表明一种社会地位和层级,但同时也指一门学科和一个研究领域。"[①]

在本书中我们所用的"管理"一词主要是指向学科、研究领域,更侧重于管理学学科理论,但也可能旁及其他的含义。

在《现代汉语词典》中,对"管理"词条的解释是:"负责某项工作使顺利进行";"保管和料理";"照管并约束(人和动物)"。[②]

在管理学经典文献中,对管理的解释是多样化的:

"管理的主要目的应该是使雇主实现最大限度的富裕,也联系着使每个雇员实现最大限度的富裕。"[③]

"管理,就是实行计划、组织、指挥、协调和控制。""管理职能只是作为社会组织的手段和工具。其他职能涉及原料和机器,而管理职能只是对人起作用。"[④]

"管理的基本任务仍然没有改变,依旧是:使人们能为了共同的目标、带有共同的价值观,在适当的组织内,通过培训和开发共同开展工作以及对外界变化做出相应的反应。"[⑤]

"管理是在正式组织中,通过或与人完成任务的艺术,是在组织的团体中创造环境的艺术,是在组织中能够以个人和合作的方式完成组织目标的

---

① 〔美〕彼得·德鲁克.管理:使命、责任、实务(使命篇).王永贵,译.北京:机械工业出版社,2006:5.
② 中国社会科学院语言研究所词典编辑室.现代汉语词典.5版.北京:商务印书馆,2005:505.
③ 〔美〕F.W.泰罗.科学管理原理.胡隆昶,冼子恩,曹丽顺,译.北京:中国社会科学出版社,1984:157.
④ 〔法〕亨利·法约尔.工业管理与一般管理.周安华,林宗锦,展学仲,等译.北京:中国社会科学出版社,1982:5,22.
⑤ 〔美〕彼得·德鲁克.德鲁克管理思想精要.李维安,王世权,刘金岩,译.北京:机械工业出版社,2007:3.

艺术,是在完成这些工作中消除障碍的艺术,是在有效地达到目标时获取最优效率的艺术。"[1]

"给管理下一个广义而又切实可行的定义,可以把它看成是这样的一种活动,即它发挥某些职能,以便有效地获取、分配和利用人的努力和物质资源,来实现某个目标。"[2]

"管理指的是协调和监管他人的工作活动,从而使他们有效率、有效果地完成工作。"[3]

从以上林林总总的管理定义中可以感觉到管理学目前的"丛林"现象,但细看上去也可以发现,在管理的定义中总会出现"组织""目标""协调""人""效率""效果"这样的词,这表明管理工作是组织的活动,管理工作的重点在于理解与知晓人,并在此基础上通过种种方法与手段实现组织与组织中的人的目标的协调,以确保组织整体目标与组织成员个人理想的实现。

二、管理活动的内涵

人类的管理工作既是人类特有的社会活动,也是确保组织顺利建立、有序发展、成功壮大的重要工作。为什么需要管理、管理工作具有什么特点,是管理学学科研究中长期争论的问题。

美国学者切斯特·巴纳德(Chester I. Barnard)在《经理人员的职能》一书中指出:"在正式组织中,或由正式组织进行的成功的协作是非正常的,而不是正常的。""在人类的历史中,显著的事实是,协调的失败,协作的失败,组织的失败,组织的解体、崩坏和破坏。"[4]巴纳德从组织运行和构成组织的人进行了分析。他认为,协作的存续(survival)取决于以下两种相互关联和相互依存的过程:① 同整个协作体系和环境的关系有关的过程;② 同满足个人需要的成果的创造和分配有关的过程。而协作的持续(persistence)取决于两个条件:① 协作的有效性(effectiveness,也有译为效果);② 协作的能率(effi-

---

[1] 〔美〕哈罗德·孔茨.管理理论的丛林.见:张钢.管理学文选选读.杭州:浙江大学出版社,2008:95.
[2] 〔美〕丹尼尔·A.雷恩.管理思想的演变.赵睿,肖聿,陆钦琰,等译.北京:中国社会科学出版社,2000:2.
[3] 〔美〕斯蒂芬·罗宾斯,〔美〕玛丽·库尔特.管理学.刘刚,程熙镕,梁晗,等译.北京:中国人民大学出版社,2017:8.
[4] 〔美〕C.I.巴纳德.经理人员的职能.孙耀君,等译.北京:中国社会科学出版社,1997:4-5.

ciency，也有译为效率）。① 巴纳德认为，参加组织的人的个人意愿与组织的目标存在着不同，所以组织的管理人员要在实现组织目标的同时，兼顾组织成员个人目标的实现，力图达到"有效性"与"能率"的统一，以实现组织的持续发展。

组织的存续，对外需要注意环境的变化，让组织的发展能够适应组织所依赖的环境，对内需要注意公正的分配，兼顾组织目标与组织成员利益的共同实现，巴纳德认为这是管理人员维系组织存续的主要手段。在当今的管理学教材中，人们一般沿用法约尔所构建的管理过程框架（计划—组织—领导—控制）。从管理日常工作的逻辑上看，计划职能负责组织的发展计划与战略的制定；再确定组织的机构、部门的设置，实现权、责、利的合理安排；然后选定有效的领导方式和恰当的激励方式，维系组织的运行与发展；最后根据计划的要求，设置控制标准，进行控制，确保计划的完成。在计划、组织、领导和控制这四大职能中，计划与控制基本对应着组织与组织环境的协调问题，而组织和领导职能则与协调组织和组织成员目标有关。

组织的管理工作始终是人与人之间的交往与管控。人不仅是构成组织的基本元素，而且更为重要的是，制订计划、建立组织、开展领导和实行控制都是人在研究和实施，对人实行调节与安排，有效性与能率都是人之需要、人之追求。深刻理解"管理是关于人的管理"，懂得"管理职能只是对人起作用"，是把握管理学理论内涵与属性的关键。

三、管理学学科的特点

在管理学的学习、研究中，困惑或争议是普遍存在的："当今的管理领域同时也是一个让人颇为困惑的领域，百年的发展历程，留给人们的并不完全是清晰的理论架构、统一的研究范式和系统的知识积累，人们对于管理领域的批评之辞仍不绝于耳。"② 这是管理学理论发展过程中长期存在的问题。为什么？这与管理活动及管理学科的独特特征有关。

概括地说，管理学研究的核心内容——管理活动——具有以下的特征。

第一，管理是一项具有高度灵活性的工作。管理工作的主要对象是人，并随时需要保证组织与其运行环境的适应和匹配，这就使得在管理工作中

---

① 〔美〕C.I.巴纳德. 经理人员的职能. 孙耀君，等译. 北京：中国社会科学出版社，1997：50.
② 高良谋，高静美. 管理学的价值性困境：回顾、争鸣与评论. 管理世界，2011，1：145.

绝无死板的原则和方法。它必须根据环境的变化、组织的状况、组织领导人的价值观、组织员工的特点、任务的性质等对管理的原则、方法进行调整,以确保管理工作的有效性,这就大大增加了管理工作的难度。法约尔在谈到管理工作的特点时就指出:"在管理方面,没有死板和绝对的东西,这里全部是尺度问题。我们在同样的条件下,几乎从不两次使用同一原则,因为应当注意到各种可变的条件,同样也应注意到人的不同和注意许多其他可变的因素。"[1]他还认为,由机智和经验合成的掌握尺度的能力是管理人员的主要才能之一。[2] 这些对管理活动的准确分析和深刻见解对理解管理学是有帮助的。

第二,管理活动具有自然属性与社会属性。人类的管理活动具有两重性,即自然属性和社会属性,是马克思分析资本主义时代工厂管理问题时的重要发现。马克思曾指出,资本家的管理不仅是一种由社会劳动过程的性质产生并属于社会劳动过程的特殊职能,它同时也是一种剥削社会劳动过程的职能,因而也是由剥削者和他所剥削的原料之间不可避免的对抗决定的。[3]由于管理工作主要是与人打交道,所以管理工作会涉及组织中人与人之间的利益及其矛盾甚至冲突,如组织与组织成员、所有者与经营者、管理者与雇员、上级与下级、命令与服从等体现人际关系等方面的内容。管理工作的这个特点要求在学习世界各国先进或成功的管理理论时,应注意区分合乎生产力发展规律和体现生产关系内容的不同方面,注意吸取精华,排除糟粕;应在实际工作中按社会制度、文化传统的要求和习惯,确立组织中正确的管理模式,有效地开展管理工作;应懂得和知晓,管理工作首要的任务是正确地处理好人与人的关系,特别是组织管理者与组织成员的关系,这既是管理的基本常识,也是管理工作永恒的主题。

第三,管理学学科兼具科学性和艺术性。管理学究竟是一门科学,还是一门艺术,是管理学学科理论研究和实践工作中颇有争议的问题。从目前的研究成果看,人们普遍的看法是,组织的管理既是一门科学,又是一门艺

---

[1] 〔法〕亨利·法约尔.工业管理与一般管理.周安华,林宗锦,展学仲,等译.北京:中国社会科学出版社,1982:22.
[2] 同上书,23.
[3] 〔德〕卡尔·马克思.资本论(第一卷).中共中央马克思恩格斯列宁斯大林著作编译局,译.2版.北京:人民出版社,2004:384.

术,是科学与艺术有机结合的工作。管理学学科理论的科学性来自对管理活动理论性的归纳、抽象和描述,往往体现的是学术知识。它突出了在社会科学的领域存在着可适用于任何组织、反映组织管理工作内在规律并能指导组织管理活动的理论体系。这些理论中包含着普遍适用的管理理论、管理原理和管理方法,有一套独立于其他学科的分析问题、解决问题的科学方法。管理学学科的艺术性来自对管理实践工作中经验的概括和描述,往往体现的是经验知识。它突出了管理者在特定时间、特定背景下作为特定个体的个人经验,即在工作中创造性地运用管理原理、使组织经营顺应环境的发展和变化从而取得成功的有关特定情境的知识。它突出了在管理工作中管理人员除了要掌握适用于组织类型的管理理论和方法外,还必须结合实际灵活地运用这些理论和方法,更要注意经营理念、管理思想的创新。美国学者哈罗德·孔茨(Harold Koontz)对管理学理论的科学性与艺术性进行了总结:"科学和艺术并不相互排斥,而是相互补充的……无所不知、万事灵验的科学是不存在的,所以科学不是艺术家的万能工具。这个道理对于诊断疾病、设计桥梁或管理公司而言都是适用的。"①

---

① 〔美〕哈罗德·孔茨,〔美〕西里尔·奥唐奈,〔美〕海因茨·韦里克.管理学.黄砥石,陶文达,译.北京:中国社会科学出版社,1987:16-17.

第二章 管理学学科历史(上)

理论的发展是学科发展的主要推手和标志,在管理学学科发展中自然离不开管理学理论的发展。在回溯管理学学科历史发展进程时,我们重点提炼管理学理论的发展过程。

管理学理论或实践的发展都与人类自身的发展密切相关。自从人类出现,就逐渐有了群体的活动,也就出现了协调群体活动的管理工作,但人类管理活动从传统进入现代、从经验走向科学,却是人类社会发展的重要阶段——产业革命中出现企业的结果。

管理学理论的演变与发展具有动态性,美国学者丹尼尔·雷恩(Daniel A. Wren)认为其演变的基本规律是:"管理具有开放系统的特征,在此,管理者能够影响他们的环境,反过来,他们也被环境影响。""为了理解这种演变,即这种动态的变化和发展过程,我们需要为管理思想的演变建立一种文化的分析框架。"对于文化分析框架的要素,雷恩认为"仅限于经济、社会、政治和科技方面能够影响组织管理工作的具体理念"。[①] 雷恩所建立的文化分析框架对理解管理学思想演变及研究管理学发展过程是有意义的(见图 2-1)。

第一节 历史的回顾

物竞天择,适者生存,达尔文的进化论思想充分诠释了人类能够统治地球万物的自然规律。可以想象,当我们的祖先刚从树上跳下、开始行走之时,就面临着禽兽的攻击、自然的磨砺,为抗击禽兽、适应自然,唯一的方法就是利用人类的智慧进行群聚,以共同的智慧和力量来抵御可能的威胁。在这种群聚的过程中,必然会产生人们群聚的首领,首领的安排、分工、分配与协调,这些基本的管理职能也就出现了。管理活动是人类社会活动的特有现象,它的产生与人类的出现、发展基本同步。人类有组织的活动和与此

---

① 〔美〕丹尼尔·A.雷恩,〔美〕阿瑟·G.贝德安.管理思想史(第6版).孙健敏,黄小勇,李原,译.北京:中国人民大学出版社,2012:4.

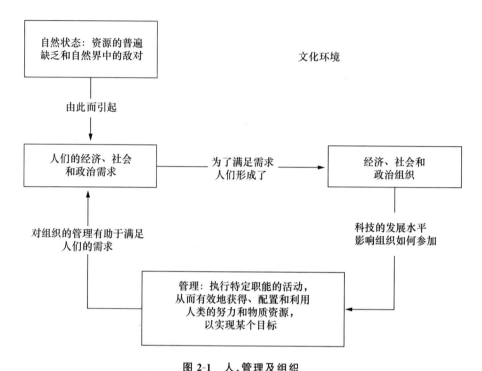

图 2-1　人、管理及组织

资料来源：〔美〕丹尼尔·A.雷恩，〔美〕阿瑟·G.贝德安.管理思想史（第6版）.孙健敏，黄小勇，李原，译.北京：中国人民大学出版社，2012：7.

有关的管理活动有着悠久的历史，但传统的管理活动、思想与现代科学的管理思想、理论出现的重大历史分野在于产业革命的出现，产业革命创造了适应其自身发展需要的工厂（企业、公司）这一组织形式，而孕育、导致产业革命出现的社会文化为科学管理思想的出现创造了契机。

为了克服稀缺资源、自然环境带来的威胁，人类的祖先萌发了建立经济、政治、社会组织的需求。有组织的活动能有效地帮助当时相对弱小的人类战胜严峻的自然环境，促进有限资源的分配、使用，管理活动也就自然地产生和发展起来。但在产业革命之前，人类的组织形式和管理活动主要体现在宗教活动、军队作战和国家施政上，且管理思想的传授方法主要以经验传授为主，缺乏较为明确的概念和系统的理论体系。雷恩在总结人类管理思想的演变时指出："在早期管理思想中，占据统治地位的是反商业、反成就和很大程度上反人性的文化价值观。当人们被生活地位和社会身份束缚，当君主通过中央命令实施统治,当人们被要求不考虑个人在现世的成就而要等待来世的更好命运,工业化是不可能出现的。在工业革命之前,经济和社会基本上是停滞不前的,而政治价值观是由某个中央权威做出的单方决定。虽然出现了一些早期的管理理念,但它们在很大程度上是局域的。组织可以依靠君权神授、教义对忠诚信徒的号召以及军队的严格纪律来进行管理。在这些非工业的情境下,没有或几乎没有必要创造一种正式的管理思想体系。"[1]雷恩的基本结论是:"管理实践古已有之,但对于管理知识体系的正式研究则相对新鲜。"[2]

第二节 科学管理思想的出现

14世纪中叶在意大利兴起、16世纪在欧洲盛行的文艺复兴运动为欧洲资本主义的发展提供了契机。文艺复兴提倡人文主义的精神,肯定了人的价值和尊严,倡导个性解放,反对愚昧迷信的神学思想,对长期禁锢人们的神学思想产生了巨大的冲击,为科学的发展、生产力的解放创造了条件。18世纪下半叶,英国率先出现了工业革命。在工业革命中,科学迅猛地推动着各行业的发展,特别是蒸汽机、内燃机、电动机广泛使用,出现了机器取代人工的重大生产形式变革。机器的广泛使用,不仅大大地提高了生产效率,而且使传统的生产作坊一跃成为适应大规模生产的工厂,从根本上改变了工业的生产模式和生产组织形式。现代工业和现代工厂的出现,对传统的管理方法提出了挑战。如在以机器运转为特征的高速生产过程中,如何保证生产的连续性、节奏性和均衡性?在产量越来越大的情况下,如何保证产品的质量、标准化,保证产品的市场销售?如何在生产的过程、技术的标准、产品的质量都实现了标准化后,实现人与工作的规范统一?如何在需要大量投资建设工厂时避免经营风险?特别是工厂这类以追求自身经济利益和市场竞争为主要特征的新型社会组织形式,难以简单套用旧有的宗教、国家和军队的管理思想和方法,这一问题正如雷恩所揭示的:"新兴的工厂体制提

---

[1] 〔美〕丹尼尔·A.雷恩,〔美〕阿瑟·G.贝德安.管理思想史(第6版).孙健敏,黄小勇,李原,译.北京:中国人民大学出版社,2012:27-28.
[2] 同上书,3.

出了不同以往的管理问题。教会能够组织和管理其财产,是因为教义以及忠诚信徒的虔诚;军队能够通过一种严格的等级纪律和权威来控制大量人员;政府官僚机构能够在无须面对竞争或获取利润的情况下运转。但是,新工厂体制下的管理者无法使用上述任何一种办法来确保各种资源的合理使用与配置。"①

伴随着资本主义社会的发展、企业组织形态的变化以及科学技术的发展,管理学理论在西方得到了快速发展,出现了不同的理论流派。图2-2概括地反映了管理思想、管理理论在西方的发展历程和各个阶段所包含的流派的大致情况。

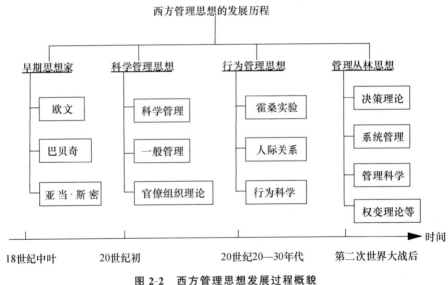

图 2-2 西方管理思想发展过程概貌

资料来源:根据相关资料整理。

一、早期的管理思想

科学管理思想出现之前的早期代表人物有罗伯特·欧文(Robert Owen)。欧文被称为"一位自相矛盾的人物"。他本人既是一位颇有成就的企业

---

① 〔美〕丹尼尔·A.雷恩,〔美〕阿瑟·G.贝德安.管理思想史(第6版).孙健敏,黄小勇,李原,译.北京:中国人民大学出版社,2012:33.

家,也是一位批判资本主义社会罪恶的空想社会主义者。他在兴办企业时,曾用四种不同的颜色作为对职工工作评价的标志,并把它们分别挂在工人工作的机器上,用以鼓励先进,批评落后。他也理解人的重要性,认为把钱用于改善劳动条件,会得到更大的回报。查尔斯·巴贝奇(Charles Babbage)是英国剑桥大学著名的数学家,他十分推崇工厂中分工的作用,认为劳动分工会大大提高生产效率。他了解到企业规模扩大会有利于资源的利用,也大力宣传协调工人与工厂主的利益。亚当·斯密(Adam Smith)是英国著名的经济学家,他在经济学研究中,将人的利己主义本性作为经济研究的前提,把经济现象看成是具有利己主义本性的经济人活动的结果,创立了对科学管理思想有着重要影响的"经济人"假设。他也曾关注过机器生产方式在英国工厂中带来的积极成果,推崇工厂中的分工。他指出:"劳动生产力上最大的增进,以及运用劳动时所表现的更大的熟练、技巧和判断力,似乎都是分工的结果。"①

随着企业规模的扩大,经济学家在企业的运行中看到了企业家的作用,并开始把资本、劳动力和土地资源的整合者和管理者——企业家视为生产的第四大经济要素。最先从经济学角度提出"企业家"这一词语的经济学家是从爱尔兰移居到法国的理查德·坎蒂隆(Richard Cantillon)。随后,弗朗索瓦·魁奈(Francois Quesnay)、让·巴蒂斯特·萨伊(Jean Baptiste Say)、阿尔弗雷德·马歇尔(Alfred Marshall)等经济学家都认识到了企业家的作用,把企业家视为敢于承担风险并具有监督和管理企业能力的管理者。

二、科学管理思想的出现

在创建、构建科学管理思想、理论上做出重要贡献的有弗雷德里克·泰罗(Frederick W. Taylor)、亨利·法约尔和马克斯·韦伯(Max Weber)等人。

1. 科学管理思想在美国的出现

19世纪末,美国成为世界上最为发达的工业国家,并取代英国成为全球的新霸主。1884年美国的工业产值超过农业,1890年美国的工业产值居世界第一,成为最大的工业国。美国的铁路从1870年的5.3万公里增长到

---

① 〔英〕亚当·斯密.国民财富的性质和原因的研究(上卷).郭大力,王亚南,译.北京:商务印书馆,1972:5.

1900年的近20万公里,约占当时世界铁路总长度的1/3,超过了欧洲铁路的总和。1899年美国的生铁产量达到了世界生铁总产量的1/3,钢产量占全世界的43%。1900年美国的石油产量达到了6362万桶,1910年美国的电话保有量达到700万部。但与此相对的是:"当时美国工业的特点是:不断提高的技术,持续成长的市场,劳动者的不满,以及管理知识的匮乏,因此美国各个行业中的大小企业都热切渴望获得更好的方法来制造和销售产品。"[①]美国经济发展的沃土为管理科学理论中科学管理思想的出现提供了重要的条件。

美国人弗雷德里克·泰罗既是管理实践者,也是管理研究者。他于1895年发表《计件工资制》,1903年发表《工厂管理》,1911年出版《科学管理原理》。这些著作是泰罗科学管理思想与理论全面、系统的展现。

为实现自己的科学管理思想,泰罗亲自参加了许多实验,并用科学实验与调查的结果对当时管理工作中存在的问题进行了纠正与改进,取得了明显的效果。由于泰罗在科学管理思想上的贡献,他的墓碑上镶刻了"科学管理之父"(Father of Scientific Management)的字样。

伴随着科学管理思想的萌芽与形成,在美国出现了一批与泰罗一起工作和信奉泰罗思想的管理专家,如信奉与宣传科学管理思想甚至参与泰罗管理团队工作的跟随者卡尔·巴思(Carl Barth),发明甘特图的亨利·甘特(Henry Gantt),进行心理学研究并取得丰硕成果的吉尔布雷斯夫妇(Frank Bunker Gilbreth,Lillian Moller Gilbreth),探索组织效率问题的哈林顿·埃默森(Harrington Emerson),对泰罗《科学管理原理》一书有所贡献的莫里斯·库克(Morris L. Cooke),还有信奉泰罗思想并在汽车行业实现流水线生产方式的福特公司创始人亨利·福特(Henry Ford)。美国世界经济强国的地位推动着各类组织迅速发展,为管理思想的研究与发展创造了基本的条件,而泰罗等人确立的科学管理思想与研究方法为美国成为世界上管理学科的教育、研究强国打下了重要的基础。

1881年,美国企业家约瑟夫·沃顿(Joseph Wharton)捐资在宾夕法尼亚大学建立沃顿金融与经济学院(Wharton School of Finance and Econo-

---

① 〔美〕丹尼尔·A.雷恩,〔美〕阿瑟·G.贝德安.管理思想史(第6版).孙健敏,黄小勇,李原,译.北京:中国人民大学出版社,2012:116.

my),1972年改名为沃顿商学院(Wharton School)。沃顿金融与经济学院是世界上建立最早的商学院。沃顿认为,商学院的使命就是培养毕业生成为"公共和私人领域的国家栋梁"。这是管理教育的开始,也是管理学进入科学领域的又一标志。

2. 一般管理理论的构建者亨利·法约尔

亨利·法约尔是法国人,大学毕业后成为一名矿业工程师,并一直在矿业公司工作,因管理卓有成效,成为公司的总经理。法约尔在实际工作中发现了管理工作对组织发展的重要性,也察觉到当时人们对管理工作的忽视,从1900年就开始发表论文研究管理的重要性及其原则。1916年法约尔发表了代表作《工业管理与一般管理》。

《工业管理与一般管理》由两个部分组成。第一部分是管理教育的必要性与可能性,由管理的定义、组成企业人员才能的各方面能力的相对重要性和管理教育的必要性与可能性三章组成;第二部分是管理的原则与要素,由管理的一般原则与管理的要素两章构成。从管理学理论发展的历程看,法约尔是第一位在理论上将企业的管理工作从其他职能工作中分离出来的研究者,对管理工作的内涵、特性以及管理人员的能力结构进行了界定;总结性地提出了管理工作中的十四条原则;首次提出了学习管理不一定只通过实践,也可以通过教育实现;还对数学在管理工作中的作用进行了探讨。法约尔这些重要的思想提高了人们对管理工作重要性的认识,奠定了管理学理论的构架,为构建普适性的管理学理论做出了贡献。

3. 组织管理之父——马克斯·韦伯

德国社会学家马克斯·韦伯是一位在组织理论上有着特殊贡献的人。与泰罗和法约尔不同的是,韦伯是一位学者。韦伯的组织理论受德国的社会文化、行政管理体制影响很大。韦伯在自己构建的组织理论中提出了"官僚制度"的组织概念,即由官职或职位来进行管理,"社会及其组成部分,更多的不是通过契约关系或者道德一致,而是通过权力的行使而被聚集在一起"。[①] 韦伯认为,在组织中,组织的成员服从领导者的机理(韦伯将其称为"统治的基本合法性")主要有三种类型:传统型(traditional)、超凡个人魅力

---

① 〔英〕弗兰克·帕金.马克斯·韦伯.刘东,谢维和,译.南京:凤凰出版传媒集团,译林出版社,2011:70.

型(charismatic)和法理型(legal-rational)。传统型的权力建立在对于习惯和古老传统的神圣不可侵犯性的要求之上,这如同族长、部落首领行使权力;超凡个人魅力型权力建立在似乎神授天赋的个人魅力之上;法理型的权力建立在正式制定的规则和法令的要求上。"通过自己的职位,管理者们被授予解释和执行这些规则与其他的控制措施的权力。"① 显然韦伯认同的官僚制度是基于法理型权力的管理体系。现代社会的各类组织,特别是在大型的企业中,其组织都基本建立在官僚制度的体系之下,因而人们认可韦伯对发展官僚制度的原则做出的贡献,尊称他为"组织理论之父"。②

第三节 行为管理思想

组织行为是研究组织中人的心理和行为规律从而增进组织有效性的科学。组织的管理工作始终都要与人打交道,要集合、协调组织中的各类人员去实现组织的目标,因而管理学理论的研究者自然地会将目光集中到"人"这样一个组织构成的最为基本的单元主体上。

一、行为管理思想早期的倡导者

在管理学行为管理思想早期的研究中,代表性的人物有欧文、雨果·明斯特伯格(Hugo Munsterberg)、玛丽·福莱特(Mary P. Follet)等人。罗伯特·欧文曾说:"从我最初从事管理起,我就把人口(劳动力队伍)视为……一个由许多部分组成的系统,而把这些部分结合起来,这是我的责任和兴趣所在,因为每一个工人以及每根弹簧、每根杠杆、每个车轮都应有效地合作,以便为工厂主带来最大的钱财收益……如果你对极为重要的构造、更为奇特的机器(人力资源)给予相同的注意的话,什么样的结果不可以期望取得呢?"③ 明斯特伯格是工业心理学的创始人。他在《心理学与工业效率》一书中主要研究了三个问题:(1)最合适的人;(2)最合适的工作;(3)最理想的

---

① 〔美〕丹尼尔·A.雷恩,〔美〕阿瑟·G.贝德安.管理思想史(第6版).孙健敏,黄小勇,李原,译.北京:中国人民大学出版社,2012:174.
② 同上书,176.
③ 同上书,49.

效果。他的研究希望辨识具备最适合从事某项工作的心理品质的人，探讨在什么样的"心理条件"下才能够从个人那里获得最大的、最令人满意的产量，以及对人的需要施加符合其实际利益的影响的必要性。玛丽·福莱特是最早发现应当从个人和群体行为的角度考察组织的学者之一。她认为，组织应该基于群体道德而不是个人主义，个人的潜在能力只有通过群体的结合才能得以释放。管理者的重要任务是调和与协调群体的努力。管理者在日常的工作中应当更多地依靠其知识和专长去领导群众，而不要仅仅依靠自己的职位和相应的权力去管理。

二、霍桑实验与梅奥教授

霍桑实验（Hawthorne Studies）是在美国西方电气公司（Western Electric）伊利诺伊州西塞罗的霍桑工厂中所做的一项实验。实验始于1924年。实验设计的主要思想是希望通过实验检验工作环境与生产效率之间的关系。实验人员测试装配依赖性较强的光照亮度与装配效率之间的关系，用以检查不同的照明水平对工人生产率的影响。实验的原设计者们认为，工人的生产率会直接受到照明状况的影响，但实验的结果却出人所料，在实验组和对照组中，两个组的产量似乎与照明的变化关系不大。实验的设计者无法解释这一与实验设计初衷完全相悖的现象。随后，实验人员又针对工资报酬、餐饮、休息时间、工作日、工作周的安排等对生产率的影响进行了实验，得出的结果依然与实验者们实验设计的初衷相矛盾，在上述各类因素的正向（或反向）变化过程中，生产效率均有所提高。实验持续进行了3年，其间对参与实验的员工进行了访谈，但由于实验结果不明确，实验设计者准备放弃这个实验。1927年西方电气公司邀请哈佛大学心理学教授乔治·梅奥（George E. Mayo）参与实验。实验又继续进行，一直延续到了1932年。在后续的实验中，梅奥对参加实验的职工进行了访谈，对绕线组织的成员进行了团体行为的测试。通过这些实验、访谈、调查，梅奥终于破解了其中的奥秘——人们不仅仅只是关注金钱，他们也希望得到组织的关心与重视，并由此得出了以下结论。

第一，企业的职工是"社会人"。梅奥的这种看法是对从亚当·斯密开始直至科学管理阶段的理论把人视为"经济人"的否定。梅奥指出，人是独特的社会动物,只有把自己完全投入到集体之中才能实现彻底的自由。

第二,满足工人的社会欲望,提高工人的积极性,是提高生产率的关键。满意的工人才是有生产效率的工人。梅奥认为:"现代工业的重组,必须建立在'如何实现有效合作'这一知识的基础之上……这是引领霍桑实验的信念。"①

第三,组织中实际存在着"非正式组织"。非正式组织是伴随着正式组织的运行而产生的,是正式组织的一些成员,由于工作性质相近,对一些具体问题认识基本一致,在性格、业余爱好以及感情相投的基础上,形成了一些被其他成员共同接受并遵守行为规则的组织。这类组织联系的纽带是感情,因而维系非正式组织的往往是情感与友情,带有非理性的色彩,与正式组织的目标和理性往往存在冲突。梅奥发现,非正式组织对组织成员起着两种作用:(1)保护其成员免于遭受内部成员不当行为的伤害,如对生产冒尖或生产落后行为的"自动"限制;(2)保护其成员免受管理部门的外来干预,如阻止管理部门提高产量标准、降低工资等行为。但梅奥也认为,非正式组织不应被看成是坏的组织形式,而应看成是正式组织所必需的、相互依存的一个方面,管理人员需要对非正式组织进行正确的引导。

第四,组织应发展推行新的领导方式。在梅奥看来,当社会变革期间,社会必然诞生具有高度"综合化头脑"的管理者。② 新的领导方式是以社会和人群技能为基础的领导方式,这种领导方式能克服社会的反常状态和社会的解体。新型的领导能力在于通过提高职工满足度而激励职工的士气,从而达到提高生产率的目标。

梅奥总结认为,"只要不考虑人性本质或社会激励的观念还广泛地应用在企业管理上,我们就不可能告别罢工、破坏等行为,这些行为就会成为企业发展的副产品"。③

从管理学发展史来看,霍桑实验以及梅奥对霍桑实验的研究与宣传,开启了管理学理论发展的新阶段——行为科学阶段——的序幕。

---

① 〔澳〕理查德·特拉海尔.埃尔顿·梅奥:人道主义的倡导者和促进者.陈小白,译.北京:华夏出版社,2008:251.
② 同上书,257.
③ 〔英〕斯图尔特·克雷纳.管理百年.邱琼,钟秀斌,陈遊芳,译.海口:海南出版社,2003:68.

第三章　管理学学科历史(下)

管理学理论的发展在第二次世界大战期间有所停滞。战后,随着和平时期的到来、科学技术的发展、企业等各类新型组织的涌现,管理学理论又进入了迅猛发展的全盛时期,也体现出全新的特点。

1980年,马洪先生在为"国外经济管理名著丛书"所撰写的前言中指出,关于管理的思想虽然由来已久,但在西方出现系统的管理理论,公认是在19世纪末到20世纪初;此后,西方经济管理理论各学派的形成可以分为三个阶段,即古典管理理论阶段、人际关系—行为科学理论阶段和第二次世界大战以后的阶段,也称为"管理丛林阶段"。

第一节　管理学理论在第二次世界大战后发展的环境分析

在第二次世界大战后管理学的发展过程中,美国起到了十分特殊的作用。美国在管理学的发展及管理学理论的构建、管理思想的演进上,在全世界范围内起到引领和指导的作用,这既与美国在"二战"以后成为世界超级强国的政治与经济实力有关,也与"二战"以后美国实施的对西欧各国进行经济援助、协助重建的马歇尔计划以及冷战格局有联系,同时也受到美国经济发展自身的态势和美国商学院发展定位变化的影响。

一、第二次世界大战后的美国

第二次世界大战结束以后,美国一跃成为世界头号强国。"二战"结束之后,美国的工业制成品占世界工业制成品的一半,对外贸易占全世界贸易量的三分之一,黄金储备约占资本主义世界黄金储备的59%。从1945年到1960年,美国的国民生产总值增长了250%,达到了5000亿美元,失业率保持在5%的低水平,物价上涨率保持在3%或以下。战后科学技术的发展与军事技术向民用生产领域的转移使美国工人生产效率提高了35%以上,新产品不断涌现。"二战"期间美国政府加大了对西部地区的投入,特别是1956年,美国政府通过了《联邦资助公路法案》,投资250亿美元在10年内修建了4万公里的州际高速公路。20世纪50年代至20世纪60年代美国高速的经济发展被经济学家称为"黄金十年"(见表3-1)。

在"黄金十年"中,美国经济的迅猛发展促进了社会的快速发展:人口几乎增长了20%,出现了"婴儿潮";在政府投资的支持下,美国西部经济获得了巨大的发展,出现了新的工业中心和文化发展中心,如洛杉矶人口在1940至1960年期间就增长了50%,有10%的美国新兴企业创建于洛杉矶,加利福尼亚州和得克萨斯州建立了规模大、质量高的州立大学;高速公路的建设导致了美国汽车消费的快速增长,城郊的快速发展和新型商圈的形成、交通的便利使工厂和商店搬迁到了地价更为便宜的郊区,更多的住房也在市郊出现。到1960年,美国已有三分之一的人居住在城郊,这不仅大大带动了房地产业的发展,而且出现了游泳池建设、家具和家电购买的热潮。新的业态,如汽车旅馆从1948年的1.6万家增长到了1960年6万家,汽车电影院到1958年增加到了4000家,快餐业巨头麦当劳1955年开业,到了1960年就增加到228家。"黄金十年"给美国带来的变化,正如艾伦·布林克利在《美国史》中所说,国家经济的迅猛发展、经济繁荣不仅改变了美国的社会、经济以及物质景观,而且改变了人们对生活和世界的根本看法。[1]

从表3-1中也可以看到,从20世纪70年代到20世纪80年代初,美国的经济遇到了问题:美国联邦赤字迅速增长,物价指数也大大高于"黄金十年",还有就是美国制造业的竞争优势开始下滑,美国企业开始面对全球企业在美国本土和国际市场的竞争。例如,1970年,美国商品的出口量仅为9%,只有不到1/3的美国企业面临外来的竞争。1950年,美国制造业的支柱行业——汽车业制造业产量占全球的76%,但到了1980年,美国汽车制造业产量仅为全球产量的26%,外国汽车甚至占到了美国市场份额的20.1%。由于"石油输出国组织"在1973年宣布不再向支持以色列的国家输送石油,并控制原油产出,结果1973年时不足4美元一桶的原油价格上涨至1980年的近40美元。越南战争也对美国的经济产生了重大的影响。美国在10多年的战争中,耗费了近1500亿美元的资金,近5.5万军人丧生。国际竞争的加剧、战争的创伤、巨大的贸易与财政赤字、制造业竞争力的下降

---

[1] 〔美〕艾伦·布林克利.美国史.邵旭东,译.海口:海南出版社,2009:825.

第三章 管理学学科历史(下)

表 3-1 美国"二战"后经济发展一览表

指标 年代	GDP (十亿美元) (1)	人均GDP (美元) (2)	生产率指数 (小时产出) (3)	人口数 (千人) (4)	婴儿 死亡率 (5)	预期寿命 (6)	联邦盈余 与赤字 (十亿美元) (7)	CPI(%) (时间段:CPI) (8)
1950	293.8	1929.5	37.3	152271.0	29.2	68.2	−2.2	1960—1965年:1.3
1960	526.4	2913.5	48.9	180671.0	26.0	69.7	7.2	1965—1970年:4.2
1970	1039.7	9459.6	66.3	205052.0	20.0	70.8	−15.2	1970—1975年:6.8
1980	2789.5	12276.3	79.1	227225.0	12.6	73.7	−53.6	1975—1980年:8.8
1990	5803.1	23247.4	94.5	249623.0	9.2	75.4	−172.0	1980—1985年:5.5
2000	9817.0	34883.3	116.1	281424.0	7.1	76.9	185.2	1985—1990年:4.0

资料来源:表中(1)(2)(3)(4)(7)(8):[美]乔纳森·休斯、[美]路易斯·凯恩.美国经济史.杨宇光、吴元中、杨炯、等译.上海:上海人民出版社,2013;表中(5)(6):[美]加里·M.沃尔顿、[美]休·罗夫夫.美国经济史.王珏、译.北京:中国人民大学出版社,2011。

注:(3)生产率指数(小时产出)1992年=100;(5)婴儿死亡率:每千名出生婴儿出生至1岁死亡率。

和石油价格的急剧上升终于重创了美国的经济,出现了经济发展的怪象——滞涨(stagflation):经济发展停滞,失业率居高不下,但通货膨胀却保持高位。

随着美国经济政策的调整,冷战的结束,特别是新科技革命的出现,20世纪 70 年代至 80 年代初一直疲软的美国经济由低谷走向振兴。[①] 新科技革命包括的范围很广,主要体现在诸如计算机的普遍使用带动的芯片和软件行业的发展,互联网发展带动的产业形态与商业模式的变革,以及生物工程、材料工程等领域的发展。这些转变到 20 世纪 90 年代被"新经济"一词所概括。

二、第二次世界大战后美国管理学教育的发展

世界上最早建立商学院的国家是美国。伴随着经济发展对管理人才的需要,美国的大学逐渐建立了培养管理人才的商学院。美国的商学院,特别是一些著名大学的商学院,一直引领着世界管理理论、研究方法的发展,如 2015 年英国《经济学人》全球前 100 名 MBA 院校的排行榜中,美国的院校在前 10 名中就占据了 8 所。

美国经济在"二战"后的迅猛发展使得美国的企业以及各类组织的数量迅猛增长,急需各种管理人才。美国各高校商学院根据人才市场的需要,迅速扩大了招生规模,导致商学院教师严重匮乏。为解决这一问题,各商学院从各类专业——如社会学、心理学、经济学、政治学、数学、人类学等专业——的毕业生以及从事过企业管理实践工作的人员中招收教师。学科来源不同的教师们习惯以自己熟悉的学科知识去探讨组织、组织中的人、组织的管理,逐渐在商学院形成了不同的管理思想乃至管理学派,这也就是孔茨所分析的:"从 1960 年开始,商学院和管理学院迅速扩张,这期间非常缺乏既受过管理学科训练又有一定管理经验的教师。在这种情况下,只好靠来自社会科学领域的博士毕业生来弥补。""许多训练有素但过于专门化的教师进入我们的大学和学院,他们虽然有很好的学术背景,但对于管理活动的实际任务以及管理者实践中所面对的现实知之甚少,这种情况的出现,也许使

---

① 〔美〕艾伦·布林克利.美国史.邵旭东,译.海口:海南出版社,2009:953.

管理理论的丛林变得更加深不可测。"①

在美国管理学的发展过程中,在教育理念上一直有两种不同的声音,这就是根据大学的社会职能和管理学科的特点,管理教育究竟应该走科学的道路(如体现大学特征的一般性科学教育),还是走实践的道路(如体现管理工作特性的职业教育或工作培训)。虽然这样的争论一直没有结束,但1959年分别由卡内基基金会和福特基金会资助、由教育专家所完成的两份报告,对美国管理学教育的发展方向与路径选择产生了决定性的影响。卡内基基金会资助了来自斯沃斯莫尔学院的弗兰克·皮尔逊(Frank C. Pierson),福特基金会资助了伯克利加州大学的罗伯特·戈登(Robert A. Gordon)和斯坦福大学的詹姆斯·豪厄尔(James E. Howell),对美国当时商学院的教育情况进行了调查和研究。这两份独立完成的研究报告都尖锐地批评了美国商学院的管理教育:商学院在应该教什么和如何教方面是不清楚的,教育过于强调职业教育,未能让受教育者对未来的职业生涯做好准备。研究者认为,要改变商学院课程的内容,要更多地强调通识教育,特别是人文学科;应该提高对数学的要求,扩大对行为和社会科学的研究。"戈登和豪厄尔指出,组织和管理领域至少有四个方面是不同的:(1)通过科学方法和定量方法来解决管理问题;(2)组织理论;(3)管理的基本原理;(4)人群关系。这四个方面中的每一个都构成了管理研究的一个重要部分,研究者建议把这些观念纳入一系列课程中,以更好地培养未来的领导者,而不是给他们留下有关管理任务的一幅支离破碎的画面。"②这两份报告在美国的管理学界也存在着巨大的争论,例如孔茨认为这两份报告是导致"管理理论丛林"的一个原因。20世纪80年代,美国国际商学院联合会曾对管理教育进行了调查,调查报告认为,许多教授缺乏相关的工作经验,所受的教育也太窄,不足以理解商业的复杂与精妙之处;管理教育者应该更多地关注外部因素,特别是国际商业的发展;要开发更高的能力以综合了解企业的各种职能;要更加强调人际技能和沟通技能;要培养精通分析工具又对现实世界的工作经验

---

① 〔美〕哈罗德·孔茨.再论管理理论的丛林.见:张钢.管理学基础文献选读.杭州:浙江大学出版社,2008:100.
② 〔美〕丹尼尔·A.雷恩,〔美〕阿瑟·G.贝德安.管理思想史(第6版).孙健敏,黄小勇,李原,译.北京:中国人民大学出版社,2012:314.

具有敏锐和开阔视野的学者。[①] 沃伦·本尼斯(Warren G. Bennis)和詹姆斯·奥图尔(James O'Toole)在《哈佛商业评论》2005年5月号上发表了《商学院如何迷失了它们的方向》的文章,尖锐地提出:"过分地关注'科学'的研究,商学院正在聘用缺乏实际经验的教授,以及缺乏解决复杂问题即非计量问题能力的研究生作为管理学的教员。""今天,可以发现一些终身教授除了作为顾客以外,他们从未涉足真实的商业活动。"[②]虽然在美国对管理教育的发展道路存在很大的争议,甚至在不同时期有不同的学术倾向,但从目前的情况看,注重理论教育、提倡科学研究已经成为美国管理教育的主流,并对全世界管理学学科的发展产生了巨大的影响。

第二节　管理学理论在第二次世界大战后的发展

受前述因素的影响,第二次世界大战后管理学理论发展呈现出多元化也就是"丛林"的现象,但参考雷恩、小克劳德·乔治(Claude S. George, Jr.)分别撰写的《管理思想史》,以及肯·史密斯(Ken G. Smith)和迈克尔·希特(Michael A. Hitt)主编的《管理学中的伟大思想》,可以看出在多元化的"混沌"进程中存在着发展的趋势。雷恩在《管理思想史》中认为,现代管理思想是过去的思想在四个方面进一步发展的产物:在亨利·法约尔的工作基础上扩展而成的一般管理理论和活动研究;人文主义者、人际关系学家人本取向的行为发展;组织结构的发展观点;以亚里士多德、巴贝奇、科学管理先驱为代表的问题解决范式。小克劳德·乔治在《管理思想史》中认为,可以明确地划分出四种管理理论或管理学派:泰罗和吉尔布雷斯为代表的传统学派或科学管理学派;梅奥等人为代表的行为学派;法约尔等人为代表的按管理过程和管理职能来分析管理的学派;将管理看成是以数量分析为依据的大量决策的数量学派。史密斯、希特在《管理学中的伟大思想》中将管理学领域32名原创学者提出的24种经典理论归纳为三大部分:个人与环境、组

[①] 〔美〕丹尼尔·A.雷恩,〔美〕阿瑟·G.贝德安.管理思想史(第6版).孙健敏,黄小勇,李原,译.北京:中国人民大学出版社,2012:319.

[②] Warren G. Bennis, James O'Toole. How Business Schools Lost Their Way. *Harvard Business Review*, 2005, 5: 96-104.

织的行为、环境事件和组织。两部《管理思想史》都划分出了四个学派,有三个是基本一致的,只有雷恩认为发端于韦伯的组织结构理论,在小克劳德·乔治的书中被数量学派所代替。《管理学中的伟大思想》所关注的三个问题都是管理学理论的基本问题——人、组织、组织中的人。

根据本章的内容,在以下的介绍中将主要遵循管理学理论发展的历史脉络进行回溯、总结与介绍。

一、一般管理理论的延续

一般管理理论主要是指由法约尔所构建的管理学理论。其名称的来源主要体现在两个方面。一方面是法约尔的代表作的书名《工业管理与一般管理》。他认为自己介绍的理论是"一般经验通过尝试和检验之后得到的规律、规则、方法和程序的总和"[①]。另一方面是他给出了有关管理职能活动的定义、特征,特别是清晰地界定了管理职能由计划、组织、命令、协调和控制工作构成,这已经成为管理学理论的基本理论框架,显示出其概念与理论的普适性和一般性。

1. 管理活动的构成要素与管理人员工作特征

在管理要素的构成方面,威廉·纽曼(William H. Newman)、路德·古利克(Luther H. Gulick)、孔茨等人有较为突出的贡献,他们的观点见表3-2。虽然构成管理工作的各项职能在管理学专家的眼中不尽一致,但目前人们一般认为管理工作由计划、组织、管理、控制活动组成。

表 3-2 管理职能表

管理职能	法约尔	纽曼	古利克和厄威克	孔茨和奥唐奈	周三多	罗宾斯
计划	√	√	√	√		
组织	√	√	√	√	√	√
指挥	√	√	√			
人事			√	√		

---

① 〔美〕丹尼尔·A.雷恩,〔美〕阿瑟·G.贝德安.管理思想史(第6版).孙健敏,黄小勇,李原,译.北京:中国人民大学出版社,2012:311.

(续表)

管理职能	法约尔	纽曼	古利克和厄威克	孔茨和奥唐奈	周三多	罗宾斯
领导				√	√	√
协调	√					
调节		√				
沟通						
报告			√			
激励						
控制	√	√	√	√	√	√
预算			√			
资源		√				
创新					√	

资料来源:根据相关资料整理。

在管理人员的工作特征方面,较为突出的研究者有亨利·明茨伯格(Henry Mintzberg)、罗斯玛丽·斯图尔特(Rosemary Stewart)、约翰·科特(John Kotter)。这些研究成果多为对管理者特别是高层管理者实际工作的观察总结,但与法约尔不同的是,他们基本是管理问题的研究者(学者),而不像法约尔本身就是一个企业家和管理者。例如,明茨伯格的研究是对美国不同行业公司的5位首席执行官各自进行了一周的密切观察,然后完成了《管理者的工作:传说与事实》一文。明茨伯格认为,虽然管理人员在管理工作中都十分信奉法约尔所讲的计划、组织、协调和控制,但"这几个词语几乎没有告诉我们管理者实际上做的是什么,至多只表明了管理者工作时所抱有的某些目标"。[①] 明茨伯格首先否定了关于管理者的四种传闻:管理者是深思熟虑的、有条理的规划者;富有成效的管理者没有常规性的职责;高级管理者需要综合信息,而一个正规的管理信息系统最能提供这种综合信息;管理是或者至少正在成为一门科学和一个专业。然后他提出了自己所构建的角色(roles)理论:正式的权力产生三种人际角色(interpersonal roles),这

---

① 〔加〕亨利·明茨伯格.管理者的工作:传说与事实.哈佛商业评论(中文版),2004(1):29.

三种人际角色又产生了三种信息角色(informational roles),这两类角色使管理者扮演四种决策角色(decisional roles)(见图 3-1)。① 明茨伯格在文章的最后写道:"对我们的社会来说,没有一项工作比管理者的工作更重要。……现在是丢掉有关管理工作的传说,并现实地对它进行研究的时候了,这样我们才能开始一项艰苦卓绝的任务——大力提高管理工作的绩效。"②

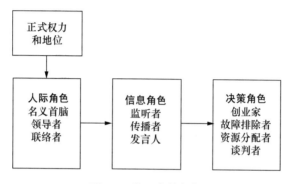

图 3-1 管理者的角色

资料来源:〔加〕亨利·明茨伯格.管理者的工作:传说与事实.哈佛商业评论(中文版),2004(1):34.

2. 企业战略管理理论

组织的战略管理思想与相关理论最初起源于国家的治理和军队的管理。法约尔曾谈及管理的要素计划,影响了企业战略管理思想的产生。在企业管理早期的著作中提出战略观念的有切斯特·巴纳德,他在 1938 年出版的《经理人员的职能》中结合"随机应变主义的理论"问题提到了"战略因素",并指出这个词是从约翰·康芒斯那里"借来的"。③ 小艾尔弗雷德·钱德勒 1962 年出版《战略与结构》,提出了著名的结论:组织结构跟随战略。对现象的描述只能看作问题的发端,而理论的形成关键在于相关概念的形成,特别是理论分析框架的形成与完善。企业战略管理理论形成与完善的代表作是美国人伊戈尔·安索夫(Igor Ansoff)1965 年出版的著作《公司战略:企业增长与扩张政策的分析方法》和肯尼思·安德鲁斯(Kenneth R. An-

---

① 〔加〕亨利·明茨伯格.管理者的工作:传说与事实.哈佛商业评论(中文版),2004(1):32.
② 同上,42.
③ 〔美〕C.I.巴纳德.经理人员的职能.孙耀君,等译.北京:中国社会科学出版社,1997:159.

drews)1971年出版的著作《公司战略原理》。

安索夫认为,他的著作是有关在美国社会、经济环境中制定企业战略的书籍。安索夫的贡献,除了介绍了战略概念外,还提出了具有特色的共生线、协同思想,并从企业战略、行政管理和运作三个层面构建了"企业层级决策原理"表格、适应增长与扩张战略的"战略形成决策原理"框图、依据现实和未来产品与市场构建的"增长矢量矩阵"(也称为"安索夫矩阵"),以及企业增长与扩张战略的工作流程图。

安德鲁斯是美国哈佛大学商学院的教授。他在著作中明确指出企业战略管理工作是企业高层人员的工作,并界定了公司战略管理工作中公司战略与事业部战略的不同。安德鲁斯在企业战略管理理论方面的贡献主要体现在以下方面:较为详细和全面地构建了将机会与公司能力相匹配的 SWOT 分析方法,形成了以 SWOT 分析为基础的制定公司经济战略的框图;对企业高层管理人员个人价值取向在战略制定中的作用进行了详尽的分析;指出在战略的制定中有四个关键的"do"要素——环境机会带来的"might do"(可能做什么)、企业竞争力与资源形成的"can do"(能够做什么)、社会期望产生的"should do"(应该做什么)与个人价值期盼的"want to do"(想做什么),对它们之间相互作用认识的差异将形成不同的战略;对企业战略实施和公司治理结构对战略的影响进行了分析。

经过巴纳德、钱德勒、安索夫、安德鲁斯等人的努力,适合企业战略管理工作的基本概念、理论框架和分析方法基本形成。

1980年,迈克尔·波特(Michael E. Porter)出版《竞争战略》一书。从《竞争战略》一书的绪论看,同为哈佛大学商学院教授的波特接受了安德鲁斯的企业战略管理理论分析框架,但波特结合自己的理论偏好,将一般性的环境分析调整为产业的机会与威胁决定的竞争环境。波特在书中构建了适合产业环境分析的理论框架——五力模型,提出了在产业范畴内开展竞争的成本领先、差异化与集聚三种战略,分析了在不同产业环境中的企业战略选择,以纵向整合战略为重点研究了企业的战略决策工作。1985年,波特出版了《竞争优势》一书。在该书中,针对美国企业当时出现的竞争颓势,波特指出,竞争优势是竞争性市场中企业绩效的核心,但美国很多企业在追求疯狂的增长和多元化经营的过程之中,将竞争优势抛于脑后。① 波特在该书中提出了便于在经营活动中分析企业竞争优势的价值链理论,运用价值链理论进一步探讨了三种基本战略,分析了竞争优势获取、成本领先与差异化战略的实施。在否定了"协同"的有效性之后,他提出了公司事业部(业务单元)之间需要注意的关联问题,并对横向战略的问题进行了研究。1990年波特出版了《国家竞争优势》一书。在这本书中,波特提出了企业在国家经济发展中所起的关键作用,结合自己所构建的"钻石模型",从比较优势与竞争优势的差异、集群活动、不同类型资源以及政府在经济发展中的作用等方面,对企业、政府、国家在经济成功中的作用进行了广泛的探讨。1996年波特在《哈佛商业评论》11/12月号上发表了《战略是什么?》一文,这是波特对企业战略管理的概括与总结。他在论文中再一次强调竞争战略就是创造差异性,也就是有目的地选择一整套不同的运营活动以创造独特的价值组合。为保证战略的实现,战略管理工作必须注意企业自我的定位、取舍和一致性。

企业战略管理理论研究另一学派——基础资源学派出自对企业内部资源的分析。这一学术思想受到了经济学家伊迪丝·彭罗斯(Edith Penrose)在《企业成长理论》中提出的企业资源具有异质性的观点的影响。1984年伯格·沃纳菲尔特(Birger Wernerfelt)在《战略管理月刊》4/5月号上发表了《企业资源基础观》的论文。沃纳菲尔特在文中提出,企业是一个资源集合体,企业拥有或者控制的资源影响着企业的竞争优势,企业成长战略的实质就是在现有资源运用和新资源培育之间寻求平衡。1990年,普拉哈拉德(C. K. Prahalad)和哈梅尔(G. Hamel)在《哈佛商业评论》5/6月号上发表了《公司的核心竞争力》一文。该文认为,公司的"核心竞争力是指组织中的集体学习能力,尤其是如何协调各种生产技能并且把多种技术整合在一起的能力"。② 1991年,杰伊·巴尼(Jay Barney)在《管理月刊》3月号上发表论文《企业资源与持续竞争优势》。在该论文中,巴尼认为,在公司之间存在着差异,正是这些差异使得一部分公司保持着竞争优势,并提出:"我们对企业持

---

① 〔美〕迈克尔·波特.竞争优势.陈小悦,译.北京:华夏出版社,1997:前言,1.
② 〔印〕C. K. 普拉哈拉德,〔美〕加里·哈梅尔.公司的核心竞争力.哈佛商业评论(中文版),2004(1):101.

续竞争优势来源的研究着眼于有价值的、稀缺的、不可完全模仿的以及不可完全替代的资源禀赋。""管理者或管理团队是一项可能带来持续竞争优势的企业资源。"①巴尼等人对企业战略管理的理论贡献被称为资源基础观(Resource-Based View,RBV),巴尼被视为现代企业资源观之父。

1998年亨利·明茨伯格等人撰写的《战略历程:纵览战略管理学派》出版。这是企业战略管理理论领域的概括性专著。虽然该书总结的十大企业战略管理理论流派不一定完善,但对各流派产生的历史过程、理论特色、存在的不足等进行了较为全面的分析。

3. 企业文化管理思想

20世纪70年代中期至20世纪80年代中期,美国经济发展陷入了"滞涨"的困境。为摆脱困境,1981年执政的美国共和党总统罗纳德·里根(Ronald W. Reagan)开始推行自由化的宏观经济政策,美国的管理学界与企业界也进行了深层次的反思。这些反思和随之的调整在管理学领域促动了对企业文化问题的探讨,并导致了企业文化建设和管理的出现。

美国管理学界对企业文化系统进行反思的第一本书是日裔美国人威廉·大内(Willian G. Ouchi)1981年出版的著作《Z理论:美国企业界怎样迎接日本的挑战》。大内在书中分析了美国企业管理与日本企业管理存在的重大差异,认为这些差异体现了公司价值观、信念、仪式、神话等公司文化因素的差异。② 大内还将日本企业的管理模式取名为"J"模式,美国等西方国家以韦伯官僚组织理论构建的管理模式为"A"模式。大内将自己构建的理论称为"Z理论",即"它向人们启示,使工人关心企业是提高生产率的关键","等级制度(或称官僚主义)与Z型组织的区别在于,后者内部的文化已经达到了高度的一致"。③ 在推崇"Z理论"的同时,大内还给出了从A型组织向Z型组织转变的步骤与蓝图。次年,托马斯·彼得斯(Thomas J. Peters)、罗伯特·沃特曼(Robert H. Waterman,Jr)出版了《追求卓越:美国优

---

① 〔美〕杰伊·巴尼.企业资源与持续竞争优势.见:张钢.管理学基础文献选读.杭州:浙江大学出版社,2008:362.

② 〔美〕威廉·大内.Z理论:美国企业界怎样迎接日本的挑战.孙耀君,王祖融,译.北京:中国社会科学出版社,1984:35.

③ 同上书,3,71.

秀企业的管理圣经》。该书是作者从 1979 年至 1980 年间对美国 75 家优秀企业的调查(其中大约一半的公司进行了实地调查)与分析的结果。作者认为:"我们开始意识到,这些公司同日本的企业一样有着浓厚的文化氛围。同时,不管在什么行业里,总的来说,优秀企业的文化的外部特征是可以识别的。"①随后,该书介绍了以"共同价值"为核心的麦肯锡 7S 框架,总结出具有创新精神的优秀企业应具有的八种属性:崇尚行动、贴近顾客、自主创新、以人促产、价值驱动、不离本行、精兵简政和宽严相济。这些与美国企业管理现实问题密切关联的研究成果促进了对企业文化的研究。同一时期还出版了理查德·帕斯卡尔(Richard Pascale)、安东尼·阿索斯(Anthony Athos)合著的《日本企业管理艺术》(1981 年),阿伦·肯尼迪(Allen A. Kennedy)和特伦斯·迪尔(Terrence Deal)合著的《企业文化:企业在生活中的礼仪》(1982 年)。这四部著作共同探讨了企业文化的概念、理论体系及其在企业管理工作中的作用,被誉为企业文化管理的"四重奏"。这些研究成果开启了管理学领域企业文化研究的序幕。

二、20 世纪 70—80 年代风行一时的日本管理理论

日本"二战"后在美国的扶持下迅速崛起,曾经在世界管理学界引起了诸多关注和探讨,前述企业文化管理思想的出现就是一例。

要理解和分析日本的管理思想,解释 20 世纪 50 年代后期至 20 世纪 80 年代末日本经济发展与企业成功的原因,必须结合日本的历史以及日本自然环境对日本社会组织文化与形式的影响进行分析。《日本史》一书的作者麦克莱恩(James L. McClain)认为:"各个国家的文化和历史尽管存在着某些共性,但却互不相同,从这个意义上来说,日本无疑是独一无二的。相应的,无论过去还是现在,当日本以自己的独特方式行事时,只要我们了解形成那些行为模式的价值,它们就不过和其他民族的行为模式一样是可以理解的。"②大内在《Z 理论:美国企业界怎样迎接日本的挑战》一书中对日本社

---

① 〔美〕托马斯·彼得斯,〔美〕罗伯特·沃特曼. 追求卓越:美国优秀企业的管理圣经. 北京天下风经济文化研究所,译. 北京:中央编译出版社,2000:引言,6.
② 〔美〕詹姆斯·L. 麦克莱恩. 日本史(1600—2000). 王翔,朱慧颖,译. 海口:海南出版社,2009:前言,6-7.

会组织文化与形式进行过分析:"日本是一个完全建筑在海洋下巨大火山的上端的国家,适于农业的耕地很少,可供耕种的每寸山坡都被改成梯田。紧密地盖在一起的小房子可以进一步节省土地。""这种格局不是偶然形成的,而是由于种植水稻特需的技术所形成的结果。稻米是日本人的主食。种植水稻需要建立并保持一个灌溉系统,这需要大量的劳动力。更为重要的是:插秧和收割必须有二十多人共同合作才能顺利进行。……因此,日本人为了生存,也不得不同心协力地一起工作。""日本人便只能依靠同心协力而生存下来。在这种环境中所形成的最核心的社会价值就是个人并不重要。"①"这种论点使人联想到日本形式(J型)代表一个对'同质性'、稳定性和集体主义状况相适应的模式——个人行为紧密配合的形式。"②据此可以推断,日本民族长期形成的社会组织文化和形式较为适应大生产的组织形式。

在海岛文化的熏陶下,日本的企业组织形式具有西方国家企业一般没有的一些特点,也就是所谓的三大支柱:终身雇佣制,这是日本企业的人事管理制度;年功序列制,这是与终身雇佣制配套的工资制度;企业工会,这是日本劳工维护自我权利的组织。"这三个支柱中,前两个出现在1910年至1930年的20年间,企业工会出现在第二次世界大战初期。在1952年至1973年间,它们在日本公司里传播开来,成为所有公司努力争取达到的规范。这三个支柱是一个有机统一体,相互渗透,相互作用,为增强日本企业的活力,提高日本企业在国际市场中的竞争力发挥了巨大的作用。""战后日本经济发展和独特的管理方式与其积淀已久的文化底蕴息息相关。同时,在有鲜明特色的传统文化基础上成长起来的日本企业管理模式也伴随着其经济腾飞而成为强势管理模式,在全世界范围内迅猛扩展,被无数企业学习、效仿。"③

日本"二战"后经济的迅猛发展除了良好的外部机遇和美国的支持、帮助外,另一个重要的因素是日本全面地向美国学习了现代管理的思想和方法。日本式管理的形成至少和四个美国人的名字不可分割,这四个人就是:

---

① 〔美〕威廉·大内.Z理论:美国企业界怎样迎接日本的挑战.孙耀君,王祖融,译.北京:中国社会科学出版社,1984:54-55.
② 同上书,56.
③ 谭力文,包玉泽.20世纪的管理科学.武汉:武汉大学出版社,2009:188,191.

道格拉斯·麦克阿瑟(Douglas MacArthur)、威廉·戴明(William E. Deming)、约瑟夫·朱兰(Joseph M. Juran)和德鲁克。

"二战"后,美国人麦克阿瑟出任驻日盟军最高司令。盟国占领军统帅部对日本的政治和经济体制进行了重大的改革,为日本进行战后重建打下了基础。麦克阿瑟还为在工厂推行质量控制、开设工业管理课程提供了帮助。美国联邦统计局统计专家戴明和美国质量管理专家朱兰到日本传播了全面质量管理思想与统计分析方法。日本企业家和研究人员把美国的质量管理经验与日本的文化相结合,建立了QC小组,创造和发明了质量管理的"七种工具",实现了以"全面、全员、全过程"为基本特色的日式全面质量管理。德鲁克的思想也对日本产生了深远的影响。日本人认为,他们对《公司的概念》一书的学习奠定了日本经济成功与工业发展的基石。德鲁克对这一现象做过这样的描述:"尽管通用汽车公司对《公司的概念》所提出的种种建议不屑一顾……日本人却对它们推崇备至。"[1]他还以赞扬的口吻说道:"日本经济的成功与印度经济的相对落后之间的差别就在于:日本的管理者成功地把国外的管理观念植入本国的文化土壤之中,并使之茁壮成长,而印度却没有做到这一点。"[2]

在日本企业管理成功的神话中,丰田汽车公司是值得关注的。在福布斯2015年公布的全球最强2000家公司中,丰田连续3年蝉联全球汽车行业销量第一的桂冠。丰田汽车公司创立于1933年。1950年丰田汽车公司的创始人丰田喜一郎在参观福特汽车公司后,认为福特汽车公司的生产模式并不一定适应日本的国情。他回国后,经过20多年的摸索和努力,在丰田汽车公司建立了具有自己特色的生产体系,即"丰田生产系统"。根据丰田喜一郎的经营思想,到1963年,丰田汽车公司的所有工厂都采用了"丰田生产系统",并在20世纪60年代中期将这套生产系统推行至所有一级供应商。丰田很快成为世界上著名的汽车公司。丰田汽车公司经营管理的成功引起了美国管理学者的注意,美国麻省理工学院的管理学者在对全世界汽车行

---

[1] 〔美〕彼得·德鲁克.公司的概念.罗汉,焦艳,王锐,等译.上海:上海人民出版社,2002:250-251.

[2] 〔美〕彼得·德鲁克.德鲁克管理思想精要.李维安,王世权,刘金岩,译.北京:机械工业出版社,2007:9.

业进行长期研究之后,以丰田汽车公司为榜样,提出了"精益制造(生产)"的新术语。精益制造"描述的是把各种质量控制理念和技巧整合成一种总体方法"。① 更为具体地讲,精益制造融合了流程改造、零缺陷、即时库存管理、设备安装、与供应商销售商的密切联系和系统集成,此即"丰田生产系统"。丰田汽车公司的经营管理在20世纪80年代曾经引起我国管理界的高度注意,并成为中国企业管理学习的样板。

1989年日本经济由于经济泡沫的破裂而出现了较大幅度的衰退,这不仅引起了对日本宏观经济管理模式的质疑,也使人们逐渐忘记了日本的企业管理特点。但日本企业善于学习、吸收世界上先进的管理思想并努力将其与自己的文化相融合的本土化道路选择,是值得学习和参考的。

三、知识经济时期的管理学理论思想

1980年,《第三次浪潮》的作者阿尔文·托夫勒(Alvin Toffler)曾预言人类社会将要经历三个文明浪潮。第一次浪潮是农业阶段,发生在约一万年前。第二次浪潮是工业阶段,起始于17世纪末。以信息化(服务业)为特色的第三次浪潮,起始于20世纪50年代,逐渐在20世纪90年代形成高潮。这个预言具有一定的前瞻性。

美国在20世纪末的经济增长状况已体现出了新技术革命的特色,出现了从工业经济向知识经济转移的趋势。从1991年到1998年,美国经济持续增长了90多个月。人们认为产生上述重大变化的深层次原因是:(1)美国的经济技术体系发生了变化。美国的高新技术产业已占国内生产总值(GDP)的50%,约25%的居民和80%的企业开始使用互联网。(2)美国的产业结构发生了重大变化。服务业已经占到美国GDP的70%以上,对GDP的贡献率也达到了80%以上。(3)美国的就业人员素质结构发生了重大的变化。职工受教育的平均时间从1948年的10年提高到了1994年的13年以上,受过高等教育的人员从14%提高到了55%。与信息直接和间接有关的高级服务业工人占全美劳动力的比重达到50%左右,以知识为基础能力的就业人员逐渐成为财富创造和就业的主体。

---

① 〔美〕丹尼尔·A.雷恩,〔美〕阿瑟·G.贝德安.管理思想史(第6版).孙健敏,黄小勇,李原,译.北京:中国人民大学出版社,2012:365.

面对美国经济形态与企业经营模式的转型,一批美国管理学者开始对新型经济社会的组织管理问题进行研究,对知识经济时代的管理学学科发展做出了贡献。

1. 德鲁克的研究

德鲁克是一位长寿者,长期在美国社会生活的经历、敏锐的观察目光、与时俱进的学术思想使得他在管理学研究中具有很高的学术地位。1990年,德鲁克在《从资本主义到知识社会》一文中开篇就提道:"在西方和东方,知识一直被视为对'是什么的探索'。一夜之间,它就开始致力于'做什么',变成一个资源和有用的东西。知识一直是私人物品。一夜之间,它就变成了公共物品。"①德鲁克根据知识应用的差异,将人类产业革命以来的几百年分为了三个阶段:在第一个阶段的一百年里,知识被用于工具、手艺、产品,创造了工业革命;在第二个阶段——从1880年左右开始到"二战"以后达到顶峰,知识在新的意义上开始应用于劳动,带来了"生产力革命";最后一个阶段开始于"二战"之后,知识开始应用于知识自身,这就是管理革命。知识现在正在加速成为生产的一个要素,与劳动力和资本并列。② 针对知识经济社会的到来,德鲁克认为知识经济条件下的管理概念产生了变化:"提供知识,去有效地发现现有的知识怎样能最好地应用于产生效果,这就是我们所指的管理。""经理是对知识的应用和知识的绩效负责的人。""这一变化意味着,我们现在把知识看作一个基本的资源。土地、劳动和资本作为限制因素是重要的。没有它们,甚至不可能产生知识。没有它们,甚至也不能实行管理。而只要存在着有效的管理,即将知识应用于实践,我们总是能得到其他资源。"③在文章的最后,德鲁克强调指出:"这个社会必须在知识专门化和有知识的人成为专家的基础上重构。这给予了他们力量,但是也引出基本的问题:价值、洞察力、信仰,这是维持我们社会完整和给予我们生活意义的全部事情。"④

1999年德鲁克出版了《21世纪的管理挑战》一书。德鲁克在书中明确了管理新范式的含义,提出了战略管理的重要性,探讨了新信息革命时期管

---

① 〔美〕达夫·尼尔.知识经济.樊春良,冷民,等译.珠海:珠海出版社,1998:35-36.
② 同上书,36.
③ 同上书,57-59.
④ 同上书,61.

理者有效地处理信息的问题。

2. 学习型组织

学习型组织是美国学者彼得·圣吉(Peter M. Senge)在《第五项修炼》一书中提出的管理观念,其含义是在面临变化剧烈的外部环境时,组织应力求精简、扁平化,保持弹性、终生学习、不断进行自我组织再造,以维持竞争力。

彼得·圣吉认为,学习是培养实现生命真正想要达到的结果的能力,是开创性的活动。学习型组织致力于通过五项修炼(自我超越、改善心智模式、建立共同的愿景、团队学习、系统思考)不断地扩张能力来创造未来,因此,所谓的学习型组织就是指通过培养弥散于整个组织的学习气氛、充分发挥员工的创造性思维能力而建立起来的一种有机的、高度柔性的、扁平的、符合人性的、能持续发展的组织。这种组织具有持续学习的能力,具有高于个人绩效总和的综合绩效。

第三节 中国管理学学科的发展

中国传统的管理思想中存在着两个难以回避的问题:第一是管理的研究主要集中在国家和军队的管理上,主要集中在"富国之学"的宏观层面;第二是管理的核心思想和理念长期围绕着皇权的统治,体现着"治人"与"人治"的特点,与现代管理思想的基本观念、伦理相矛盾和冲突。

注意到管理思想与理论真正成为科学是20世纪初期以来的事实,考虑到20世纪以来中国历史发展的进程,我们将中国20世纪以来管理学理论的发展划分为三个基本的阶段:1900—1949年;1950—1976年;1977年迄今。

1900—1949年是中国历史中一个十分特殊的阶段,因为这段时间内,曾在历史上极其辉煌的中国开始走向全面的衰落,逐步地向半殖民地半封建社会转变,在世界性的工业革命大潮中渐渐落伍。在1900—1949年这一历史阶段中,虽有中国民族工业的发展,对工业文明的仰慕与学习,商科的兴办,也有1916年和1920年穆湘玥、张廷金将泰罗的《科学管理原理》译为《工厂适用学理管理法》《科学的工厂管理法》在中华书局、商务印书馆出版,开始介绍泰罗的科学管理思想,但动荡的时局,帝国主义的侵略和对民族工业的打压,生产力水平发展的低下,使国人难有系统学习、全面推行科学管理的条件与机会。

1949—1976年是中国历史上具有特殊意义的时期。1949年10月1日中华人民共和国成立后,中国逐步进入了全新的社会——社会主义社会。这一时期中国管理学学科建设工作最大的进步,是在建立起独立的比较完整的工业体系和国民经济体系的背景下,较为全面地学习、接受了苏联的管理模式,强化了大生产条件下科学管理的理念。国家在一些大学(如中国人民大学)开设了管理专业,培养了一批管理干部与教师,也在实际工作中培养了一批熟悉经济管理与企业管理的管理人员,在探索适应中国国情的管理模式与方法上也进行了有益的探索,为后来中国管理学科的发展、管理工作的提升打下了基础,创造了条件。1966年,"文化大革命"开始,17年间建立的一些管理制度、措施和方法毁于一旦,经济管理专业几乎全部停办,中国各类组织的管理水平随着国民经济临近崩溃的边缘而滑向低谷,中国管理学学科的发展也趋于停滞和倒退。

1976年迄今是中国管理学学科全面提升和发展的阶段。1976年10月"四人帮"垮台,1978年中国揭开了改革开放的大幕,在短短四十多年的时间里,中国实现了以下几个方面的伟大转变:计划经济向社会主义市场经济的转变;国有经济成分一统天下向国有经济为主、多种经济成分共存的转变;企业从政府的"生产车间"向真正的经济实体的转变;被认为是管控劳动者的管理工作也向"科学管理和管理教育也是兴国之道"的认识转变。科学管理逐渐受到国家、企业的高度重视,得到了空前的发展。20世纪七八十年代,培养经济管理人才的各类管理专业相继开始在中国的大学中恢复和建立;1991年,凸显管理专业教育色彩的MBA在中国试行;1998年,管理专业成为一个可以授予学位的门类,正式确立了管理学科在中国教育界的地位。

第二编

管理学主要学派与理论

第四章 管理学主要理论学派

第二次世界大战之后,在理论研究者和实践者的努力之下,现代管理理论与实践均呈现出空前的繁荣景象,新理论、新思想不断产生,现代管理理论进入快速发展期,逐步形成了争奇斗艳的局面,且迄今也没有形成统一的理论体系及研究方法,被视为是不成熟的学科,或是处在托马斯·库恩(Thomas Kuhn)意义上的"前科学"发展阶段。孔茨较早发现并思考了管理学研究中出现的"管理理论丛林"现象,本章将以其观点为基础介绍管理学主要理论学派。

第一节 管理学理论学派的演化

从理论发展的规律看,不同学科的理论既有大致相同的发展规律,如从实践到理论,再回归到实践中接受检验,以致逐渐成熟,同时也存在着发展方式、路径的差异。管理学理论由于涉及人,面对多种组织形态,涉及的系统因素复杂,加上管理学理论发展的时间尚短,因而呈现出纷繁复杂的现象。

一、理论丛林产生的背景

"二战"结束后,世界进入相对和平的年代,各国开始在战后的废墟上重建家园,重建经济体制,促进经济发展。为了提高人民的生活水平,在不同经济体制下,各国的企业等组织如雨后春笋般出现。经济增长和企业繁荣迫切需要理论的指导,因而,在管理理论方面出现了许多新流派、新学说。这些流派为"管理理论丛林"的出现奠定了基础。

管理学是不是一门科学,是一个争论已久的话题。很多学者认为,管理学是一门科学。比如,古利克认为,当某一领域的知识能被定义,并能组成有关基本理论和派生理论的明晰、复杂的系统,而且这些理论已经或正在经历事实和逻辑的检验,能够解释过去和当前的事实变化并能预测将来的变化时,我们就称这些知识是科学。① 格里宾(Gribbins)和亨特(Hunt)分析了科学的四个维度,即科学的本质、存在直观的研究对象、根本的规则性假设、科学方法的应用等。② 他们认为,从每一个维度来看,管理学都满足这些标准,因而,管理学是一门科学。管理学是一门科学的观点逐渐被越来越多的学者认同,吸引了越来越多的学者对管理学进行研究,促使了"管理理论丛林"的产生。

"管理理论丛林"现象的研究者孔茨认为,对管理学的系统研究开始于20世纪40年代。最早的一批管理学著作是由泰罗、法约尔、穆尼、布朗、谢尔登、厄威克等富有管理实践经验的人写出来的,这些著作条理清晰、总结深刻。20世纪60年代初期,管理学学术著作纷纷出现,形成了"管理理论丛林"。社会学家、物理学家、生物学家、人类学家、社会计量学家、数学家、政治学家、工商管理学家等都对管理理论研究产生了极大的兴趣,企业管理人员也纷纷投入管理理论研究之中。他们为了各种目的而标新立异,从而导致了"管理理论丛林"的蔓生滋长。

二、理论流派的演化

哈罗德·孔茨1961年12月在美国管理学杂志《美国管理学会学报》发表了著名的论文《管理理论的丛林》,将管理理论发展的情形描述为"管理理论丛林"。在"丛林"之中,诸如心理学、社会学、人类学、经济学、数学、物理学、生物学、政治学等学科以及管理者的实践经验都对管理理论的发展产生了影响。孔茨认为,根据"理论丛林"源头的主要差别,可以将其分成不同的"学派"(school)。依据基础理论的差异,孔茨将20世纪60年代的管理理论分为6大管理理论学派:管理过程学派(management process school)、经验学派(empirical school)、人类行为学派(human behavior school)、社会系统学派(social system school)、决策理论学派(decision theory school)和数理学派(mathematical school)。

---

① Luther Gulick. Management is a Science. *Academy of Management Journal*,1965,8(1):7-13.
② Ronald E. Gribbins, Shelby D. Hunt. Is Management a Science. *Academy of Management Review*,1978,3(1):139-144.

1980年,孔茨在《美国管理学会评论》发表了论文《再论管理理论的丛林》,把当时重要的管理学派划分为11个(见表4-1),分别是:经验主义或案例学派(empirical or case approach)、人际行为学派(interpersonal behavior approach)、团体行为学派(group behavior approach)、协作社会系统学派(cooperative social system approach)、社会技术系统学派(sociotechnical system approach)、决策理论学派(decision theory approach)、系统学派(systems approach)、数理或管理科学学派(mathematical or management science approach)、权变或情境学派(contingency or situational approach)、经理角色学派(managerial roles approach)、运营学派(operational approach)。与之前相比,原先的人类行为学派此时分成了基于心理学的人际行为学派与基于社会学和文化人类学的团体行为学派;社会系统学派更加偏重于巴纳德的理论,而改名为协作社会系统学派;管理过程学派改名为运营理论学派;经验学派更为明确地改名为经验主义或案例学派。新学派有1951年由英国社会心理学家埃里克·特里斯特(Eric Trist)及其同事创立的社会技术系统学派,在众多学科有着迅猛发展的系统学派,加拿大著名管理学家明茨伯格提出的经理角色学派,不同意只存在"最好的方法"的权变或情境学派,以及数理或管理科学学派。学派名称没有变化的是决策理论学派。需要注意的是,孔茨在近二十年后,将表示学派的英文单词"school"换成了"approach",这一变化体现了孔茨对"丛林"分类认识的变化。在中国,对孔茨两篇论文的翻译中也注意了区分,将"school"译为"流派",而将"approach"译为"观点"。①

20世纪80年代以后,尽管社会经济环境和企业管理实践都发生了巨大变化,产生了知识管理、无疆界组织等新概念,但管理与组织理论整体上发展趋于迟缓,在孔茨之后也没有学者再对管理学发展流派做出得到公认的总结。因此,下面仍以孔茨1980年的经典论文为基础来介绍现代管理学的主要理论学派。

---

① 张钢.管理学基础文献选读.杭州:浙江大学出版社,2008:80-118.

表 4-1 西方"管理理论丛林"的主要流派

序号	管理学派	研究对象	研究基础	研究方法	代表人物
1	管理过程学派	计划、组织、领导、控制等管理过程	管理实践	注意和研究管理人员的职能	法约尔
2	人际行为学派	人与人之间的关系	心理学、社会心理学	在实践中研究	梅奥
3	团体行为学派	团体中人的行为、各种团体行为方式	社会学、人类学、社会心理学	在实践中研究组织的行为	麦格雷戈
4	经验主义学派	成功和失败的管理案例	过去的管理过程、实例、历史	经验分析	德鲁克、戴尔
5	社会系统学派	管理过程	社会学	实践中的组织分析	巴纳德
6	社会技术系统学派	企业中的技术系统和社会系统	工业工程问题	把企业中的技术系统同社会系统结合起来研究	特里司特
7	系统学派	管理学研究中的系统方法	一般系统理论	系统分析	卡斯特、罗森茨威克
8	决策理论学派	决策问题	消费者选择理论、经济学	模型构造和数学	西蒙、马奇
9	管理科学学派	数学模型、程序系统	数学、运筹学	建立数学模型、模拟、求解	伯法
10	权变理论学派	管理者所处的环境	实际情况	应用理论和方法时结合实际情况	卢桑斯
11	经理角色学派	经理在管理中的角色	经理的实际工作	观察经理的实际活动,研究经理角色	明茨伯格

资料来源:根据相关资料整理。

第二节 管理学主要理论学派

一、管理过程(运营理论)学派

该学派在1961年被称为管理过程学派,之后孔茨改称其为运营学派,两者没有实质的区别,只是名称发生了变化。该学派也常被称为管理职能学派,其主要特点是将管理理论同管理人员所执行的管理职能——即管理人员所从事的工作——联系起来,致力于研究和说明"管理人员做些什么以及如何做好这些工作",侧重说明管理工作实务。法国管理学家亨利·法约尔是这个学派的开山鼻祖,后来经孔茨等人的发扬光大,该学派成为现代管理学的一个主流学派。

管理过程学派将管理理论建立在以下基本信念的基础上:(1)管理是一个过程,可以通过分析管理人员的职能从理性上加以剖析;(2)以各种企业环境中的管理经验为基础,可以从中提炼出"真理"或通则,这些通则通常被视为原理,在理解和改进管理时起到阐明和启示的作用;(3)可以围绕这些基本原理开展研究,以便既确定其正确性,又提高其在实践中的意义和适用性;(4)这些原理只要还没有被证明为不正确或被修正,就可以为形成一种有用的管理理论提供若干要素;(5)就像医学和工程学那样,管理是一种可以依靠原理而加以改进的技能;(6)即使在实际应用中由于背离了管理原理而造成损失,但管理学中的原理仍然是确切可靠的;(7)尽管管理人员的环境和任务受到文化、物理、生物等多方面因素的影响,但管理理论并不需要把所有的知识都包括进来。

相对于其他学派而言,管理过程学派是最为系统的学派,为训练管理人员提供了可供遵循的思考框架与理论基础。该学派把管理的任务和非管理的任务(如财务、生产以及市场交易)加以明显的区分,能使组织管理人员将精力和注意力集中于管理职能的基本工作上。但也有学者认为,不存在适用于所有组织的管理职能,管理过程学派所归纳出的管理职能通用性有限,对静态的、稳定的经营环境较为合适,而在动态多变的生产经营环境中难以运用。

二、人际行为学派

人际行为学派是从 20 世纪 60 年代的人类行为学派演变而来的,代表人物包括梅奥、马斯洛、道格拉斯·麦格雷戈、库尔特·卢因以及简·穆顿等。该学派注重管理中"人"的因素,认为既然管理是通过他人或同他人一起去完成工作,那么,管理研究就必须围绕人际关系这个核心来展开。该学派的学者有着强烈的社会心理学倾向,注意的焦点是作为社会心理学研究对象的个人及激励个人的事物。其研究中注意将有关的社会科学理论、方法和技术用于研究人与人之间和人群内部的各种现象,内容所及从个人的品性一直到文化关系,非常广泛。

该学派的研究范围十分宽泛。在这个学派中,有的学者强调人际关系是管理人员应该着重理解和应用的一种技能。有的学者把注意力集中于作为领导者的管理者,有时甚至把管理等同于领导,事实上等于把所有的团体活动都作为"受控"情景来处理。有的学者把团体动力学和人际关系的研究看成是社会心理关系的研究,从而把管理只同社会心理学相联系。

孔茨对该学派的评价是,不能否认管理工作必须涉及人们的行为,对管理情境和非管理情境中人们内部活动交往的研究也是十分重要和有益的。但是,若重视优秀的领导力,而忽视成功的管理力(managership),则是严重的错误。孔茨还指出,能否将人类行为的范畴等同于管理范畴,也是需要考虑的问题,这就像把对人体的研究仅看成对心脏的分析一样存在着问题。

三、社会系统学派

社会系统学派最著名的代表人物是美国管理学家切斯特·巴纳德,其代表作是 1938 年出版的《经理人员的职能》一书。当时,人际关系学说的兴起使管理学者开始注意使用社会学、心理学的方法来分析和处理管理问题,注意协调好组织中的人际关系。但在巴纳德看来,梅奥等人的人际关系学说研究的重点只是组织中人与人之间的关系,这种人际关系强调的是行为个体相互之间的关系,并没有研究行为个体与组织之间的关系协调问题。如果将组织看作一个复杂的社会系统,要使系统运转有效,则必然涉及组织中个人与组织间的协调问题。他认为组织是一个复杂的社会系统,应从社会学的观点来分析和研究管理的问题。由于他把各类组织都作为协作的社会系统来研究,后人把由他开创的管理理论体系称为社会系统学派。

该学派的主要观点是,组织是一个由个人组成的协作系统,个人只有在一定的相互作用的社会关系中同他人协作才能发挥作用。巴纳德认为组织作为一个协作系统包含三个基本要素:能够互相进行信息交流的人们;这些人愿意做出贡献;实现一个共同目的。因此,一个组织的要素是:信息交流;做贡献的意愿;共同的目的。组织是两个或两个以上的人所组成的协作系统,管理者应在这个系统中处于相互联系的中心,并致力于获得有效协作所必需的协调。因此,经理人员要招募和选择那些能为组织目标的实现做出最大贡献并能协调工作的人员。

孔茨认为,社会系统学派依据文化环境的压力和矛盾把企业视为社会组织的看法,对研究管理的理论界和经营企业的实业界都很有帮助。其中,有意义的是使人们了解到组织权威的制度基础、非正式组织的影响,以及"组织的纽带"等社会因素的影响。[①] 该学派运用社会行为原理分析的基础社会学,在社会系统的框架中研究团队的行为,这在管理学中十分有意义,但人们可能会问:难道这就是管理学吗?管理学理论与社会学理论会有共同的边界吗?社会学与语言学、心理学、生理学、数学以及其他一些领域的理论一样,是管理学的重要基础理论吗?他认为在社会系统学派中管理的概念被定义得过于宽泛了。

四、决策理论学派

决策理论学派是在第二次世界大战之后发展起来的管理学派,是以社会系统论为基础,吸收了行为科学、系统论的观点,运用电子计算机技术和运筹学的方法而发展起来的一种理论学派。其代表人物包括赫伯特·西蒙、詹姆斯·马奇(James G. March)等人。孔茨认为,该学派致力于决策的理性分析,对行动(action)或意图(idea)的过程中可能的取舍进行选择。该学派的一些学者认为研究应包括一个企业发生的所有事件,甚至将决策理论的研究范围扩大至心理学与社会学的方面,以及决策与决策人的环境等。

---

① 〔美〕丹尼尔·A.雷恩.管理思想的演变.孙耀君,李柱流,王永逊,译.北京:中国社会科学出版社,1986:377.

决策理论起源于消费者选择理论,与19世纪英国功利主义哲学家边沁的理论有联系,与效用最大化的经济分析、无差异曲线、边际效用、风险和不确定条件下的经济行为等联系密切,该理论的主要代表学者如西蒙也受到心理学理论、巴纳德思想的影响。因此,该学派喜好经济学理论,运用数学建模,并在研究过程中使用了心理学进行分析,沿用了巴纳德的研究成果。该学派认为,决策是管理的主要任务,应集中研究决策问题,决策贯穿管理的全过程,因此,决策的研究应是管理理论研究的核心。西蒙指出,组织中经理人员的重要职能就是决策,任何作业开始之前都要先进行决策,制订计划就是决策,组织、领导和控制也都离不开决策。决策贯穿于组织活动的全部过程。西蒙进而提出了"管理的核心是决策"的命题,而传统的管理学派是把决策职能纳入计划职能当中的。该学派所探讨的可以是决策本身,也可以是进行决策的人或组织集团,或者是决策过程的分析。决策理论不仅适用于企业组织,而且适用于其他组织的管理,具有普遍的适用意义。

该学派的批评者则认为,管理是一种复杂的社会现象,仅靠决策无法给管理者完整、有效的指导,实用性不大。决策学派没有把管理决策和人们的其他决策行为区别开来。决策并非只存在于管理行为中,人们的日常活动中也普遍存在决策,如人们日常生活做事都需要决策,组织中非管理人员的活动也需要决策,但这些决策行为都不是管理行为。

五、系统管理学派

一般系统理论建立以后,西方有些学者把它应用于工商企业的管理,形成了系统管理学派。以往的管理理论只侧重于管理的某一个方面,它们或侧重于生产技术过程的管理,或侧重于人际关系,或侧重一般的组织结构问题,而系统学派则试图解决组织整体的效率问题。到20世纪60年代,西方的系统管理学派盛行,"系统科学""系统理论""系统工程""系统分析""系统方法"等术语充斥于管理文献之中。

该学派认为,整体是主要的,而其各个部分是次要的;系统中许多部分的结合是它们相互联系的条件;系统中的各个部分组成一个不可分割的整体,各个部分围绕着实现整个系统的目标而发挥作用;系统中各个部分的性质和职能由它们在整体中的地位所决定,其行为则受到整体的制约;整体是一种系统、结构或综合体，是作为一个单元来行事的；一切都应以整体作为前提条件，然后演变出各个部分之间的相互关系；整体通过新陈代谢而不断地更新，即整体保持不变和统一，而其组成部分则不断改变。于是，系统管理理论将组织看作是一个开放的社会技术系统，是由五个不同的子系统——目标与价值分系统、技术分系统、社会心理分系统、组织结构分系统、管理分系统——组成的整体。这五个分系统既相互独立，又相互作用，不可分割，从而构成一个整体。

孔茨认为，对于系统的有意识的研究和强调，使管理实践者和研究者更自觉地考虑各种互动要素对管理理论和实践的影响，但系统管理思想很难说是一种新观点，因为有经验的实践管理者和有实践经验的管理研究者，早就习惯于将各类问题和各类操作看作是企业内部或外部环境之间日常互动的互相联系的要素网络。

六、经验主义学派

经验主义学派认为，管理学就是研究管理经验。该学派认为，如果希望解决管理中的有关问题，就应该了解和学习最为有效的管理技能。通过研究管理人员的成功经验和管理工作失败的教训，了解在某一环境中成功或不成功的管理方法，人们就可以在相同的环境中选用合适的管理方法。因此这个学派注重研究实际管理工作者的经验教训，强调从管理的实际经验而不是从一般原理出发来进行研究，强调用比较的方法进行研究。这个学派有时也希望抽象出一般的原理，但通常的方法是通过经验研究向学生传授管理的知识。

孔茨认为，不会有人怀疑通过这样的学习方法或分析"它曾怎样做"(how-it-was-done)来学习经验的重要性，但需要注意的是，管理学不是像法学一样基于先例的科学，也不能设想未来的环境会与过去事件发生的环境完全一样，因而过分地依赖过去的经验是十分危险的。值得注意的是，孔茨在文章中介绍经验主义学派时，两次提到了欧内斯特·戴尔(Ernest Dale)，而没有介绍公认的经验学派的领军人物彼得·德鲁克。[1]

---

[1] 马洪.《国外经济管理名著丛书》前言.见：〔美〕F. W. 泰罗.科学管理原理.胡隆昶，冼子恩，曹丽顺，译.北京：中国社会科学出版社，1984：前言.

七、权变理论学派

20世纪70年代,美国经济动荡、政治骚动,石油危机产生了深远的影响,企业所处的环境很不确定。在此之前,管理理论大多追求普遍适用的、最合理的模式与原则,但在解决企业面临的外部环境问题时显得无能为力。在此背景下,权变理论学派应运而生。"权变"的意思就是权宜应变。管理者不再相信会有一种最好的管理方式,而是应该随机应变地处理管理问题。这形成了管理取决于所处环境状况的权变理论,其代表人物有弗雷德·卢桑斯(Fred Luthans)、弗雷德·菲德勒(Fred Fiedler)、罗伯特·豪斯(Robert House)、埃德加·沙因(Edgar H. Schein)等。

这个学派强调管理者的实际工作取决于所处的环境条件,要求管理者根据组织的具体条件及其面临的外部环境,采取相应的组织结构、领导方式和管理方法,灵活地处理各项具体管理业务。这样,就使管理者把精力转移到对现实情况的研究上来,并根据具体情况提出相应的管理对策,从而有可能使管理活动更加符合实际情况,更加有效。以往人们大多从静态的角度来认识管理行为,权变学派首先提出管理的动态性,开始意识到管理的职能并不是一成不变的。

批评者认为,权变理论强调变化,既否定管理的一般原理、原则对管理实践的指导作用,又始终无法提出统一的概念和标准,每个管理学者都根据自己的标准来确定自己的理想模式,未能形成较为统一的管理职能,这使实际从事管理的人员感到难以学到解决管理问题的能力,初学者也更难适应这一观点得出的管理学习方法。

八、数理(管理科学)学派

数理学派,也称管理科学学派、计量管理学派。该学派源于泰罗的科学管理思想,其代表人物包括泰罗、埃尔伍德·伯法(Elwood Buffa)等人。

从该学派的名称来看,它似乎偏向于管理的科学研究。其实,它主要不是探求有关管理的原理和原则,而是依据科学的方法来解决管理问题,并且要求按照最优化的标准为管理者提供决策方案,设法把科学的原理、方法和工具应用于管理过程,侧重于追求经济和技术上的合理性。该学派认为,管理科学其实就是管理中的一种数量分析方法,主要用于解决能以数量表现的管理问题。只要管理是一个逻辑过程,就能用数学符号和运算关系来予以表示。因此,该学派的主要方法就是建立模型,借助于模型把问题的基本关系和选定目标表示出来。就管理科学学派的实质而言,它是泰罗的科学管理思想的继续与发展,因为它们都力图抛弃凭经验、凭主观判断来进行管理,提倡采用科学的方法,探求最有效的工作方法或最优方案,以达到最高的工作效率,以最短的时间、最小的支出,得到最好的效果。不同的是,管理科学的研究已经突破了操作方法、作业研究的范围,而向整个组织的所有活动方面扩展,要求进行整体性的管理。

批评者认为,管理科学学派的适用范围有限。并不是所有管理问题都能够定量,有些管理问题涉及复杂的社会因素,这些因素大都比较微妙,难以定量,难以采用管理科学的方法去解决。另外,实际解决问题时,管理人员与管理科学专家之间会产生隔阂,实际的管理人员对复杂、精密的数学方法很少能够理解,无法做出正确评价,而管理科学专家一般又不了解企业经营的实际工作情况,因而提供的方案不能切中要害,解决问题。此外,采用此种方法大都耗时费钱,往往只是用于大规模的复杂项目,应用范围受到限制。

九、团体行为学派

孔茨将团体行为学派的观点与人际行为学派的观点进行了比较,认为两者密切相关,并很容易相互混淆。团体行为学派关心的主要是某一群体中人的行为,而不是一般的人际关系和个人行为,以社会学、人类文化学、社会心理学为基础。这个学派的早期代表人物是梅奥和霍桑,后期代表人物是克瑞斯·阿吉里斯(Chris Argyris)等。

这个学派着重研究各种群体的行为方式,从小群体的文化和行为方式到大群体的行为特点,均在研究之列。它也常被叫做"组织行为学"。孔茨认为,实践中的管理者不可能认识到"组织"涵盖如此宽泛的群体行为模式。同时,管理者的许多问题确实来自于群体行为模式、态度、愿望和偏见,其中有些来自于企业中的群体,但有些问题来自于特定公司、部门或机构以外的文化环境。因此,该学派的最大困惑也许是它在"组织行为"与"管理活动"

之间试图画出一条人为的、不精确的界线的趋势。群体行为是管理的一个重要方面,但并不是管理的全部。

十、社会技术系统学派

社会技术系统学派是在社会系统学派的基础上进一步发展而形成的。该学派的创始人是特里司特及其同事。他们通过对英国煤矿中长壁采煤法生产问题的研究,发现仅分析企业中的社会方面是不够的,还必须注意其技术方面。他们发现,企业中的技术系统(如机器设备和采掘方法)对社会系统有很大的影响。个人态度和群体行为都受到人们在其中工作的技术系统的重大影响。因此,必须把企业中的社会系统同技术系统结合起来考虑,管理者的主要任务就是要确保这两个系统相互协调。

社会技术系统学派非常强调技术系统的重要性。该学派的大部分著作都集中研究科学技术对个人、对群体行为方式、对组织方式和管理方式等方面的影响,特别注重工业工程、人机工程等方面的研究。

孔茨认为,该学派没有试图囊括管理学的所有方面,但还是对管理实践做出了有意义的贡献。管理者可能会对以下观点感到诧异或怀疑——装配线技术、铁路运输技术或炼油技术会影响个体、群体及其行为模式,还会影响各类运作的组织方式以及各种管理技巧,但这种观点对于企业运作的特定方面来说可能是非常有帮助的。

十一、经理角色学派

经理角色学派是20世纪70年代出现的一个管理学派,以对经理所担任角色的分析为中心来考察经理的职务和工作,以求提高管理效率,其学派代表人物是加拿大管理学者亨利·明茨伯格。该学派所指的"经理"是指一个正式组织的主要负责人,拥有正式的权力和职位,而"角色"这一概念是从舞台术语中借用,是指属于一定职责或地位的一套有条理的行为。该学派对经理工作的特点、所担任的角色、工作目标、经理职务类型的划分、影响经理工作的因素以及提高经理工作效率等重点问题进行了考察与研究。他们采用日记记录的方法对经理的工作活动进行系统的观察和记载,在观察过程之中及观察结束以后对经理的工作内容进行分类。明茨伯格的研究内容包括对企业高、中级经理工作日记的研究,对街头团伙头目、医院行政人员和生产管理人员的持续观察,对美国总统工作记录的分析,对车间主任的活动进行的典型调查,对高级经理的工作结构所进行的调查,等等。该学派通过对搜集的材料进行总结,得出规律性的认识。

明茨伯格认为经理有以下特点:大量的工作,始终不懈的步调;工作活动具有简短性、多样性、琐碎性;把现实的活动放在优先地位;爱用口头交谈方式;处在其组织与联络网之间。明茨伯格将经理所担任的角色分为互相联系、不可分割的三类十种,即:人际关系方面,有挂名首脑、领导者、联络者三种角色;信息方面,有信息收受者、传播者、发言人三种角色;决策方面,有企业家、故障排除者、资源分配者、谈判者四种角色。

经理角色学派对管理职能的归纳虽有启发意义,但仍有不少问题。第一,经理角色学派得出的十种管理角色靠归纳得出,对管理者的调查由于数量较少而受到怀疑。第二,明茨伯格所得出的管理行为是否包含了所有的管理行为,很值得怀疑。孔茨对此评价说:"明茨伯格所辨别出的角色显然是不充分的。在他的角色目录里,人们到哪里去寻找像设计组织结构、挑选和评价管理者以及决定主要战略这些无疑是重要的管理活动呢?对这些活动的忽略,使人们有理由怀疑他所列举的那些管理者是否还算是有效的管理者。"[1]

---

[1] 〔美〕哈罗德·孔茨.再论管理的丛林.见:张钢.管理学基础文献选读.杭州:浙江大学出版社,2008:109.

第五章　管理学理论（微观视角）

现代管理学学派繁多，理论庞杂。在孔茨对管理理论进行学派的梳理和划分后，贾森·科尔基特(Jason Colquitt)和辛迪·赞帕塔-费伦(Cindy P. Zapata-Phelan)2007年在《美国管理学会学报》上发表了《管理研究中理论构建与理论检验水平的变化趋势：基于〈美国管理学会学报〉五十年历程的分析》一文，通过创建用来衡量实证类研究文章理论贡献的分类，对管理学理论的重要性进行评估，最终区分出20种常用的组织与管理理论，并将其从研究视角方面区分为微观领域和宏观领域两方面的理论。他们的研究成果得到了管理学界的普遍认同。

本章介绍微观视角下的管理学理论。其中，公平理论、期望理论、目标设置理论、认知评价理论与工作特征理论都是与激励有关的理论；路径-目标理论、变革型领导理论属于领导理论；社会交换理论、社会认同理论、社会学习理论、社会信息加工理论属于个体或群体行为理论；前景理论属于决策理论。它们的主要特点是研究组织成员与组织之间的关系，因而被称为微观视角的管理学理论。

第一节　工作特征理论

工作特征理论(Job characteristics theory)由哈佛大学教授J. R. 哈克曼(J. R. Hackman)和伊利诺伊大学教授格雷格·奥尔德汉姆(Greg R. Oldham)于1976年提出，也被称为"五因子工作特征理论"。该理论强调最好的工作岗位设计应该能给员工以内在的激励，体现人本主义的管理方法。

一、工作特征的核心维度

该理论认为，可以把一个工作按照它与核心维度的相似性或者差异性来描述。这些核心维度包括：(1) 技能多样性(skill variety, V)，也就是完成一项工作涉及的范围，包括各种技能和能力；(2) 工作完整性(task identity, I)，即任务同一性，指在多大程度上工作需要作为一个整体来完成，过程包括从工作的开始到完成及其取得的明显的成果;(3)任务重要性(task significance,S),即自己的工作在多大程度上影响其他人的工作或生活,不论是在组织内还是在工作环境外;(4)自主性(autonomy,A),即工作在多大程度上允许自由、独立,以及在具体工作中个人制订计划和执行计划时的自主范围;(5)反馈性(feedback,F),即员工能及时明确地知道他所从事的工作的绩效及其效率。

该理论将动机的大小(用 Score 表示)与五因子的关系方程设定为:

$$\text{Score} = \frac{(V+I+S)}{3} \times A \times F$$

二、工作特征模型

根据工作特征模型,如果员工能体验到关键心理状态,他们就能得到积极的个人心理需求满足和工作结果,而关键心理状态是由核心工作特征引起的(见图 5-1)。

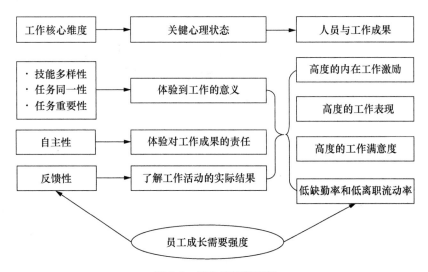

图 5-1 工作特征模型图

资料来源:J. R. Hackman, G. R. Oldham. Development of the Job Diagnostic Survey. *Journal of Applied Psychology*,1975,60(2):161.

一个工作岗位可以让员工产生三种关键心理状态:一是感受到工作的意义,即员工认为自己所做的工作是有价值的、重要的;二是感受到工作的责任,就是员工感到他们对完成的工作承担个人责任和义务的程度;三是了解工作的结果,就是了解他们在工作中的表现如何。这些心理状态影响个人和工作的结果,包括内在工作动力、绩效水平、工作满足感、缺勤率和离职率等。心理状态能给予员工内在的激励,使员工以自我奖励为基础产生自我激励的循环。

员工要感知到工作有意义,他的工作必须具有技能多样性、任务完整性和任务重要性这三个特征。技能多样性是指为了完成工作需要用到的技能和能力的程度及知识范围的大小;任务完整性是指所做的工作有无明显的起点和终点;任务重要性包括内部重要性(即它对组织的重要性)和外部重要性(即它对组织外的人产生影响的大小)。要体验到对工作结果的责任,工作要具有自主性,也就是员工工作的独立性,即员工在安排自己的工作、决策或者决定达到目标的途径时能有多大的自由度和控制力。来自工作的反馈直接导致了员工对工作结果的认识,反馈是关于绩效的客观信息,它来源于工作本身。

个人和工作结果中所包含的变量包括:第一,内在工作动机,即个人为了在工作中表现得更好而对自己的激励——在工作中表现好时,个人会产生积极的内部体验;第二,一般工作满意度,即员工对自己工作的满意程度;第三,成长满意度,即个体对自己在工作中是否有机会自我发展的满意程度。

该模型的调节变量包括:第一,成长需要的强度,员工想通过学习来超越自己,就是自我实现的需要;第二,薪酬满意度,就是对基本工资和奖金的满意程度,也包括组织是否根据个人对组织的贡献大小来给予相应的奖励;第三,安全满意度,是对工作环境中的安全条件和工作是否稳定的满意程度;第四,同事满意度,就是对在工作中与自己有接触的人是否满意,以及自己是否有机会来了解和帮助他们;第五,主管满意度,就是对主管工作的方式、提供的指导及给予的支持是否满意。

第二节 期望理论

期望理论(Expectancy theory)是著名心理学家和行为科学家维克托·弗罗姆(Victor H. Vroom)1964年在《工作与激励》中提出来的一种激励理

论,又称为"效价-手段-期望理论"。它是过程型激励理论的重要组成部分,也是一种解释工作动机问题的主流理论。[①] 该理论通过考察人们的努力与其所获得的最终报酬之间的因果关系,来说明激励过程以及如何选择合适的行为以达到最终目标。该理论的一个前提假设是,组织成员是理性的,他们在工作前会思考自己做什么才能赢得奖励、奖励对自己的意义有多大,并以此做出自己应该如何努力的判断。

一、理论来源

期望理论主要是为了解决激励和动机研究中的一个重要问题:行为发生之前,什么决定了行为的方向以及对不同行为的选择。在理论构建的过程中,弗罗姆借助了莱文(K. Lewin)理论中"力场"的概念[②],将人的选择看成是力场作用的结果,力场中每一项都有方向和大小,并引用了阿特金森(Atkinson)[③]和托尔曼(Tolman)[④]早期提出的"预期"概念。同时,弗罗姆发现,学者们在研究人的动机和工作角色匹配时,并没有同时考虑人的特性和工作角色,而那些涉及职业选择的研究,仅仅关注人的特性,涉及满意度和工作角色业绩的研究,也仅仅关注工作角色的性质。因此,弗罗姆在期望理论中不仅将预测人的特性和工作角色两方面的因素都包含在内,而且还研究了它们之间的相互作用。

二、主要内容

期望理论的基本内容主要是期望公式和期望模式。

弗罗姆认为,人总是渴求满足一定的需要并设法达到一定的目标。这个目标在尚未实现时,表现为一种期望,这时目标反过来对个人的动机又是一种激发的力量,而这个激发力量的大小,取决于目标价值(效价,valence)和期望概率(期望,expectancy)的乘积。用公式表示就是:

---

① V. H. Vroom. *Work and Motivation*. New York:Wiley,1964.
② K. Lewin. The Conceptual Representation and Measurement of Psychological Forces. *Contributions to Psychological Theory*,1938,4:247.
③ J. W. Atkinson. Motivational Determination of Risk-taking Behavior. *Psychological Review*,1957,64:359-372.
④ E. C. Tolman. Principles of Purposive Behavior. In:S. Koch(ed.). *Psychology:A Study of a Science*. New York:McGraw-Hill,1959,2:92-157.

$$M = V \times E$$

其中:

M 表示激发力量,是指调动一个人的积极性,激发人内部潜力的强度。

V 表示目标价值(效价),是一个心理学概念,是指达到目标对于满足个人需要的价值。同一目标,由于每个人所处的环境不同,需求不同,其需要的目标价值也就不同。同一个目标对一个人可能有三种效价:正、零、负。效价越高,激励力量就越大。

E 是期望值,是人们根据过去的经验判断自己达到某种目标的可能性是大还是小,即能够达到目标的概率。目标价值大小直接反映人需要动机的强弱,期望概率反映人实现需要和动机的信心强弱。

这个公式说明,假如一个人把某种目标的价值看得很大,估计能实现的概率也很高,那么这个目标激发动机的力量越强烈。

怎样使激发力量达到最大值?弗罗姆提出了人的期望模式(见图 5-2)。

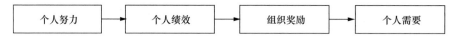

图 5-2 简化的期望模式

资料来源:〔美〕斯蒂芬·罗宾斯,〔美〕玛丽·库尔特.管理学.李原,孙健敏,黄小勇,译,北京:中国人民大学出版社,2012:437.

考虑这个期望模式中的四个因素时,需要兼顾以下三个方面的关系。

(1) 努力与绩效的关系。这两者的关系取决于个体对目标的期望值。期望值又取决于目标是否匹配个人的认识、态度、信仰等个性倾向及个人的社会地位、别人对他的期望等社会因素。以上关系由目标本身和个人的主客观条件决定。

(2) 绩效与奖励的关系。人们总是期望在达到预期成绩后,能够得到适当的合理奖励,如奖金、晋升、提级、表扬等。组织的目标如果没有相应的有效的物质奖励和精神奖励来强化,时间一长,员工的积极性就会消失。

(3) 奖励与个人需要的关系。奖励什么要适合各种员工的不同需要,要考虑效价。奖励中要采取多种形式,满足各种需要,最大限度地挖掘人的潜力,最有效地提高工作效率。

现实中的情况远非模型或公式这样简单明了,因为效价是一种主观偏好,它因人而异、因时而异。期望值也是一种主观判断,不仅与努力程度有关,也与个体的实际能力有关。但是,管理者仍能利用期望理论来开展激励工作。一是要关注员工对成功的期望。当员工感到实现目标超过了自我能力范围时,就可能导致积极性下降。二是要努力了解员工所期盼的激励,以更好地设置不同的奖励方法,满足员工不同的需求。三是确定并清晰地陈述所要求的绩效。因为员工需要知道上级对自己有什么期待,以便积极有效地努力工作。四是应确保结果或奖励的变化大得足以刺激有意义的行为。奖励小,改善绩效的努力也会小。要改善绩效,奖励就必须足以刺激员工做出相应的努力。

目前,在期望理论应用的领域中,工作绩效得到了最广泛的关注。但坎费尔(Kanfer)指出,期望理论对于工作满意度的预测,要比对工作努力或工作绩效的预测更好。[①] 期望理论的一个主要贡献就在于将效价、预期和手段的概念引入到了特质影响和情境影响的研究中,实现了实验心理学和社会心理学的融合。在期望理论提出后的几十年里,许多学者对期望理论进行了修正。修正后的期望理论更加重视激励产生问题,即行为是如何开始和停止的。这也是弗罗姆提出期望理论时所忽略的一个重要问题。根据卢因的描述,这是一个"引起效价的紧张系统"。修正后的期望理论认为,对个人和组织行为的观察揭示了类似系统的存在,比如,火灾发生提升了对安全问题的关注,质量缺陷刺激了寻找原因和补救的办法,中断的任务强化了紧张系统,任务完成则减少了紧张感。更完整的关于动态效价的描述,将认识到其在个人内部以及人与人之间的变化。同时,期望理论的发展趋向于将原始理论和更高层次的动机概念等同起来,强调情感定位因人而异,并结合美国心理学家克龙巴赫(Cronbach)所提出的个体差异,认为效价几乎等同于效用。

第三节 公平理论

美国学者斯塔西·亚当斯(Stacey Adams)在《工人关于工资不公平的内心

[①] R. Kanfer. Motivation Theory and Industrial/Organizational Psychology. In: M. D. Dunnette and L. M. Hough(eds.). *Handbook of Industrial and Organizational Psychology*. Palo Alto, CA: Consulting Psychologists Press,1990,1:75-170.

冲突同其生产率的关系》(1962年)、《工资不公平对工作质量的影响》(1964年)、《社会交换中的不公平》(1965年)等著作中提出了公平理论(Equity theory)。该理论把激励过程与社会比较直接联系在一起,故也称为社会比较理论,侧重于研究工资报酬分配的合理性、公平性及其对职工生产积极性的影响。

一、理论来源

公平理论可以追溯到亚当·斯密、卡尔·马克思等人的理论和观点。前者提出"公平的旁观者"(impartial spectator)理论,是公平问题研究中功利主义的创始人;后者的阶级分析方法更是整体宏观地研究公平问题的先驱。斯密在他的公平理论中创造了一个"公平的旁观者"概念,这个旁观者是虚设的,只存在于想象之中,因而是"理想的和完善的"。斯密强调,在个人行为过程中,每一个活动者必须且应当以正当的、光明正大的、平等交换的方式进行,要"合宜",即恰当、合理,而评判标准就是"公平的旁观者"的客观社会准则。只要行动者个人的行为"合宜",那么总是公平的。马克思同样重视公平,但他的公平观是总体的、宏观的,侧重阶级分析。亚当斯的公平理论更加倾向于亚当·斯密的功利主义,强调人的幸福是重要的,道德规则必须根据其对人的幸福造成的结果而受到检验,但与斯密和马克思不同的是,亚当斯的公平理论更多地侧重于从社会心理学领域展开研究,具有明显的社会交换理论和认知理论的色彩。

二、主要内容

公平理论的研究重点是利益分配的合理性和公平性对员工的积极性和工作态度的影响。该理论认为,人的工作积极性不仅与个人实际报酬多少有关,而且与人们对报酬的分配是否感到公平有关。人们一般习惯进行比较,如把他们的付出(努力、经验、资历、地位、聪明才智等)和获得(赞美、肯定、薪水、福利、升迁等)与自己的同事或自己的过去甚至激励的相关规定进行比较,比较的结果往往会使人们产生心理上的不平衡,从而出现对激励效果的影响。从某种意义来讲,个人动机的激发过程实际上是人与人进行比较、做出公平与否的判断并据以指导自身行为的过程。

公平理论可以用公平关系式来表示。设当事人为 p,被比较对象为 c,则

当 p 感觉到公平时有下式成立：

$$\frac{O_p}{I_p} = \frac{O_c}{I_c}$$

其中：O_p 表示自己对个人所获报酬的感觉

O_c 表示自己对他人所获报酬的感觉

I_p 表示自己对个人所做投入的感觉

I_c 表示自己对他人所做投入的感觉

在公平理论中,参照对象是重要的变量,一般将其划分为三个类型:"他人""自我"和"规则"。"他人"包括同事、朋友、邻居、同行等,人们大多选择那些与自己年龄、能力、受教育水平相近的人来比较。"自我"是指自己过去的情况,也就是将自己目前的收入与付出之比同过去的收入与付出之比相比较。"规则"是指组织中的付酬制度以及虽未明文规定却实际执行的利益分配惯例。

当上式为不等式时,可能出现以下两种情况。

(1) $\dfrac{O_p}{I_p} < \dfrac{O_c}{I_c}$

在这种情况下,他可能要求增加自己的收入或减小自己今后的努力程度,以便使左方增大,与右方趋于相等;第二种办法是他可能要求组织减少比较对象的收入或者让其今后增大努力程度以便使右方减小,与左方趋于相等。此外,他还可能另外找人作为比较对象,以便达到心理上的平衡。

(2) $\dfrac{O_p}{I_p} > \dfrac{O_c}{I_c}$

在这种情况下,他可能要求减少自己的报酬或在开始时自动多做些工作,但一段时间之后,他会重新估计自己的技术和工作情况,直到他觉得自己确实应当得到那么高的待遇,于是便又会回到原来的工作水平。

三、理论拓展

1975 年,蒂博(Thibaut)和沃克(Walker)在亚当斯的理论框架内提出了程序公平(Procedural justice)理论。他们认为个体比较的参照对象除了"他人"和"自我"外,还有"制度"。这里的"制度"是指与个人利益相关的一系列政策以及这些政策的运作,不仅包括明文规定的政策和制度,还包括一些隐含的不成文的规定。如果制度公开、公平和公正,那么个体就会产生公平的感觉,这种公平称为"程序公平"。他们发现,人们即使得到了不理想的结果,但如果认为过程是公平的,也能接受这个结果。1980 年,利文撒尔(Leventhal)在此研究基础上,针对分配程序和分配过程的属性,提出了关于程序公平的 6 个标准,即一致性规则、避免偏见规则、准确性规则、可修正规则、代表性规则和道德与伦理规则。[1] 一些学者的研究也支持"程序公平"的观点,福尔杰(Folger)等人研究发现,当分配的结果不公平时,人们只有在程序不公平的情境下才会产生不满意感。[2] 1986 年,比斯(Bies)和莫哥(Moag)提出了互动公平理论。这一公平理念主要关注在组织行为中上司与下属之间的人际互动关系。[3] 之后,格林伯格(Greenberg)1990 年将互动公平分解成为两部分:人际公平和信息公平。[4] 麦克法林(McFarlin)和斯威尼(Sweeney)于 1992 年提出,分配公平是两个"个人性结果"(薪酬满意度和工作满意度)的更重要的预测源,而程序公平是两个"组织性结果"(组织承诺和下属对上司的评价)的更重要的预测源。[5] 经过进一步的研究,他们又于1993 提出了"两因素模型":程序公平主要是预测以系统为参照的后果,而分配公平主要是预测以个人为参照的后果。

第四节 目标设置理论

目标设置理论(Goal setting theory)最早由美国马里兰大学的管理学和心理学教授艾德文·洛克(Edwin Locke)于 1968 年提出,主要用于解释个体在工作情境中的动机行为和绩效。该理论的前提假设是:人类的活动是

---

[1] G. S. Leventhal, J. Karuza, W. R. Fry. Beyond Fairness: A Theory of Allocation Preferences. In: G. Mikula (ed.). *Justice and Social Interaction*. NY: Springer-Verlag, 1980: 167-218.

[2] R. Folger, M. A. Konovsky. Effects of Procedural and Distributive Justice on Reactions to Pay Raise Decisions. *Academy of Management Journal*, 1989, 32: 115-130.

[3] R. J. Bies, J. S. Moag. Interactional Justice: Communication Criteria of Fairness. In: R. J. Lewicki, B. H. Sheppard, M. H. Bazerman(eds.). *Research on Negotiation in Organizations*. CT: Jal. 1986: 43-55.

[4] J. Greenberg. Organizational Justice: Yesterday, Today and Tomorrow. *Journal of Management*, 1990, 16: 399-432.

[5] D. B. McFarlin, P. D. Sweeney. Distributive and Procedural Justice as Predictors of Satisfaction with Personal and Organizational Outcomes. *Academy of Management Journal*, 1992, 8, 35(3): 626-637.

有目的的,它受有意识目标的引导;个体的工作表现之所以会不同,就是因为他们为自己设置了不同的绩效目标。1990年,洛克和莱瑟姆(Gary Latham)在《关于目标设置与任务绩效的理论》一书中,进一步系统地阐述了目标设置理论的观点,探讨了目标特性与工作效率的关系以及影响目标设置的主要因素等问题,并提出了一个高绩效循环模型。[①] 该书是对目标设置理论最完善的陈述。

一、理论来源

洛克的研究是受到了亚里士多德的目的论的启发而开始的。亚里士多德推测目的导致行动,因而,洛克开始研究目标对人类活动的影响。当时,除了行为科学和生理学的研究途径外,最流行的研究途径便是哈佛大学教授戴维·麦克莱兰(David McClelland)的潜意识目的影响这一研究途径。虽然麦克莱兰承认人类意识的存在及其重要性,但他认为研究有意识目的不会出什么成果,且研究潜意识目的得到的结果常常不可靠,不能用于预测。洛克在康奈尔大学读研究生期间的教授莱恩(Richard Ryan)建议研究人类动机可以从个体的直接意图[②]出发,建立模型解释意图的来源。于是,在一系列实验研究的基础上,洛克提出了目标设置理论。

二、目标设置理论的观点与模型

目标设置理论强调,目标是一个人试图完成的行动的目的,个体有意识的目标和意图是行为的主要决定因素。因此,目标本身就具有激励作用。目标能把人的需要转变为动机,使人们的行为朝着一定的方向努力,并将自己的行为结果与既定的目标相对照,及时进行调整和修正,从而实现目标。这种使需要转化为动机,再由动机支配行动以达成目标的过程就是目标激励。目标激励的效果受目标本身的性质和周围的变量影响。

目标有两个最基本的属性:明确性和难度(见图5-3)。洛克的研究发现,困难的目标会比容易的目标导致更好的任务绩效,说明人们可以根据不

[①] E. Locke, G. Latham. *A Theory of Goal Setting and Task Performance*. Englewood Cliffs, NJ: Prentice Hall, 1990.
[②] 意图与目标的意义相近,莱恩教授使用的是意图这个概念。

同的任务难度来调整自己的努力程度。当然,两者之间的线性关系是有前提的,即完成任务的人有足够的能力,对目标又有高度的承诺。在这样的条件下,任务越难,绩效越好。洛克还发现,明确的目标会比模糊的目标导致更好的任务绩效。明确的目标可以使个体对自己需要做什么、怎样做、需要付出多少努力,有着清楚的认识,从而减少了行为的盲目性,提高了行为的自我控制水平,保证了既定目标的顺利实现。相对而言,模糊目标的绩效标准具有更大的弹性,在此目标下个体可以采取多种标准来衡量自己的表现,从而导致一些人不肯付出太多努力,对较低的成绩水平感到满足。除此之外,洛克还发现外来刺激物是通过目标和意图来影响任务绩效的,如果金钱、时间限制、工作反馈等刺激物独立于目标和意图之外,那么它们并不影响绩效水平。

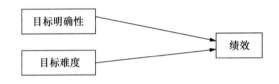

图 5-3　目标设置理论模型

资料来源:E. A. Locke. Toward a Theory of Task Motivation and Incentives. *Organizational Behavior and Human Performance*, 1968, 3(2): 157-189.

三、影响因素

在目标设定与绩效之间还有其他一些重要的因素产生影响,这些因素包括对目标的承诺、自我效能感、反馈、任务策略、满意感等。[①]

(1) 承诺。承诺是指个体被目标所吸引、认为目标重要、持之以恒地为达到目标而努力的程度。当目标是明确的、存在高难度时,更高的目标承诺被证明能够带来更高的绩效。是什么影响目标承诺呢?研究发现,个体参与制定目标能增强个体对目标的承诺感,指派的目标如果合理(目标有吸引力、重要且有可能达到)也能起到类似的作用;金钱刺激也可以促进承诺和

---

① E. Locke, G. Latham. *A Theory of Goal Setting and Task Performance*. Englewood Cliffs, NJ: Prentice Hall, 1990.

绩效,除非是不可能达到的目标;有效的领导方式也能提高承诺感。

(2) 自我效能感。洛克等把社会学习理论创始人班杜拉(Bandura)提出的自我效能感概念整合到目标设置理论中,目标激励与个体自我效能感的关系是目标设置理论中研究的着力点。自我效能感除了对绩效有着直接的影响,还通过影响目标选择的难度、目标承诺、对负反馈或失败的反应、任务战略的选择等,间接地影响活动绩效。自我效能感也受目标设置的影响。当目标太难时,个体很难达到目标,这时他的自我评价可能就比较低,而一再失败就会削弱一个人的自我效能感。被指派重要目标的个体相比那些被指派不重要目标的个体来说,自我效能感更强,因为前者会认为这是对他能力的信任。

(3) 反馈。目标设置理论认为,目标与反馈相结合可以有效地提高个人的绩效水平。目标的存在不仅指出了个体需要达到的活动结果水平,也为个体评价自身表现提供了一定的绩效标准。反馈信息则可以帮助个体了解到自己距离目标水平还有多远及成绩标准的满足情况,了解自己哪些地方做得好,哪些地方有待改进,所以反馈调节目标与绩效有密切的关系。

(4) 任务策略。目标设置理论认为,目标本身就有助于个体直接实现目标。首先,目标引导活动指向与目标有关的行为。其次,目标会引导人们根据难度的大小来调整努力的程度。最后,目标会影响行为的持久性,使人们在遇到挫折时也不放弃,直到实现目标。当这些直接的方式还不能够实现目标时,个体就需要寻找一种有效的任务策略。尤其是当面临困难任务时,仅有努力、注意力和持久性是不够的,还需要有适当的任务策略。任务策略是指个体在面对复杂问题时使用的有效的解决方法。洛克等人发现,在一个管理情境的模拟研究中,只有在使用了适宜策略的情况下,任务难度与被试者的绩效才显著相关,这说明了任务策略影响目标与绩效之间的关系。至于何种情境、何种目标更有利于形成有效策略,目前尚没有清楚的结论。洛克指出,如果没有复杂任务方面的经历或培训,且面临很强的时间压力,形成有效任务策略的可能性比较小。[①]

(5) 满意感。当员工经过努力终于达成目标后,如果能得到所需要的报

---

① E. Locker. Motivation Through Conscious Goal Setting. *Applied and Preventive Psychology*, 1996, 5(2): 117-124.

酬和奖赏,就会感到满意;如果没有得到预料中的奖赏,就会感到不满意。同时,满意感还受到感受公平程度的影响。目标的难度也会影响满意感。任务越容易取得成功,随之而来的满意感就越容易被体验到。当目标困难、成功的可能性很小时,满意感就很难被体验到。但达到困难的目标会产生更高的绩效,对员工和组织都有更大的价值。因此,如何平衡个体满意和组织绩效之间的调度就成为关键点。

四、高绩效循环模型

在上述研究的基础上,洛克和莱瑟姆提出了一个综合的目标设置模型,即高绩效循环(high performance cycle)模型(见图 5-4)。该模型从明确的、有一定难度的目标开始,如果个体对这些目标有高水平的承诺和自我效能感,且采用了适宜的任务策略并能获得适当反馈信息的话,就会产生高的绩效水平。如果高绩效带来了个体所期望的奖励(包括自我奖励),那么个体就会产生满意感。高度的满意感反过来会提高个体的目标承诺水平和自我效能感,使个体愿意继续从事此类工作并接受新的、挑战性的任务,开始新一轮的高绩效循环。相反,如果高绩效循环的这些条件没有得到满足、任务缺乏挑战性或是缺少回报,那么就会导致低绩效循环。

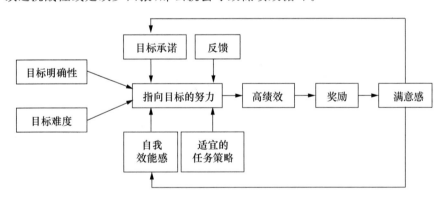

图 5-4 综合的目标设置理论模型

资料来源:E. A. Locke, G. P. Latham. Work Motivation: The High Performance Cycle. In: U. Kleinbeck, H. Quast, H. Thierry, H. Hacker (eds.). *Work Motivation*. Hillsdale, NJ: Lawrence Erlbaum Associates, Inc., 1990: 4.

第五节　社会交换理论

社会交换理论(Social exchange theory)于20世纪60年代兴起并广泛传播。由于它对人类行为中心理因素的强调,也被称为行为主义社会心理学理论。该理论由乔治·霍曼斯(George C. Homans)创立,主要代表人物有彼得·布劳(Peter M. Blau)和理查德·埃默森(Richard Emerson)等,代表性著作包括霍曼斯的《社会行为:它的基本形式》(1961)与《社会交换的性质》(1967)、布劳的《社会生活中的交换与权力》(1964)与《不平等与异质性》(1977)等。该理论主张,人类的一切行为都受到某种能够带来奖励和报酬的交换活动的支配,因此,人类一切社会活动都可以归结为交换,人们在社会交换中所结成的社会关系都是交换关系。

一、霍曼斯的行为主义交换论

霍曼斯提出交换理论始自他对社会学功能学派的不满。他认为社会学的主要研究单位应该是人,而不是功能学派所说的社会角色或社会结构。社会学中所研究的制度、组织以及社会都可以分析成人行动的结果,而利己主义、趋利避害是人类行为的基本原则,因此,人与人之间的互动基本上是一种交换过程,这种交换包括情感、报酬、资源、公正性等。

霍曼斯的理论是在吸收了古典政治经济学以及马克思的经济思想、文化人类学家的交换思想、斯金纳的个体主义心理学思想的基础上形成了自己的理论命题。其命题包括:(1)成功命题,即在一个人的所有行动中,若其中某一特定行动经常得到酬赏,那么这个人就越愿意重复该行动。(2)刺激命题,即如果一个人在过去对某一种或一组刺激做出的某一行动获得了报酬,那么,当类似的刺激再发生时,这个人就有可能做出与过去相同或类似的行动。(3)价值命题,即如果某种行动带来的结果对一个人越有价值,则这个人就越有可能做出该种行动。(4)剥夺-满足命题,即某人在近期越是经常得到某一特定酬赏,则随后而来的同样酬赏对他的价值也就越低。(5)侵犯-赞同命题,这一项包括两个副命题:第一,若一个人的行动没有得到预期酬赏或者受到没有预期的惩罚时,此人会被激怒并可能采取侵犯行为;第二,若一个人的行动获得了预期的酬赏或得到的酬赏比预期的还多,或此人的行动没得到预期的惩罚,那么这个人会产生喜悦的心情,并可能做出别人赞同的行动。(6)理性命题,即在面对各种行动方案时,行动者总是选择价值最大和获得成功概率最高的行动。①

霍曼斯的理论主要介绍了微观层面的个体之间所进行的社会交换原则,没有深入揭示建立在个体交换基础上的宏观层面的社会交换。这一点为布劳、科尔曼(James Coleman)等人所批判。比如,布劳认为不能把复杂的社会结构还原为简单的心理现象,由于社会事实具有与小群体完全不同的性质,因此心理学命题无法取代社会学命题去准确地把握和解释社会事实。

二、布劳的结构主义交换论

布劳的社会交换理论对社会交换(包括其定义、条件、特征、原则、过程)、社会交换与权力、社会交换与宏观结构及社会交换中的不平等与异质性等进行了系统的分析,形成了社会交换理论从微观向宏观的过渡。

布劳接受了霍曼斯讨论的社会交换的基本心理原则。他认为,虽然大部分人类行为是以社会交换的考虑为指导思想的,但并不是所有的人类行为都受到这样的交换考虑的指导,社会交换只是人类行为的一部分。他提出了行为变为交换行为必须具备的两个条件:一是该行为的最终目标只有通过与他人互动才能达到;二是该行为必须采取有助于实现这些目的的手段。于是,布劳把社会交换界定为当别人做出报答性反应就发生、当别人不再做出报答性反应就停止的行动。他认为社会交换是个体之间的关系与群体之间的关系、权力分化与伙伴群体关系、对抗力量之间的冲突与合作、社区成员之间间接的联系与亲密依恋关系等形成的基础。社会的微观结构起源于个体期待社会报酬而发生的交换。个体之所以相互交往,是因为他们都从彼此的相互交往中通过交换得到了某些需要的东西。

在讨论社会交换的形式之前,布劳区分了两种社会报酬:内在性报酬和外在性报酬。前者是从社会交往关系本身所取得的报酬,如乐趣、社会赞

---

① G. C. Homans. *Social Behavior*:*It's Elementary Forms*. Rev. ed. New York:Harcourt Brace Jovanovich,1974.

同、爱、感激等;后者是在社会交往关系之外所取得的报酬,如金钱、商品、邀请、帮助、服从等。他把社会交换分为三种形式:(1)内在性报酬的社会交换,参加这种交换的行动者把交往过程本身作为目的。(2)外在性报酬的社会交换,这种交换的行动者把交往过程看作是实现更大目标的手段。外在性报酬为一个人合理选择伙伴提供了独立的客观标准。(3)混合性的社会交换,这种交换既具有内在报酬性,也具有外在报酬性。

在结构交换理论中,布劳把社会结构区分为微观结构和宏观结构。布劳首先研究了微观社会结构中的社会交换过程。他反对心理还原论,认为社会交换不能完全还原为受到强化的心理过程,反对把人类一切活动都看成是交换。因此他提出了社会互动是否属于交换标准的质疑。

他发现,社会交换的过程始于社会吸引。所谓社会吸引,是指与别人交往的倾向性。一个人期望与别人的交往会为自己带来报酬,不论这些报酬是内在性的还是外在性的,他会受到能提供报酬者的吸引。要使对方承认自己,愿意与自己交往,就必须向对方证明自己也是一个有吸引力的人,表明与自己交往对方能从中得到报酬。如果他能够成功地做到这一点,对方接受了他,交往行为就会随之发生。如果双方都从交往中得到了期望的报酬,则会进一步加强双方的相互吸引。当不断的相互吸引使双方建立起稳定化的共同纽带时,某种社会群体便形成了。

在交换中,各交换主体都会尽力展示自己的报酬能力,以吸引其他人同自己交换。因此,在社会交换中必然发生竞争。但是,由于人们拥有的资源在数量、质量、种类、稀缺程度等方面是不均等的,那些拥有丰富资源或稀缺资源的人在群体中会获得较高的交换地位。他们作为为数不多的资源提供者,可以自由地选择交换对象。相反,那些没有多少资源的社会成员,只能处于较低的交换地位,没有或很少有自由选择其他交换对象的余地。当社会地位差距较大的双方进行社会交换时,处于弱势的一方会选择做出尊敬、服从等行为作为回报,这就使另一方获得了权力,群体中就出现了权力分化。权力的分化会导致两种结果。一方面,为了获得利益,处于弱势地位的人会甘居臣属地位,这就等于认可了权力。他们能够在多大程度上沟通并表达这种认可,权力就在多大程度上得到了合法化。权力的合法化使每个成员都有了固定的位置,只要按照自己的角色办事,就可以得到相应的回报,从而减少了交换中的竞争和摩擦,有助于促进群体的整合。另一方面,如果权力的实施没有带来所期望的报酬,人们会产生被剥夺感。这种被剥夺感会逐渐瓦解合法权威赖以存在的基础,并导致对权力的反抗。人们为了有效地表达反抗,会形成对抗性组织,比如社会运动、政党和工会等。解决问题的办法是对原有权力结构进行调整,或者推翻现存权力结构并代之以新的权力结构。布劳以社会吸引、竞争、分化、整合和反抗等概念为核心,形成了分析社会交换过程的基本框架。

布劳对宏观社会结构更感兴趣,因而其建构的宏观社会交换理论也更丰富。他发现群体之间交往与个人之间交往有一些相同点。首先,群体之间的交往也受追求欲望的报酬支配。其次,群体之间的交往也大致经历了"吸引—竞争—分化—整合"这样一个过程。即群体在向可能的交往者表现出吸引力方面进行竞争,通过竞争,平衡或不平衡的交换关系将会出现。如果群体间的交换是平衡的,就会形成相互依赖的关系;如果是不平衡的,就会出现地位和权力的分化。当某一群体取得权力地位并与其他群体建立依从关系,而且能有效地控制从属群体时,一个更大的群体也就形成了。最后,人际交换中的公平性原则同样适用于群体间的交换。

布劳认为,宏观结构与微观结构中的交换存在着差别。在微观结构中,人与人的交往是直接的,而在宏观结构中,人与人的交往大多是间接的,成本与报酬的联系是远距离的。所以,它需要某种机制来传递人与人之间的关系结构。布劳认为共同价值提供了这一机制。因为共同价值为宏观结构中复杂的间接交换提供了一套共有的标准,使参与的各方能以同样的情境定义进行交换。以社会规范为中介的间接交换替代个体之间的直接交换成为宏观社会结构的基本机制。

布劳认为,社会结构可以用其参数来描述。结构参数基本上分为两类:(1) 类别参数,包括性别、种族、宗教、语言、职业、婚姻状况等;(2) 等级参数,包括教育、收入、财富、权力等。人们的特征如果按照类别参数分类,就被定义为群体;如果按照等级参数分类,就被定义为地位。社会结构的分化一般有两种形式:异质性和不平等。异质性是水平分化,指人口在由类别参数所表示的各群体之间的分布。不平等是垂直分化,指人口在由等级参数所表示的地位之间的分布。布劳认为异质性和不平等都会给社会交往设置障碍,社会分化越大,这些障碍就会越广泛地阻碍社会交往。分化意味着阻碍了社会结构各个部分之间面对面的交往,而整合则是增强了社会结构各个部分之间面对面的交往。

布劳的理论虽然以霍曼斯的交换理论为基础,但避免了霍曼斯理论中的一些缺点。他对社会结构整体的看法避免了心理学的还原论,同时看到社会交换中的公平性和不平等性,这使得他的理论更符合实际。然而他的理论依赖于一个很重要的前提,即人类行为是以交换为指导的。这种过程是既定的,不能进行充分的证明和解释。如果一个人愿意接受这个重要前提,他就会追随布劳的理论,反之则会拒绝布劳的理论。也有人批评布劳过分强调社会交换的经济基础,忽视了霍曼斯所强调的行为心理学。

第六节 社会认同理论

社会认同理论(Social identity theory)由亨利·泰费尔(Henri Tajfel)等人在20世纪70年代提出,并在群体行为的研究中不断发展起来。后来约翰·特纳(John C. Turner)又提出了自我归类理论,进一步完善了这一理论。泰费尔1974年发表的论文《社会认同与群体间行为》,和他1979年与特纳合作的《一个整合的群体间冲突理论》[①],是社会认同理论的经典文献。社会认同理论强调了社会认同对群体行为的解释作用,促进了社会心理学在相关领域的发展,对群体心理学的研究作出了巨大贡献。

一、理论来源

社会认同理论产生于解释群体间行为的种族中心主义。种族中心主义是指内群体偏好和外群体歧视。最初解释种族中心主义最有影响力的理论是泰费尔在1961年提出的现实冲突理论。该理论认为,群体间的态度和行为反映了一个群体和其他群体之间的客观利益。如果群体间目标不一样,一个群体以其他群体的利益为代价获得自己的目标,就会出现竞争,因此群

---

① H. Tajfel, J. C. Turner. An Integrative Theory of Intergroup Conflict. In: W. G. Austin, S. Worchel (eds.). *The Social Psychology of Intergroup Relations*. Monterey, CA: Brooks-Cole, 1979.

体间就倾向于歧视和敌意。泰费尔认为,仅有现实冲突还不足以解释群体间行为,社会认同的研究对现实冲突理论做了很好的补充。

二、理论观点

泰费尔将社会认同定义为:个体认识到他属于特定的社会群体,同时也认识到群体成员的身份带给他的情感和价值意义。[①] 泰费尔、特纳进一步区分了个体认同与社会认同,认为个体认同通常说明个体具体特点的自我描述,是个体特有的自我参照,而社会认同是由一个社会类别全体成员得出的自我描述。

社会认同理论认为,个体通过社会分类,对自己的群体产生认同,并产生内群体偏好和外群体歧视。个体通过实现或维持积极的社会认同来提高自尊,积极的自尊来源于对内群体与相关外群体的有利比较,当社会认同受到威胁时,个体会采用各种策略来提高自尊。个体过分热衷于自己的群体,认为自己的群体比其他群体好,并在寻求积极的社会认同和自尊中体会团体间的差异,就容易引起群体间偏见和群体间冲突。特纳和泰费尔认为有三组变量会影响群体间区分:(1) 人们必须主观上认同他们的内群体;(2) 情境允许评价性群体间比较;(3) 外群体必须是可以充分比较的。泰费尔认为对社会认同的追求是群体间冲突和歧视的根源所在,即属于某群体的意识会强烈地影响着我们的知觉、态度和行为。

社会认同的形成经由三个基本过程:社会分类、社会比较、积极区分。社会分类是指把对象、事件和人归类的过程。个体在确定自己的成员资格时,其首要任务就是把自己归类为某类型的群体。当个体认识到其属于特定的社会群体时,也会感知到其作为群体成员所带来的情感和价值上的意义,这实质上就指向个体对自己进行社会分类的问题。特纳的自我归类理论(self-categorization theory)认为人们会自动地将别人进行分类,将他人区分为心理上所属的内群体和心理上对抗的外群体。在这个过程中,个体会将自己纳入某一类别的群体中,并将该群体的特征赋予自己,同时努力将自身与外群体成员区别开来,从而完成自我归类和定型。在现实社会中,人们

[①] H. Taifel. *Differentiation between Social Groups:Studies in the Social Psychology of Intergroup Relations*. London:Academic Press,1978,chapters 1-3.

会通过在群体中把自己与其他人进行比较从而获得自尊,同时,也会通过把自己看作一个有声望群体的一员而看到自己的价值。这就是社会认同理论中的社会比较这一过程。社会比较是指人们为了评估自己而把自己与类似的其他人,或把自己所在的群体与其他群体在权力、社会地位、社会声望等方面进行比较,从而产生积极或消极的心理倾向。积极倾向促使他们把自己的群体看得比其他类似群体相对更为优越,而消极倾向使人们在比较时尽可能使群体间的差别最小化,以便能够使自己的群体被视为是优越的。因此,群体在比较时总是选择能使自己群体的积极方面最大化的各种维度。每个个体的群体成员资格都具有多重性。因此,对于个体来说区分清楚自己所认同的内群体和不认同的外群体就较为重要。个体把自己群体的权力、地位等与其他团体进行比较后,如果觉得所在群体不够优越时,就会远离该群体或者寻求使群体达到优越的行为进而提升自尊水平。同时,社会比较的结果也使得群体成员和那些与自己信仰、观点不一致的群体保持距离。正是这种比较和自我知觉方面的调节机制,使得个体倾向于把自己看成与群体内其他人具有相似特征的个体,形成一种与自己特征类似的内群体成员的感觉。这将进一步加强个体对自己作为某一类型群体成员资格的认定,进而强化其对所属群体的认同感。

  社会认同理论还论述了群体间地位关系的问题。该理论认为群体中低地位群体成员会通过群体关系来维持和提高社会认同,采用的策略有三种:社会流动、社会竞争和社会创造。选择哪种策略依赖于他们对自己群体与其他群体关系的知觉。群体关系的三个变量为:群体边界的可渗透性、群体地位的合理性、群体间差异的稳定性。当人们相信群体边界具有可渗透性,就会产生社会流动信念。低地位群体成员会努力争取加入高地位群体,从而获得更满意的社会认同。反之,就会产生社会变革信念(包括社会创造和社会变革两种策略)。如果群体间关系被视为合理的、稳定的,弱势群体会采用社会创造策略,选择其他的比较维度重新评估比较维度的价值,或者改变与之比较的群体,即与地位相同或更低的群体进行再比较。如果群体关系的现状被认为是不合理的或不稳定的,弱势群体就会采用社会竞争的策略(如游行示威、革命和战争),而优势群体也会用政治或军事手段对弱势群体进行压制,导致群体间冲突。①

泰费尔等人采用的最简群体研究范式在涉及群体心理的实验中得到了广泛应用,由此开辟了对群体进行实验室实验的先河。当然,泰费尔等人所说的群体是一种"纯粹"的社会类型,内部成员缺乏互动。另外,对认同概念本身还需要在新的研究中不断发展,自尊假设、低地位团体成员的自尊策略选择等在研究中的证据不足,还需进一步完善。

第七节 社会学习理论

社会学习理论(Social learning theory)是由美国心理学家阿尔伯特·班杜拉(Albert Bandura)于1977年在《社会学习理论》一书中提出的,是一种在"刺激-反应"学习原理及认知学习论基础上发展起来的理论,着重阐述人是怎样在社会环境中学习的。其主要代表人物有班杜拉、尼尔·米勒(Neal Miller)、约翰·多拉德(John Dollard)等。

一、理论来源

社会学习理论着眼于观察学习和自我调节在引发人的行为中的作用,重视人的行为和环境的相互作用。班杜拉认为该理论探讨个人的认知、行为与环境因素三者及其交互作用对人类行为的影响。按照班杜拉的观点,以往的学习理论家一般都忽视了社会变量对人类行为的制约作用。他们通常使用物理的方法对动物进行实验,并以此来建构其理论体系,这对于研究生活于社会之中的人的行为来说,似乎不具有科学说服力。由于人总是生活在一定的社会条件下,所以班杜拉主张要在自然的社会情境中而不是在实验室里研究人的行为。

二、理论要点

1. 决定行为的各种因素

社会学习理论认为,有机体的行为由以下三因素决定或控制,且这三种

---

① 张莹瑞,佐斌.社会认同理论及其发展.心理科学进展,2006,14(3):477.

因素是相互联系起作用的。(1)决定行为的先行因素。如果一定情境的、符号的或社会的线索有规律地与一定的反应结果相关联,那么这些线索将逐渐成为一定行为的激起者和指导者。先行因素之所以能控制人的行为,是由于它具有预示行为结果的机制。(2)决定行为的结果因素。社会学习理论认为,结果主要通过它们的信息价值和诱因价值来影响行为。这种理论将反应结果分为三种:外部结果、替代结果和自我生成的结果。由于行为结果对行为本身起强化的作用,所以三种结果的作用也称为外部强化、替代强化和自我强化。(3)认知的控制。社会学习理论认为,绝大多数外部影响是通过中介的认知过程对行为起作用的,认知因素在一定程度上决定人们观察哪些外部事件、这些事件怎样被理解、是否会留下持久的影响、具有什么诱发力和功效,以及事件所传递的信息如何被组织起来供将来应用等。总之,认知过程在行为的获得、保持和表现上都起着重要的作用。

2. 核心概念

班杜拉的社会学习理论主要包括观察学习、榜样示范和三联相互决定论等核心概念。

(1)观察学习。班杜拉认为,除了基本的反射之外,人并不具备各种先天的行为技能。各种行为技能或新的反应模式,或者通过直接经验或者通过观察学习获得。社会学习理论认为,榜样的影响主要是通过其信息功能引起学习的。在观察过程中人们获得了示范活动的符号表征,这种表征指导他们的合适行动。观察学习的效果取决于以下四个子过程。

第一,注意阶段。这一阶段是观察学习的第一步。观察学习要求学习者首先要对模仿对象进行关注,这就要求被模仿的对象要具有一些引人注目的特征,比如榜样者的声誉、能力、品德以及年龄、性别、价值观等方面与观察者的相似程度。当然注意过程也受观察者自身特点的影响,人与人之间的相互关系也制约着观察学习的性质和内容。

第二,保持阶段。保持阶段是要使榜样行为对学习者的行为发生影响,学习者必须记住榜样的行为,即将其保持在头脑中。学习者具备了一定程度的保持能力,即使榜样示范不再出现,榜样的示范行为信息仍然能够在学习者的记忆中保存,可以使学习者能够继续学习。

第三,动作复现阶段。这是观察学习的中心环节,学习者在模仿对象的行为模式观察后,需要具有复现习得行为模式的技能和环境条件,才能使习得的行为模式转化为自己的行为模式,其过程包括动作的认知组织、实际组织和动作监控三个步骤。

第四,强化和动机阶段。动机是推动学习者学习的内部动力,动机贯穿观察学习过程始终,起着引起和维持学习者持续学习的作用。动机的刺激和维持需要强化,强化有助于观察学习的巩固。社会学习理论把习得(acquisition)和操作(performance)加以区分。社会学习理论虽然认为观察学习可以不要强化就能习得新的行为模式,但是它并不否认强化在观察学习中的作用,并认为强化会使人预期行为的结果,从而影响注意、组织和演习的过程。

(2)榜样示范。社会学习理论认为,个体的行为既是内部发展的过程,也是社会示范及其实践的过程。社会学习理论特别强调人与人之间的相互关系对其行为的影响,其中,父母、老师、同伴及英雄人物具有明显的榜样作用。班杜拉认为,构成儿童道德认知和道德行为来源的示范原型主要有三个方面。第一,家庭成员,包括父母、兄弟姐妹等,这是儿童道德行为最早接触的示范原型。第二,社区成员,包括家庭生活和学校生活所在的社区成员,良好的社区文化环境对儿童的成长具有重要的影响意义。第三,书籍、电影、电视等传播媒介,是儿童获得道德认知的重要示范原型之一。这些示范原型可以分为行为和语言示范、符号性示范、内隐示范、参与性示范、创造性示范、抑制或延迟示范六类。

(3)三联相互决定论。该理论认为行为、人的因素和环境因素作为彼此联系的决定因素起作用,这些相互依赖的因素在各种场合对不同的行为所产生的相互影响是不同的。班杜拉在讨论这种相互决定论时,为了方便起见,把个人及其行为的影响放在一起作为个人的决定因素。他认为个人决定因素和环境决定因素不是各自独立的实体,而是相互依存的(见图5-5)。

三、贡献与局限

班杜拉的社会学习理论的贡献主要体现在以下两点。第一,它吸收了认知心理学的研究成果,把强化理论与信息加工理论有机地结合起来,阐述了观察学习的过程和作用,提出了替代强化、自我强化、三联交互、自我效能等概念,改变了传统行为主义重"刺激-反应"、轻中枢过程的倾向,使解释

第五章 管理学理论(微观视角)

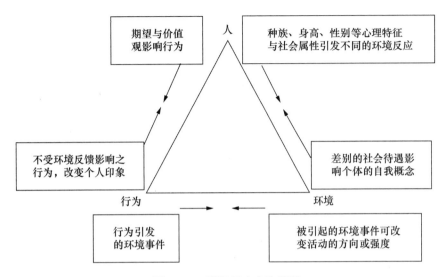

图 5-5 三联相互决定论模型

资料来源：A. Bandura. *Self-efficacy*：*The Exercises of Control*. New York：W. H. Freeman and Company，1997：6.

人的行为参照点发生了重要的转变。第二，社会学习理论注重社会因素的影响，把学习心理学同社会心理学的研究有机地结合在一起，提出了观察学习、间接经验、自我调节等概念，对学习心理学的发展产生了重要影响。

班杜拉的社会学习理论也有其明显的不足和局限性。第一，其理论各个部分比较分散，缺乏内在统一的理论框架。第二，该理论是以儿童为研究对象建立起来的，但忽视了儿童自身的发展阶段会对观察学习产生影响。第三，该理论虽然可以解释间接经验的获得，但对于比较复杂的程序性知识以及陈述性知识和理性思维的形成缺乏说服力。第四，该理论虽然强调了人的认知能力对行为的影响，但对人的内在动机、内心冲突、建构方式等因素未做研究。

第八节 认知评价理论

认知评价理论(Cognitive evaluation theory)由美国罗彻斯特大学心理学教授爱德华·德西(Edward L. Deci)于1975年提出，后成为德西和理查德·莱恩(Richard M. Ryan)"自我决定论"的一部分,其代表性著作是《人类行为的内在动机和自我决定》。① 认知评价指人对客观事件、事物的看法和评判,德西认为控制行为的外部强化无视个人的自我决定,促使人们认为自己的行为是由外部所决定的,因此导致内在动机的降低,使本来具有内在兴趣的活动必须依靠外在奖励才能维持行为的持续。

一、理论的提出

激励理论区分了两种类型的奖励:外在奖励和内在奖励。几乎所有的激励理论都假设两种激励方式是独立的,激励效应是累加的,这在实践中意味着在设计工作使之有趣从而激发员工内在动机的同时,对员工进行外在奖励。而德西关于外在激励和内在激励之间关系的试验研究结果并不支持两者之间独立、相互累加的观点,于是德西提出了认知评价理论来解释实验结果。

二、主要观点

认知评价理论主要探讨内在奖励与外在奖励之间的关系,强调人们对于奖励因素的认知评价过程在激励产生机制中所发挥的作用。该理论认为,虽然人们可以分别被内在、外在因素激励,但这两个因素并不是毫无影响的。过分突出外在奖励很可能削弱内在动机,因为过分突出外在奖励往往会强化行为的外部控制源,使得人们对工作行为和获得奖励的原因"外在化",从而削弱行为和目标的自身价值与内在激励效应。

当然上述外在奖励对内在动机的影响是有区分的。权变的金钱奖励,即与绩效挂钩、视绩效大小支付不同报酬的方式,被德西的多次试验证明会降低内在激励效力。而口头奖励不仅不降低反而提高内在激励效力。据此,认知评价理论提出了内在动机被影响的两个过程:感知因果关系所在的变化过程和反馈过程。关于变化过程,德西解释为,当一个人受到内在激励时,对行为所感知的因果关系所在是他自身,他做某事是因为那件事给他提供了某种内在满足。但当他执行的活动有外部金钱强化刺激时,他会认为

---

① E. L. Deci, R. M. Ryan. *Intrinsic Motivation and Self-determination in Human Behavior*. New York:Plenum, 1985.

他做此事是为了金钱。感知的因果关系从自身变化转到了环境变化,也就是说,他认为做该事是因为它提供了外在奖励的机制。关于反馈过程,德西指出,正反馈通过加强一个人的能力感和自我决定感,提高活动总的正价值,使人更大程度上被内在激励。口头奖励和金钱的本质区别在于口头奖励与做事所获得的满意感不同,口头奖励之所以加强了内在动机,是因为它们提供了活动额外的正价值。负反馈认为失败及其对个人能力感所致的威胁带来负价值,抵消活动相关的正价值,所以对内在激励活动的不良绩效进行负反馈会导致内在动机的下降。需要注意的是,反馈与内在激励之间的关系可能不是单调的。正反馈如果过多,使个人依赖它像依赖金钱一样,则会导致内在动机的下降。另外,过多的正反馈使人在认知上以为被讨欢心或拍马屁,因而也会导致内在动机的下降。同样,负反馈如果很少的话,可能起到一种挑战作用,激发人的内在动机。但如果有太多负反馈威胁到个人的能力感和自我决定感,将导致个人内在动机的下降。

"权变的金钱激励降低内在动机"容易使人得出可以不给员工支付报酬这样一个荒谬的结论。为了探究是金钱自身还是金钱与绩效挂钩的权变方式导致内在动机的降低,德西又设计了非绩效决定的金钱奖励是否影响内在动机的试验,结果显示奖励不影响内在动机。因为奖励不与绩效关联时,人们不太可能感知奖励是由于绩效的原因,故其内在动机保持不变。显然,支付给员工报酬并仍然使他们保有内在激励是可能的。认知评价理论倡导非权变的支付或工资方案,反对将酬劳与绩效完全挂钩。

总之,认知评价理论的研究重心是内在激励,它的假设基础是人们需要感到自己是自主的、有能力的,能够提升自主意识和胜任意识的因素会增强内在动机,反之会降低内在动机,所以该理论也被有的学者称为"内在激励理论"。该理论支持参与式管理这样的激励制度,因为员工参与决策和工作扩大化能激发员工的内在动机,确保稳定和持久的高绩效,同时这样的激励制度还能使员工的高层次需要得到满足。相反,对于外在激励方式,如始于泰罗的计件工资制以及实践中的其他权变支付方案,认知评价理论是否定的,认为不与绩效挂钩的非权变金钱激励反而有助于内在动机的保持,同时低层次需要的满足还使高层次需要变得显著。显然,这种理论只适用于那些工作本身具有一定内在激励作用的工作。

第九节 路径-目标理论

路径-目标理论(Path-goal theory)是领导理论的权变理论之一,由多伦多大学组织行为学教授罗伯特·豪斯(Robert House)最先提出,其代表作是豪斯1971年发表在美国《行政科学季刊》上的论文《一个领导力的路径-目标理论》。随后,华盛顿大学管理学教授特伦斯·米切尔(Terence R. Mitchell)参与了这一理论的完善和补充,使路径-目标理论成为最受人们关注的领导观点之一。

一、理论来源

开发路径-目标理论是为了解释实证研究中关于领导方式的任务导向与人员导向对下属满意度和绩效影响的不一致结果。在此理论提出之前,领导领域的文献和研究中占主流的课题是任务导向和人员导向,最常使用的量表是俄亥俄州立大学学者弗莱西曼(E. A. Fleishman)及其同事提出的结构维度和关怀维度的量表,而研究结果是多样的:有的发现结构维度和关怀维度与下属满意度正相关,有的发现其间没有关系,还有的研究发现结构维度与下属满意度负相关。

豪斯提出该理论是受到了马丁·埃文斯(Martin G. Evans)的启发。埃文斯指出,关怀维度和结构维度与追随者对路径-目标关系(手段与期望)的感知有关系,而且他发现,在一个组织里领导行为与追随者对路径-目标的感知正相关,但在另一个组织里这一关系则没有得到支持。该研究结果使豪斯意识到,两种领导行为的影响情况可能取决于领导者与追随者工作的组织情境。在此之前,豪斯进行了一项关于大型制造业企业里研究与工程部白领职员的实证调查,得出了结构维度与下属满意度正相关这一与过去的文献完全不同的结论,豪斯正为不知如何解释此结论而烦恼。埃文斯的观点使他豁然开朗。他意识到结构维度与下属满意度之间的关系取决于下属需要具体明确行为的程度。路径-目标理论由此诞生。

二、主要内容

豪斯把目标设置、期望理论等激励理论的观点引入到领导理论之中,创立了路径-目标理论。该理论认为,领导者的工作是帮助下属达到他们的目标,并为下属提供完成工作目标所需的信息和支持。路径-目标这一术语反映了一种信念或假设,即有效领导者通过明确指明实现工作目标的途径来帮助下属,为下属清理各项障碍并排除危险,从而使下属的任务履行更为容易。豪斯和米切尔在1974年进一步提出了两个基本命题:一是领导方式必须是下属乐于接受的方式,只有能够给部下带来利益和满足的方式,才能使他们乐于接受;二是领导方式必须具有激励性,激励的基本思路是以绩效为依据,同时以对下属的训练、指导和支持来促成绩效。

路径-目标理论集中研究领导者所处的情境与领导行为之间的关系,豪斯和米切尔在1974年界定了四种领导行为并做了详细说明。

(1)指导型领导行为。该行为为下属提供心理结构的指导,让下属知道领导期望他们做什么,领导据此规划时间安排和协调工作,提供特定的指导,澄清政策、规则和程序。它是路径-目标明确行为的一种形式。该行为降低下属角色模糊性,使下属对于目标达成程度的认识以及目标达成后获得奖励的认识等得以明确。

(2)支持型领导行为。该行为指向下属需求和偏好的满足,比如领导表现对下属福利和需求的关注,创造一种友好和心理支持的工作环境。支持型领导行为是下属自信和社会满意的来源,是降低下属压力、缓和下属挫折感的来源。支持型领导通过提高下属目标导向努力的净正效价来提高下属绩效。

(3)参与型领导行为。该行为鼓励下属影响决策制定和工作单元的运作,与下属共同磋商,制定决策时领导亦考虑下属的意见和建议。参与型领导行为会产生四个结果:第一,澄清关于努力→工作目标达成和工作目标达成→奖励这种路径-目标关系;第二,提高下属目标与组织目标的一致性;第三,提高下属的自主性和达成目标的能力,导致其更大的努力和更高的绩效;第四,通过提高下属的参与度和承诺以及来自周围的社会压力,增加其完成组织绩效的压力。

(4) 成就导向型行为。该行为鼓励下属将工作做到尽量好的水平,为下属设定有挑战性的目标,寻求工作的不断改进,相信下属能实现高标准的绩效。该行为使下属为实现挑战性目标而努力奋斗。

领导者四种行为与下属积极性、绩效和满意度之间的关系取决于两类情境权变因素:一类是工作环境因素,如任务结构、权力系统和工作群体;另一类属于下属内在的个体因素,如个性、经验和能力(见图5-6)。

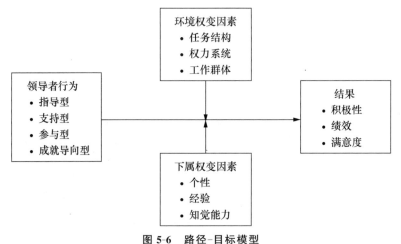

图5-6 路径-目标模型

资料来源:R. J. House, T. R. Mitchell. *Path-goal Theory of Leadership*. Department of Psychology, Washington University, Seattle, WA., 1975.

豪斯认为领导方式是可变的,四种领导方式可能在同一个领导者身上出现,因为领导者可以根据不同的情况斟酌选择,在实践中采用最适合于下属特征和工作需要的领导风格。豪斯强调,领导者的责任就是根据不同的情境因素来选择不同的领导方式。如果强行用某一种领导方式在所有环境条件下实施领导行为,必然会导致领导活动的失败。

该理论给出了许多关于哪种领导风格在特定情境中对不同下属类型最有效的预测。比如,如果工作的特征是有压力的、枯燥的或危险的,支持型领导风格是最有效的,因为这种领导风格会导致工作的内在效价提高,下属会期望很好地完成工作、达成目标。但支持型领导对那些觉得工作很满意、工作有乐趣的下属的激励则收效甚微。当工作环境中有许多不确定性,下属不明确他们必须做什么工作,或者组织的规章和程序不清晰时,指导型领导最有效。参与型领导在非结构化的环境里最有效,如果下属具有独立性,具有强烈的控制欲时,这种领导风格也是有效的。反之,如果下属在工作场所喜欢被指导,不愿承担太多工作后果的责任时,参与型领导就不太有效。最后,当工作复杂、环境不确定时,成就导向型领导风格是最有效的,在这种情境中,激发挑战性和设置高标准绩效的领导者,能够提高下属实现目标的自信心。

三、理论的后期发展

20世纪90年代中期,豪斯和他的同事们根据多年的实证研究,在路径-目标理论的基础上,综合了领导特质理论、领导行为理论以及权变理论的特点,以组织愿景替换并充实原来的理论,围绕着价值这个核心概念,阐述了什么样的行为能有效地帮助领导者形成组织的共同价值,提出了以价值为基础的领导理论。

以价值为基础的领导理论认为,被领导者对领导者所信奉的并已融入企业文化中的价值的共享和认同程度越高,领导行为就越有效。该理论还认为,有一系列行为对于形成组织的共同价值非常有效。在组织成员对领导者所信奉的价值观产生强烈认同并内化为自身的价值观后,将产生强烈的激励效果,这些行为被称为以价值为基础的领导行为。这包括:清楚地表达组织愿景;向员工展示领导者自身的良好素质,领导者自己对愿景的不懈追求和牺牲精神;传达对员工的高层次期望,表达对他人的高度信心;树立追求组织愿景的个人榜样;用智慧的手段将富有创造性的人团结在自己周围。

以价值为基础的领导理论强调价值观念的感召作用,这种感召能够不断吸引有能力的人加入组织。这种激励效果比采用简单的物质奖励、地位提升或惩罚更加持久和有效。以价值为基础的领导行为,能使组织成员自觉地朝着共同价值指引的方向努力,而且成员之间为了实现共同价值会加强沟通,由此便容易形成良好的氛围。与共同价值取向相一致的行为会得到大家的赞许和认同,能为组织做贡献将被视为个人价值提升的一种表现。这种组织将是克服了组织与个人的对立状态、取得和谐共生的组织。

第十节 变革型领导理论

变革型领导(Transformational leadership)这个概念最早由 J. V. 唐顿(J. V. Downton)1973 年在《反叛领导》一书中提出,而将其发展为一个重要的领导理论,则是从美国政治社会学家詹姆斯·伯恩斯(James M. Burns)1978 年的经典著作《领导》开始的。① 20 世纪 80 年代中期,伯纳德·贝斯(Bernard Bass)提出一个更为扩展、更为精确的变革型领导理论,使整个领导学界发生了一次革命,该理论成为学界和企业界共同关注的焦点。

伯恩斯首次对交易型领导和变革型领导进行了区分。交易型领导倾向于关注员工物质、功利性质的利益,其领导过程带有"交易"色彩,利用明显的奖惩机制来影响员工,注重利益交换。变革型领导的领导过程则主要基于马斯洛的需要层次理论,是一种领导向下属灌输思想和价值观并以此激励下属的过程,其特征是强调改变。伯恩斯从需要层次理论出发来界定变革型领导,认为变革型领导重视提升成员的内在动机,希望将下属的需要层次提升到自我实现的境界,从而超越原先的工作期望,而不是仅局限在利益的交换上。变革型领导者通过提出更高的理想和价值,如自由、正义、公平及人道主义等,以唤起下属的自觉,进而协助他们满足较高层次的内在需要,使下属能由"平凡自我"提升到"更佳自我"。②

贝斯在 1985 年出版的《领导与超越期望的绩效》一书中进一步发展了变革型领导理论。③ 贝斯认为变革型领导会使员工对领导者产生信任、尊敬及忠诚,领导者通过改变下属的价值与信念,引导下属超越自我利益,以追求更高的目标。同时,贝斯提出交易型领导和变革型领导并不是相互排斥的两个极端,而是相互独立的两种领导方式。他认为马斯洛的需要层次只是变革型领导产生的充分条件,而非必要条件。在某些情境下,变革型领导能够激发他们的下属成为自我实现者、自我监控者和自我控制者。变革型领

---

① J. M. Burns. *Leadership*. New York: Harper & Row, 1978: 11-121.
② Ibid.
③ B. M. Bass. *Leadership and Performance Beyond Expectations*. New York: Free Press, 1985: 3-242.

导能够为下属提供高绩效和成就标准并激发下属达到这些标准,从而使下属变得更加趋向于自我实现,更加具有成就感。1993年,贝斯与阿沃利奥(Avolio)又提出了变革型领导的4个维度:(1)领导魅力或理想化的影响:领导者了解什么样的事情对于未来是重要的,以此来凝聚组织成员的注意力,提出吸引人的愿景以及达成愿景的策略,获得员工的支持,并通过正式与非正式的沟通网络,将愿景传达给他人;(2)动机鼓舞:领导者能启发组织成员的工作动机,赋予员工工作以重要意义,以此提高员工的工作期望;(3)智能激发:领导者能提出新的构想或观点,激发组织成员思考完成工作的方法,鼓励组织成员用不同的方式解决问题;(4)个性化关怀:领导者关心组织成员的个别需求,发现成员的潜能,考虑员工的独特性格,提供不同的支持与持续性技能发展的机会。①

从理论的源起与界定可以发现,变革型领导可以看作是建立在早期的各种领导理论基础上、以组织和整合的方式来更完整地解释领导行为的理论,它在交易型、魅力型及归因型领导理论的基础上进行了相应的拓展,集众多领导理论之长。贝斯和阿沃利奥指出,变革型领导是一种预期未来趋势、激发追随者理解并超越自我的领导模式,强调领导者与被领导者的融合,注重将组织理念转变为员工理念,并运用多种行为来影响组织的变革。②该理论的产生也意味着领导学从静态的研究发展为动态的过程研究。③阿沃利奥等人认为,与其他领导类型相比,变革型领导具有以下优势:(1)变革型领导超越了交换的诱因,通过提升下属的需要层次来激发下属。在交易型领导方式中,领导者和追随者都意识到自己的目的与对方的力量,双方以一系列的交换和隐含的契约为基础,在各取所需的情况下形成一种临时关系,这种领导通过明确的角色与任务要求来指导和激励下属朝既定目标前进。以往的大多数领导方式,包括菲德勒模型、路径-目标理论,参与模型的都是交易型领导,在这种领导过程中,领导者给下属提供报酬、晋升、荣誉等以满足部下的需要和愿望,而部下则以服从命令、完成任务作为回报。但变

---

① B. M. Bass, B. J. Avolio. *Multifactor Leadership Questionnaire*. Palo Alto, CA: Consulting Psychologists Press, 1995:3-186.
② Ibid.
③ Ibid.

革型领导则通过对员工高层次的动机与需求的开发来鼓励员工为群体的目标、任务和发展前景超越自我利益,他们除了引导追随者完成各项工作外,还通过激励、关怀去变革他们的工作态度、信念和价值观,从而使下属实现对自身利益的超越。(2)变革型领导集中关注较为长期的目标,强调以发展的眼光看待事物,鼓励员工发挥创新能力,并改变和调整整个组织系统,为实现预期目标创造良好的氛围。伯恩斯认为,交易型领导的领导工作不是没有效果,但其效果要视领导者和下属的关系而定,而变革型领导则能激发下属的工作自主性、能动性、积极性和创造性。(3)变革型领导能帮助个人发现工作与生活的价值所在,鼓励组织成员进行自我反省、提升民主意识和道德责任感,能引导员工为了组织的发展也为了自身的发展承担更多的责任。[①]

第十一节 前景理论

前景理论(Prospect theory),又称为展望理论、预期理论,是美国心理学家丹尼尔·卡尼曼(Daniel Kahneman)和阿莫斯·特沃斯基(Amos Tversky)在1979年的论文《前景理论:风险条件下的决策分析》中提出的,卡尼曼因此而获得2002年诺贝尔经济学奖。卡尼曼获奖的原因是将来自心理研究领域的综合洞察力应用于经济学当中,尤其是在不确定情况下的人为判断和决策方面做出了突出贡献。

一、理论来源

风险决策的理论从最早的期望值理论,发展到后来的期望效用理论,但20世纪70年代以来大量实证研究充分展示了人们的决策行为的复杂性,因此迫切需要新的理论分析及指导人的行为决策。卡尼曼和特沃斯基就是在此背景下,基于期望值理论和期望效用理论,结合大量心理学实证成果进一

[①] B. J. Avolio, B. M. Bass, D. I. Jung. Reexamining the Components of Transformational and Transactional Leadership Using the Multifactor Leadership Questionnaire. *Journal of Occupational and Organizational Psychology*, 1999,72(4):441-462.

步发展了理论。他们指出,个人在风险情形下的选择所展示出的特性与冯·诺依曼和摩根斯坦的期望效用函数理论的基本原理是不相符的。这种不符表现为以下三点。一是和确定性结果相比,个人会低估概率性结果,他们称之为确定性效应。确定性效应导致了当选择中包含确定性收益时的风险规避抉择以及当选择中包含确定性损失时的风险偏好。二是孤立效应,即当个人面对在不同前景的选项中进行选择的问题时,他们会忽视不同前景所共有的部分。孤立效应会导致某一个前景的描述方法改变个人决策者的决策。三是反射效应,即当正负前景的前景绝对值相等时,负前景之间的选择与在正前景之间的选择呈现镜像关系。

二、主要内容

前景理论是一个描述性范式的决策模型。它假设风险决策过程分为两个阶段:第一个阶段是编辑和评价,包括随机事件的发生以及人们对事件结果、相关信息的收集整理;第二个阶段是评估与决策。为了评估决策需要,人们通常在第一阶段对事件进行预处理,包括数据的整合、简化(如整数化和相同因子的剔除),但不同的整合、简化方法会得到不同的事件及其组合,并导致人的非理性行为和框架依赖效应,即人对同一问题的最后决策不一致。在第一阶段,个体凭借框架(frame)、参照点(reference point)等采集和处理信息。在第二阶段,前景理论用价值函数和主观概率的权重函数两个变量描述人的效用,对信息予以判断。权重函数 $\pi(p)$ 描述未来前景中单个事件概率 p 的变化对总体效用的影响,主观价值函数 $v(x)$ 直接反应前景结果 x 与人的主观满足大小之间的关系。人在不确定条件下的决策选择,取决于结果与预期的差距而非结果本身,即人在决策时会在心里预设一个参考标准,然后衡量每个决定的结果与这个参考标准的差别是多大。

前景理论的价值函数(见图5-7)有一个财富增加或减少的参考点,该点的位置取决于决策者的主观印象。前景的结果表示财富水平与该参考点的偏离,而不是绝对的财富水平。价值函数衡量盈利或亏损对人的主观满足的影响,价值函数曲线在参考点处开始转折。参考点是财富增加或减少的分界线。[①]

[①] D. Kahneman, A. Tversky. Judgment under Uncertainty: Heuristics and Biases. *Science*,1974,185:1124-1131.

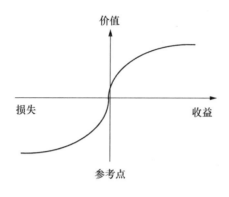

图 5-7 价值函数

资料来源：D. Kahneman，A. Tversky. Prospect Theory：An Analysis of Decision under Risk. *Econometrica*，1979，47(2)：279.

前景理论通过大量的实验和效用函数的运用,得出以下结论和观点:人们看重财富的绝对量,更加看重财富的变化量。当人们面临的前景是相似条件的损失时,更加倾向于选择冒险;面临的前景是相似条件的盈利时,更加倾向于选择规避风险。人们对损失和获得的敏感程度是不同的,财富的减少带给人们的痛苦程度大于相同量财富的增加带给人们的快乐程度。由前期的决策所带来的实际结果会影响后期决策以及后期风险选择上的态度,前期盈利使人增强对于后期风险的偏好,而前期损失则加剧后期亏损的痛苦程度,提高风险厌恶的程度。对于投资者来说,从现在的盈利中获得的效用依赖于前期的投资结果,从现在的损失中所获得的效用也同样依赖于前期的投资结果。

作为一个描述性的模型,前景理论具有描述性模型共有的缺陷。相比规范性模型(具有严格数学推导的模型),它缺乏严格的理论和数学推导,只能对人们的行为进行描述,因此前景理论的研究也只能使其描述性越来越好。换句话说,它只是说明了人们会怎样做,而没有告诉人们应该怎样做。

第十二节 社会信息加工理论

社会信息加工理论(Social information processing theory)是由斯坦福大学的杰拉尔德·萨兰尼克(Gerald R. Salancik)和杰弗瑞·普费弗(Jeffrey Pfeffer)在 1978 年提出的,其代表作是他们发表在《行政科学季刊》上的论文《对工作态度和任务设计的一个社会信息加工方法》。该理论的基本假设前提认为,人是一个具备适应性的有机体,常依据环境所提供的线索来理解和解释自己和他人的行为,并根据获得的信息调整自己的态度、行为和信念。因而,人们的态度和行为并不仅仅取决于自己的需要和目标,还在很大程度上受到周围环境的影响。

一、问题的提出

在社会信息加工理论提出之前,占据工作态度和工作设计研究领域主流地位的是需要-满意范式,该范式主张人们有各种不同的需要,工作亦有多种特点,工作态度因而由两者的结合决定。需要-满意范式强调行为解释的个体倾向特点。虽然需要理论家对于需要的分类各不相同,但他们都是基于个体特点来预测其态度和行为。萨兰尼克和普费弗认为,这种范式其实假设人是与世隔绝的个体,因而不能有效解释社会情境里的个体的态度与行为,至少解释的相对功效不那么大。这也是需要-满意范式产生问题的一个原因。事实上,一个人行为发生的真实环境、一个人要适应的环境是一个充满信息的社会环境,研究这个环境可以更好地了解个体行为。因而,萨兰尼克和普费弗的社会信息加工理论把研究对象个体放在社会情境之中,关注社会情境如何影响人的态度与行为。该理论的主要贡献——也是其与工作态度的需求-满意范式的主要差异——即在于它强调社会情境的信息加工。

二、理论观点与模型

萨兰尼克和普费弗认为,在归因和自我辩解理论中,态度与需要具有相似的概念地位。需要是一个人产生的诉求,个体用需要和态度这些概念来描述并理解自己和他人的行为。因为态度和需要陈述是一种表达,所以它们也是行为。个体或观察者一般构建态度,响应外部或自身的一些评价请求和对行为解释的需要。当发生个人表达态度或需要陈述时,个体根据其可获得的信息形成态度或需要陈述。也就是说,态度或需要陈述是可获得信息的函数。

信息的一个重要来源是人们的直接社会环境,发现和理解社会环境传达的信息和意思(meaning)是一个信息加工活动,这是该理论被称为社会信息加工理论的原因。社会环境为个体提供了构建并解释事件的线索,提供了一个人的态度和意见应该是什么的信息。另外,社会背景使一些信息(如个体过去的活动、声明、思想)多少变得显著,也提供那些约束行为合理化过程的规范和期望。社会背景对态度和需求陈述一般有两种影响:一是提供了意义构建的指南,包括社会可接受的信念、态度和需要以及可接受的行动原因,这是社会信息的直接作用;二是通过一些信息更显著地把个体的注意力聚焦在特定的信息上,并提供关于个体行为及其行为逻辑后果的社会期望,这是社会背景对从行动构建态度这个过程的间接影响。社会信息加工视角对工作态度的形成分析,可以用图5-8来描述。

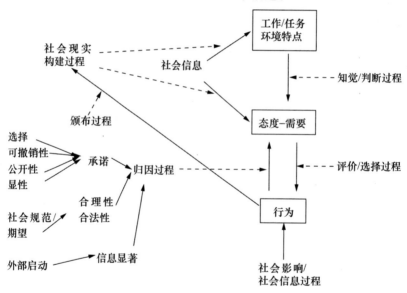

图 5-8 社会信息加工理论模型

资料来源:Gerald R. Salancik, Jeffrey Pfeffer. A Social Information Processing Approach to Job Attitude and Task Design. *Administrative Science Quarterly*,1978,23(2):227.

工作态度的形成受三个要素的影响:社会信息、对工作环境特点的感知、过去行为的归因。社会信息通过几种过程,直接或间接地影响态度和需要陈述。第一种过程是同事对工作评价的公开陈述,这是非常直接的一个影响过程。第二种过程是通过突显环境的某些方面使个体注意力变化的过程,暗示他(她)在工作环境中去考虑什么。第三种过程是通过环境线索的解释来影响态度,如工作者以外的其他人提供他们对事件的构造意义,而不是仅仅聚焦注意力。第四种过程是通过影响个体如何解释他(她)的需要来达到,人们一般从与他人的相互作用中认识到自己的需要和价值。

决定工作态度的第二个因素是环境感知的态度。社会信息加工理论认为,工作/任务的特点(如管理风格或工作场所的条件)不是给定的,而是构建的,是个人和社会加工创造出来的想法。人们一般运用社会信息形成自己对工作意义、重要性和类型的感知,个体如何感知其工作环境是一个信息认知的加工过程,加工的细节尚不清楚,判断方面的文献认为,判断是有关判断目标的正负信息的单调函数。

工作态度的第三个决定要素是个体过去的行为以及这些行为如何被归因于环境或个人。行为可作为构建态度的信息来源,行为归因的过程受到个体行为承诺的影响、过去行为显著信息的影响、社会规范和期望的影响。

上述模型是包括信息、社会背景、知觉、态度、行为之间关系的一个复杂模型,萨兰尼克和普费弗并未就模型的每一方面进行详细阐述,只是刻画了其理论结构,表达了其基本观点,即一个人所在的社会环境提供了各种影响其态度、调节其行为的社会信息,人们使用社会环境中他人的价值、规范、期望及行为结果等信息引导个人的态度和行为。因为社会影响的普遍性,社会信息加工理论模型框架的应用十分广泛,除了能够解释萨兰尼克和普费弗所说的非充分理由的行为、内在激励与外在激励的复杂关系、组织氛围之外,还被用于研究社会认知、组织承诺、员工态度、员工行为(如从众行为、沉默行为等)以及非组织领域的其他社会行为(如儿童攻击行为)等。

第六章 管理学理论(宏观视角)

本章主要介绍宏观视角下的管理学理论,所介绍的理论更多地探讨了组织与外部环境的关系,这也是将其称为宏观视角管理学理论的原因。其中,权变理论、高层梯队理论和资源基础理论来自于管理学,交易成本理论、代理理论来自于经济学,资源依赖理论、制度理论来自于组织社会学,种群生态理论来自于生物学。

第一节 代理理论

代理理论(Agency theory)是由迈克尔·詹森(Michael C. Jensen)与威廉·麦克林(William H. Meckling)在 1976 年发表的论文《企业理论:管理行为、代理成本与所有权结构》[1]中提出,这一理论后来发展成为契约成本理论(Contracting cost theory)。该论文也是企业理论领域中引用率最高的经典论文之一。

一、理论来源

代理理论的学术源头是产权理论和委托-代理理论,这两个理论的奠基人是著名经济学家罗纳德·科斯(Ronald H. Coase)。从科斯开始,经济学家开始对企业的边界以及企业的内部组织问题产生了兴趣。沿着科斯的研究轨迹,一大批经济学家进行了丰富而有益的探索,这些理论成果结合在一起,形成了产权理论。产权理论的关注点是产权分配对于经济效率的影响,具体来说就是考察契约对于权利的配置怎样影响契约双方的成本、收益。在产权理论研究契约对于权利分配所产生影响的同时,莫里斯(Mirrlees)、马斯金(Maskin)、霍姆斯特朗(Holmstrom)等经济学家则把注意力集中于契约本身的设计问题,他们也是研究委托-代理理论的代表性人物。与研究产权学派的学者惯用文字论述不同,这一学派的经济学家更习惯于运用数

---

[1] M.C. Jensen, W. H. Meckling. Theory of the Firm: Managerial Behavior, Agency Costs and Ownership Structure. *Journal of Financial Economics*, 1976, 3(4): 305-360.

学手段,通过求解复杂的数学模型,探索对于委托人而言,究竟应该怎样设计和委托人的契约,才能使自己获益最大的课题。在詹森看来,产权理论虽然研究了各种契约构成可能带来的影响,但对现实中会出现怎样的契约并没有进行探究,而委托-代理理论正好相反。如果将两个理论结合起来,就既能找到现实中可能出现的契约,又能研究其经济影响。本着这种思想,詹森及其合作者麦克林提出了代理理论。

二、主要理论观点

代理理论认为,当经理人员本身就是企业资源的所有者,拥有企业全部的剩余索取权时,经理人员会努力地为自己而工作,这种环境下,就不存在代理问题。但是,当管理人员通过发行股票的方式,从外部吸取新的经济资本时,如果企业的管理者是一个理性的经济人,他的行为与原先自己拥有企业全部股权时的行为将有显著的差别,管理人员就有提高在职消费、自我放松并降低工作强度的动机。如果企业不是通过发行股票而是通过举债方式取得资本,也同样存在代理问题,只不过表现形式略有不同。于是,在公司中就存在着股东与经理层之间的利益冲突、债权人与股东之间的利益冲突,詹森和麦克林利用代理成本概念来分析这两种公司利益冲突。

詹森和麦克林提出了代理成本概念,并将其界定为设计、监督和约束利益冲突的代理人的契约成本,加上执行契约时成本超过利益所造成的剩余损失。具体来说,代理成本包括三个部分:(1)委托人的监督成本,即委托人激励和监控代理人,以确保后者为前者利益尽力的成本;(2)代理人的担保成本,即代理人保证不采取损害委托人的活动的行为成本(如定期向委托人报告经营情况、聘请外部独立审计等),以及如果采取了损害活动,代理人将赔偿委托人费用的行为成本;(3)剩余损失,即由于代理人的决策和使委托人的利益最大的决策平衡时存在偏差而导致委托人利益的损失。

詹森和麦克林将股东与经理层之间的利益冲突所导致的代理成本称为"外部股东代理成本",债权人与股东之间的利益冲突以及与债权相伴随的破产成本称为"债权的代理成本"。代理理论认为,不同的资本结构与不同的代理成本相联系,资本结构的选择是为了使代理成本最小化,最优的资本结构实际上也就是企业代理成本最低时的融资结构。让经营者成为完全剩余权益的拥有者,可以降低甚至消除代理成本。

詹森和麦克林的代理理论把企业的管理行为、所有权结构和融资结构综合起来考虑,不仅为人们理解企业最优资本结构的配置提供了依据,也为人们通过资本结构推测公司的管理状况提供了理论指导,具有较强的指导意义。同时,该理论也说明了管理行为对企业价值的创造所起的作用,成为维系经济学、金融学和管理学的一个联系纽带。在詹森之后,大量来自不同领域的学者对代理成本理论进行了有益的探索,并取得了很多理论和实证成果。代理理论已经成为资本结构、公司治理甚至公司法学研究中的一个重要理论支柱。

第二节 资源依赖理论

资源依赖理论(Resource dependence theory)萌芽于20世纪40年代,在20世纪70年代以后被广泛应用到组织关系的研究中。普费弗与萨兰尼克是资源依赖理论的集大成者,其1978年出版的《组织的外部控制》被视为该理论的代表作。该理论强调组织体的生存需要从周围环境中吸取资源,需要与周围环境相互依存、相互作用才能达到目的。该理论是研究组织变迁活动的一个重要理论。

一、理论来源

组织之间关于权力和相互依赖等关系的研究是从美国组织社会学家菲利普·塞尔兹尼克(Philip Selznick)1949年出版的经典著作《TVA与基层结构》开始的,这是塞尔兹尼克关于田纳西流域管理局(Tennessee Valley Authority,TVA)的研究成果。田纳西流域管理局是大萧条时期罗斯福总统建立的专门负责解决田纳西河谷问题的机构,成立于1933年5月,位于美国田纳西州诺克斯维尔,负责整体规划和实施水土保持、粮食生产、发电、交通等任务,是一个"地理导向"的提供整体解决方案的机构。该机构将电和先进的农业技术带到了南方的农村地区,但在运作中也发现必须要依赖南方的地方精英,于是就把他们吸收到其决策结构中来分享权力,塞尔兹尼克把这一过程称为"共同抉择"。共同抉择涉及的组织之间权力的相对平衡,已经成为组织间关系分析的一个主要争论点。近十年之后,一些社会学家对塞尔兹尼克的研究做出进一步的理论阐述和分析,使得组织分析脱离了封闭系统。到 20 世纪 70 年代,组织分析的重点明确转向组织间的分析层次,其中最具综合性的理论阐述是普费弗与萨兰尼克在 1978 年合著的《组织的外部控制》一书。

二、主要思想和观点

普费弗与萨兰尼克的资源依赖理论认为,组织是由不同的利益群体组成的联合体。每个利益群体都有自己的独特偏好和目标,并试图从组织内的互动以及组织与环境的互动中实现自己的目标,取得自己的利益。从这种意义上说,组织是一个特殊的准市场,在这个准市场中,组织参与者之间各自进行目标和权力的交易,而影响力和控制力则来源于组织参与者对组织持续生存和成功的重要性水平。[①] 资源依赖理论的核心假设是,组织需要通过获取环境中的资源来维持生存——没有组织是自给的,组织都要与环境进行交换。普费弗与萨兰尼克提出了四个重要假设:(1)组织最重要的是关心生存;(2)为了生存,组织需要资源,而组织自己通常不能生产这些资源;(3)组织必须与它所依赖的环境中的因素互动,这些因素通常包含其他组织;(4)组织生存建立在控制它与其他组织关系的能力的基础之上。

普费弗和萨兰尼克认为,一个组织对另一个组织的依赖程度取决于三个决定性因素:(1)资源对组织的重要性,这些资源包括货币资源、物质资源、信息资源和社会合法化资源;(2)利益群体对资源分配和使用的决定权大小;(3)资源控制的集中程度,即有没有替代资源提供。组织对环境的依赖降低了组织决策自主性,导致了组织未来不确定性的增加。为了确保持续的生存,建立更加明确、稳定的环境,组织一般会利用各种不同的策略设法管理它们与外部组织的互相依赖性。因此,资源依赖理论认为,组织应选取受约束最少的途径协调同其他组织的关系,从而最小化交换关系所带来的依赖性和不确定性,同时最大化自主性。

[①] J. Pfeffer, G. Salancik. *The External Control of Organizations*: *A Resource Dependence Perspective*. New York: Harper and Row, 1978.

面对资源获取的不确定性和组织的依赖性,组织不断改变自身结构和行为模式,以便获取和维持来自外部环境的资源,并使依赖最小化。组织的选择很多。第一种最简单的方法是使自己变大;通常规模越大——特别是相对于竞争对手而言——拥有的权力就会越大。大公司拥有强大的力量左右价格、控制产量、影响包括管制机构在内的组织的决策。公司变大的一种形式是合并,此举涉及与另一个公司等组织的兼并。合并是一种典型的对组织的依赖进行重构的战略。组织间的合并包括纵向整合、横向扩张和多元化三种类型。对上游或下游组织的纵向整合可以处理共生性依赖;横向兼并竞争者不仅能够减少竞争性的相互依赖,而且这些合并还能够增强自己在共生关系中的权力,为自己获取支配地位;通过多元化方式参与多种不同领域的活动可以减少目前对单一的、关键的交换的依赖。第二种方法是合资、联盟等其他组织间关联安排的方式。这些合作关系有助于组织获得所需的资源,降低不确定性和依赖性。但是,与兼并不同,组织间关系安排仅吸收部分相互依赖性。第三种方法是联合董事会。实证研究发现,董事会的规模并不是随意的、独立的,而是对外部环境条件的理性反应。第四种方法是政治行动。动用国家权力改变依存关系格局是管理依赖关系的一种途径。通过政治捐献、游说、共同决策以及同政府机构人员交流等途径,组织能够"创造"有利于自身利益的环境。第五种方法是领导人员的继任。此举是从组织内部角度处理外部环境不确定性和依赖的一种方法。资源依赖理论认为,领导人员的继任是组织与环境相适应的一个非常重要的程序。较差的企业绩效可归因于组织行为与环境的不匹配,替换 CEO、选取那些有能力处理组织面对的关键问题的人继任,能修正组织的不匹配现象。

有观点认为,制度理论和资源依赖理论在很多观点和预测上都是相同的。实际上,普费弗和萨兰尼克认为,合法性和其他资源一样,都是组织生存的一种重要资源,它通过与合法社会行动者的联盟来获得,也可通过政治行动甚至通过兼并来获得。[①] 当然,两个理论之间存在着差别。两者在分析范围上存在差异,制度理论倾向于关注更多领域,资源依赖理论只关注关键组织。在权力机制上,二者的关注点也有所不同,制度理论倾向于使用已知

[①] J. Pfeffer, G. Salancik. *The External Control of Organizations: A Resource Dependence Perspective*. New York: Harper and Row, 1978.

的规则和标准,而资源依赖理论则将制度结构本身视为组织利益竞争作用的结果。尽管制度理论对组织面临的制度、任务以及技术压力有所探讨,但更关注制度环境对组织施加的压力和约束。资源依赖理论尽管也对组织的社会环境以及政府对组织施加的影响进行了研究,但它更倾向于强调组织所面临的任务环境。两种理论对制度和任务环境的不同侧重表明了外部力量作用点的不同(一种通过塑造和贯彻制度规则与信条来施加影响,另一种则通过控制稀缺资源来施加影响),且组织和环境之间的联系过程也不同(一种通过交换和资源流动,另一种通过吸收和同化)。[①]

第三节　权　变　理　论

权变理论(Contingency theory)正式建立的标志是 1967 年美国学者保罗·劳伦斯(Paul R. Lawrence)和杰伊·罗奇(Jay J. Lorsch)在《行政科学季刊》上发表的论文《复杂组织的分化与整合》。[②] 20 世纪 70 年代,以美国管理学家弗雷德·卢桑斯为代表的一批管理学者对各种管理权变学说进行整合和规范化,形成了一定的理论框架,这些理论框架进而在 20 世纪七八十年代成为管理理论的热点和焦点之一。

一、理论背景

权变理论在 20 世纪 70 年代兴起有其特殊的历史背景。当时企业所处的经营环境极不确定,但以往的管理理论,如科学管理理论、行为科学理论等,主要侧重于研究加强企业内部组织的管理,而且大多都在追求普遍适用的、最合理的模式与原则,这些管理理论在解决企业面临的问题时显得苍白为力。正是在这种情况下,人们不再相信管理会有一种最好的方式,认为管理人员必须相机灵活地处理管理问题,于是理论界产生了管理取决于所处环境状况的理论,即权变理论。

[①] C. Oliver. Strategic Responses to Institutional Processes. *Academy of Management Review*, 1991, 16(1):145-179.

[②] P. Lawrence, J. Lorsch. Differentiation and Integration in Complex Organizations. *Administrative Science Quarterly*, 1967, 12(1):1-30.

权变理论的观点受到两个学派的影响。一个是经验主义学派,该学派注重研究特定情景和条件下的不同管理经验,同样否认有任何普遍通用的管理准则。另一个是系统理论学派,该学派认为组织是一个由许多子系统组成的开放的社会技术系统,管理者不仅要解决组织内部因素的相互关系问题,还要解决组织与外部环境的相互关系问题。

二、主要观点

劳伦斯和罗奇的权变理论认为,按照企业所处的环境、企业类型、目标和价值等的不同,管理者应采取不同的管理方法。在对不同类型的企业进行研究后,他们认为,企业组织结构的选择受到所处外部环境的制约,外部环境包括市场形势、技术/经济和科学/产品等,它们共同决定了企业外部环境的不确定性。组织结构的选择则包括了"分化"和"整合"两种要求。分化是指企业为适应外部环境而划分为小单位,整合则是通过协作和管理,实现企业内各个小单位的统一。劳伦斯和罗奇认为,当外部环境不稳定,不确定性程度较高时,组织为了适应外部环境的变化,就需要分化,需要划分为若干个较小的单位,并采取较为分权的组织结构。组织在分化的同时,需要加强对组织不同单位之间的协调和统一,需要加强整合。因此,企业成功与否,就在于能否找到实现组织整合的适当手段。而外部环境较为稳定,不确定性程度较低时,企业的分化程度比较小,此时的组织整合一般适于运用较正规的手段,整合时采取较为集权的组织结构。

美国学者卢桑斯在1976年出版了《管理导论:一种权变学说》一书,系统地介绍了他的权变理论。卢桑斯将过去的管理理论分为过程学说、计量学说、行为学说和系统学说,认为它们都没能把管理和环境妥善地联系起来,管理观念和技术在理论与实践上相互脱节,不能对管理实践进行有效的指导。而权变理论就是要通过研究有关环境的变量同相应的管理观念和技术之间的关系,将环境对管理的作用具体化,使采用的管理观念和技术能有效地达到目标,实现管理理论与管理实践的紧密联系。通常情况下,环境因素是自变量,管理的观念和技术是因变量。即在某种环境条件下,只有采用某种管理原则、方法和技术,才能更好地实现组织的目标。例如,企业在经济衰退时期,在供过于求的市场中经营,采用集权的组织结构,就更能实现组织的目标;反之,企业在经济繁荣时期,在供不应求的市场中经营,采用分权的组织结构则可能会更好地实现组织目标。我们可以把环境变量与管理变量之间的函数关系称为权变关系,该关系是权变管理理论的核心。其中,环境包括企业的外部环境和内部环境。外部环境既包括由社会、技术、经济、政治、法律等构成的环境因素,也包括由供应者、顾客、竞争者、雇员、股东等构成的环境因素。内部环境基本上是指正式组织系统,它的各个变量与外部环境各变量之间是相互关联的。

总之,权变理论的基本观点是每个组织的内在要素和外在环境条件都各不相同,因而在管理活动中不存在适用于任何情境的原则和方法。在管理实践中要根据组织所处的环境和内部条件的发展变化随机应变,没有什么一成不变的、普适的管理方法。成功管理的关键在于对组织内外状况的充分了解和有效的应变策略。

第四节 高阶梯队理论

高阶梯队理论(Upper echelons theory)是战略决策理论研究的新兴领域,最早是由唐纳德·汉布里克(Donald C. Hambrick)和菲利斯·梅森(Phyllis A. Mason)于1984年发表的论文《高层梯队:组织是其高层管理人员的反映》中提出。[①] 该理论兼具理论框架和研究方法的双重特征,标志着有关高层管理团队研究的开始,并由此产生了一系列理论和经验实证研究:如何界定高层管理团队的构成;高层管理团队内容特征与战略决策、企业绩效之间的联系;高层管理团队结构特征与战略决策、企业绩效之间的联系;高层管理团队人口学统计特征与团队运作过程之间的联系;企业所处情境因素包括环境情境、组织情境、领导情境等对高层管理团队与组织产出之间作用的影响;等等。

一、理论来源

该理论的主要思想来自于卡内基学派,从西蒙、马奇等学者的研究中吸收了高层管理人员的有限理性、有限搜索、信息超载以及整个管理层的联盟

---

① D. C. Hambrick, P. A. Mason. Upper Echelons: The Organization as a Reflection of Its Top Managers. *Academy of Management Review*,1984,9(2):193-206.

动力等重要的思想元素,试图将卡内基学派的思想与高层管理人员的决策和个人特征进行融合。

二、主要观点

高阶梯队理论采用西蒙的有限理性理论,认为处于复杂、重要领域的高层管理人员不是无限理性的经济人,而是有复杂情感的社会人,也会受到人性的限制。他们的知识、时间和精力总是有限的,价值取向和多元目标也不会始终如一,且经常可能是相互抵触的。同时,现实决策环境具有极大的不确定性和极复杂性,并受决策时间和可利用资源等方面的限制,高层管理者即使能够充分了解和掌握有关决策环境的全部信息,也只能根据自身的认识水平和能力从这些信息中获取有用信息,往往无法筛选出全部有用信息,因而做出决策方案的合理性也是相对的,处于完全理性和非理性之间。

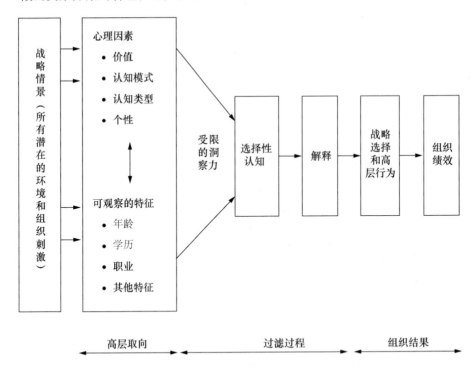

图 6-1 有限理性下的战略选择:高管战略决策的流程

资料来源:D. C. Hambrick, P. A. Mason. Upper Echelons: The Organization as a Reflection of Its Top Managers. *Academy of Management Review*, 1984, 9(2): 195.

高层管理人员与组织战略选择及绩效间的关系是高阶梯队理论的主要研究内容。高层管理人员会对其所面临的情境和选择做出高度个性化的诠释,并以此为基础采取行动,即高层管理人员在行为中注入了大量自身所具有的经验、性格、价值观等特征,这些特征会直接影响企业的战略决策,最终影响企业的组织绩效。因此,从根本上讲,高阶梯队理论是一种信息处理理论,它提供了一种系统诠释高层管理人员如何在有限理性的情况下采取行动的途径(高阶梯队理论中的战略决策流程见图6-1)。企业管理者所处的环境是动态的、复杂的,而且这种复杂程度远远超出了他们的认知能力范围,因此他们只能部分地理解环境中的各种因素。而其理解分析的范围又受到两类特征的限制:一类是客观特征,主要是指管理者人口学特征(比如管理者的年龄、职业、学历等);另一类是心理特征(价值、认知模式等)。一方面管理者的人口学特征和心理特征能够影响管理者对于环境的解释,而环境解释是他们进行战略决策的基础;另一方面,管理者的人口学特征和心理特征还会直接影响决策者的战略选择。有学者认为,图6-1中的选择性认知起到了一种"过滤"的作用。也就是说,当管理者受到组织内外环境的大量刺激时,他们的偏好决定了管理者对环境的哪个部分会更加看重,从而进一步影响到战略决策行为。

值得注意的是,由于内外环境的复杂性,管理者个体即使再优秀,也不可能观察到组织和外部环境的方方面面,同时受自身知识储备、性格、偏好、经验和能力等方面的限制,管理者难以从庞杂的信息流中做出有利于企业发展的最优决策,决策结果不可避免地存在误差。因此,高阶梯队理论将研究的重点放在了整个高层管理团队层面,而不仅仅是领导者个人层面。该理论强调,整个高管团队的特征比管理者个体特征能更好地预测组织成果,以团队形式进行决策,其成员之间能相互共享信息和资源,对不同观点和方案进行合作,其决策的质量和效率优于企业家个人。[1] 进一步的研究发现表明,高管团队认知基础、价值观、洞察力以及这些特质的作用过程是不同的,从而会影响公司的绩效和竞争行为。在实际操作层面,由于价值观、个性、认知模式等心理因素难以测量,高阶梯队理论主张用易于观察的人口学特

---

[1] D. C. Hambrick, T. S. Cho, M-J. Chen. The Influence of Top Management Team Heterogeneity on Competitive Moves. *Administrative Science Quarterly*, 1996, 41(4):659-684.

征变量(如年龄、任期、职业、教育等)作为认知等心理变量的替代变量,并假设高管团队的人口学特征是其认知水平和价值观等心理特征的外在表现。因而,高阶梯队理论相关研究主要集中在高层管理团队的客观特征方面,通过分析这些客观特征来探讨高管团队与企业战略决策及企业绩效之间的关系(见图6-2)。

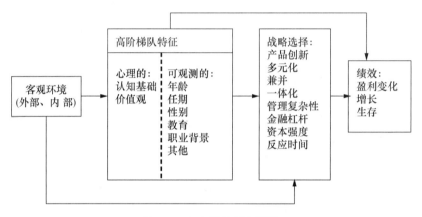

图6-2 高阶梯队理论模型

资料来源:D. C. Hambrick, P. A. Mason. Upper Echelons: The Organization as a Reflection of Its Top Managers. *Academy of Management Review*, 1984, 9(2): 198.

高阶梯队理论的提出为后续高管团队的研究奠定了基础,指明了方向。然而,实证研究结果表明,根据高阶梯队理论模型确定的研究思路,用人口学变量替代心理变量,在高管团队展开"特征-绩效"关系研究时引发了不少新问题。甚至有学者认为,由高阶梯队理论所引发的问题,比其实际解决的问题还要多。① 现有研究未能从根本上改变高管团队特征动态研究的缺乏和外部情境效应的变量研究不足的现状。高管团队研究最迫切的任务是解决饱受争议的"人口学背景黑箱"问题,加强对高管团队动态过程变量及情境变量的研究就显得十分有意义。

---

① R. L. Priem, D. W. Lyon, G. G. Dess. Inherent Limitations of Demographic Proxies in Top Management Team Heterogeneity Research. *Journal of Management*, 1999, 25(6): 935-953.

第五节　种群生态学理论

种群生态学理论(Population ecology theory)来自于生物学中的自然选择理论,在组织研究中运用了生态学视角。尽管早就有人将自然选择观念用于社会系统研究,但这一理论仍备受争议。霍利(Hawley)和坎贝尔(Campbell)的研究工作在此进程中起了很大的推动作用。麦克尔·汉南(Michael Hannan)和约翰·弗里曼(John Freeman) 1977年的论文《组织的人口生态学》将自然选择的一般观念运用于组织研究,为组织研究开辟了新的视角和方向。

一、理论来源

种群生态学是生物学的一个分支,来源于达尔文的生物进化论,强调自然对生物物种的选择和决定性影响,基本理念是物竞天择,适者生存。自然界的种群生态学理论认为在一定的空间范围内,不同种群的生物之间、生物与自然环境之间有着复杂的联系,形成了以食物链、物质与能量交换为基础的多层次、多反馈、动态变化的生态系统,其中生物体的自组织、能动和变异机理对维持生态系统的动态平衡起着关键作用。社会科学领域吸取了这一理念,并形成了"社会达尔文主义"。在企业界也存在着与自然界种群生态理论非常相似的机理。不同类型的企业组成了各种企业种群,在一定空间范围内所共存的企业种群形成了企业群落。群落内部存在着类似食物链的产品或服务的供应链,以及与能量交换类似的价值交换关系,所以可以引入种群生态学理论。

二、主要理论内容

组织种群生态学探讨组织种群的产生、变化和死亡及其与环境转变的关系,尽管对于各种外部条件有多大作用的看法不同,但学者们在方法论上有两点共识:一是研究组织种群而不是单个企业;二是从纵剖面角度对过程动态属性的考察——如采用事件历史分析法对组织种群进行过程性分析——能揭示静态研究或截面研究得不到的关系。

种群生态学力图探究为什么会存在各种不同形式的组织。虽然生态学理论家也承认,每个组织在随时间的适应过程中改变了自己的特征是生态多样化的原因之一,但是他们更强调选择过程的作用,认为组织形式的变化是组织被环境选择和相互替代的结果。[1] 各种类型的组织具有不同的生成和死亡速度,种群生态学就是从组织的新建率、死亡率等生命比率来反映组织演化规律及其对环境的适应过程。

种群生态学的主要研究对象包括生态位理论、密度依赖理论、组织的年龄依赖与规模依赖等。

(1) 生态位理论。基础的生态位理论用种群的成长来描述单一种群的生存空间。如果将生态位理论放大,就可以探讨由于种群之间的互动所造成的对个别种群成长率的影响。若其影响对两个种群都为负,则种群之间是竞争关系;如果其影响都为正,则种群之间为互利共生关系;如果影响为一正一负,则为掠食者与猎物之间的关系。这样的观点在种群生态学理论中被广泛应用。[2] 汉南和弗里曼提出了生态位宽度理论,生态位宽度指资源运用的变异情况。[3] 资源运用的变异越小,生态位宽度越窄,此状况称为专才(specialist);反之,变异越大,生态位宽度越宽,则称为通才(generalist)。生态位宽度越宽,表示对于环境变化的适应与容忍能力越强,但为了保有并维系此种容忍能力,组织种群也需额外付出资源或能力。反过来,生态位宽度越窄,虽然组织种群对环境变化的适应能力较差,但其在适合的特定环境里,则有较佳的表现。因此,在较宽的环境条件范围保有较低的绩效,还是在较窄的特定环境条件下保有较高的绩效,是一个策略选择上的两难问题。[4] 在种群生态学中,组织种群的生存与成长,受环境资源变异的影响甚大。汉南和弗里曼提出,环境生态位的变化有两个维度:时间和粒度——经常性的小变化("小粒度")或偶尔的大变化("粗粒度")。他们认为,专才通常规模小但精干,更容易在稳定环境和"小粒度"环境里成功,而通才拥有抵

---

[1] G. R. Carroll. Concentration and Specialization: Dynamics of Niche Width in Populations of Organizations. *American Journal of Sociology*. 1985,90(6):1262-1283.
[2] 罗珉. 管理学前沿理论研究. 成都:西南财经大学出版社,2006:110.
[3] M. T. Hannan, J. H. Freeman. The Population Ecology of Organization. *American Journal of Sociology*, 1977,82(5):929-964.
[4] 郭毅,可星,朱熹,等. 管理学的批判力. 北京:中国人民大学出版社,2006:243.

御环境波动的能力,能更好地适应"粗粒度"和不确定的环境。卡罗指出,这些不同的策略可能相互关联。① 例如,成功的通才化策略往往会创造允许专才化组织共存的条件,此为"资源分隔"。通才化组织一般倾向于朝市场中心部位移动和争取传统需求,这样就在市场的边缘地带为专才化组织留下生存的缝隙(即生存位),为更加挑剔的特殊需求提供服务。② 因而,随着行业成熟度的提高,大型通才化组织的规模和市场占有率不断提高(表现为行业集中度的提高),同时小型专才化组织的数量也增加了。

(2) 密度依赖理论。密度依赖理论是由卡罗和汉南在1989年提出的。③ 他们研究的问题是:为什么不同种群其组织数量的发展变化遵循相似的规律,即一个种群的组织数量最初增长缓慢,然后经历一个快速增长阶段,达到顶峰后又急剧下跌。密度依赖理论的假设前提是组织演化过程是不同组织形式进行选择性替代的结果,而非组织个体进行适应性变革的结果,因此该理论从环境的选择力量出发解释种群的演变规律,角度主要包括合法性机制和竞争机制这两种自然选择的驱动力量。其主要观点是,组织合法性和竞争强度都随种群密度的增加而增加,当种群密度小时,组织数量的增长会增加该种群以及该种群中组织形式的合法性,此阶段合法性机制起主要作用,决定种群的成长,因而组织出生率高而消亡率低。但当种群密度相对于资源显得过高时,组织数量的增加就显著加剧了竞争程度,此时竞争因素成为影响种群成长的关键因素,组织种群中的新建比率降低,而种群消亡率上升。因此,组织出生率与种群密度之间呈倒U型关系,而组织消亡率与种群密度之间呈U型关系。

卡罗和汉南的理论贡献是在种群生态学的研究中引入了新制度主义的解释机制,将现代组织理论中最有影响力的两大理论分支有机地结合起来。但该理论也存在一定的局限性,一是只关心特定历史时期的种群密度如何影响该时期组织的生命比率;二是只能解释种群演进路径中种群数量增长

---

① G. R. Carroll. Concentration and Specialization: Dynamics of Niche Width in Populations of Organizations. *American Journal of Sociology*. 1985, 90(6): 1262-1283.
② 〔美〕W. 理查德·斯科特,〔美〕杰拉尔德·F. 戴维斯. 组织理论:理性、自然与开放系统的视角. 高俊山,译. 北京:中国人民大学出版社,2011: 239.
③ G. R. Carroll, M. T. Hannan. Density Dependence in the Evolution of Newspaper Organization. *American Sociological Review*, 1989, 54(4): 524-541.

至高峰前的变化阶段,不能解释高峰之后突然下跌这一现象。故而,卡罗和汉南后来又提出了密度延迟概念,对前期的密度依赖理论进行扩展。他们认为,某一时点的种群密度不仅影响当前组织生命比率,还影响后续时期的组织消亡率,且种群密度与后续时期的组织消亡率之间存在正相关关系。也就是说,组织消亡率除了受当期种群密度影响之外,很大程度上还受到组织建立时种群密度延迟效应的影响。这样就很好地解释了为什么种群密度在达到顶峰后会急剧下跌。实证结果支持了密度延迟模型。

鲍姆(Baum)和辛格(Singh)1994年引入生态位概念,将密度依赖理论的研究从种群层面的研究下降到种群内部子种群层面。[1] 他们认为,以前的密度依赖理论与实证研究从整个种群层面考虑种群密度带来的竞争和互利关系,忽视了种群内部各子种群和组织个体间的差异。事实上,由于种群中的组织在规模、竞争方式以及战略特点上的差异,它们直接面临的合法性力量和竞争力量在程度上和类型上是不同的。占据相同生态位的组织之间主要表现为竞争效应,占据不同生态位的组织之间主要表现为互利效应。生态位部分重叠的组织之间既产生竞争效应,也产生互利效应。他们根据生态位是否重叠,区分了两种密度:重叠密度、不重叠密度。前者指种群中某组织在某时刻面临的具有相同生态位的组织累计数量,后者指与之占据不同生态位的组织累计数量。组织的生命比率主要取决于这两种密度的作用。鲍姆和辛格指出,重叠密度降低了创建率,提高了死亡率,而不重叠密度提高了创建率,降低了死亡率,实证研究支持了这种假设。

(3) 组织的年龄依赖与规模依赖。种群生态学在解释组织生命比率的影响因素时,除了考虑种群的密度和环境的变化外,还考虑组织的年龄和规模等人口统计学变量。斯廷奇库姆(Stinchcombe)最早在社会学中讨论组织年龄和组织死亡率的关系,提出"新生劣势":新建组织相比老组织具有较高的死亡率。[2] 新建组织通常缺乏成熟的角色结构和训练有素的人员,缺乏内部成员之间及与外部利益相关者之间的稳定关系,缺乏充足的资源以应对

---

[1] J. Baum, J. Singh. Evolutionary Dynamics of Organizations. New York: Oxford University Press, 1994.

[2] A. Stinchcombe. Social Structure and Organizations. In J. G. March(ed.): Handbook of Organizations. Chicago: Rank McNally, 1965.

成长初期的困难。组织年龄与死亡率之间的负相关关系得到了一些实证研究的支持。

与此类似,组织还会遭受"小型劣势",即组织规模与死亡率之间负相关,规模大的组织比小组织更容易存活,该观点已经得到人们的普遍认同。经济学中的"规模经济"是理论基础,在组织学中,汉南和弗里曼认为组织的规模能缓冲自然选择的压力,即大规模组织业绩不良、面临危机时,组织可以选择缩小组织规模,把运行不良的部分去除从而不至于立刻消亡;而小规模组织则几乎没有收缩的空间,一旦面临危机将马上失败。[1] 由于规模通常与年龄同时增长,越老的组织其规模相应越大,而规模本身对组织的死亡率存在影响,"小型劣势"得到实证研究比较一致的支持。因此,先前的"新生劣势"可能是规模较小导致的结果。

一些学者消除组织规模的影响后,发现组织死亡率存在正的年龄依赖——组织死亡率随组织年龄增大而增大。对此现象有两种解释。第一种是组织惯性与环境变化的共同作用。种群生态学的核心观点之一就是组织具有较强的结构惰性,组织早期阶段采取的战略和结构对组织产生"锁定"效应,不易随环境变化而改变。组织的年龄越大,组织结构和特征对过去环境的烙印越深刻,而与当前环境的匹配程度越低。因此,组织的年龄越大,遇到环境变化时越容易死亡。当然,按这种机制解释,在稳定的环境中,死亡率与年龄是不相关的。第二种解释机制是衰老机制。随着组织年龄增长,组织积累起较稳定的规则、程序和惯例,这些规则、程序和惯例给组织带来大额管理费用,从而使组织运行效率降低。当碰到环境变化时,这些规则、程序和惯例还会使组织的及时应变能力变差。因而,老组织相比新组织有更高的死亡率。总之,关于组织的年龄与死亡率之间的关系,学术界还未达成一致意见。

第六节　资源基础理论

资源基础理论(Resource-based view)是一种以资源为基础的企业战略

---

[1] M. T. Hannan, J. H. Freeman. The Population Ecology of Organization. *American Journal of Sociology*, 1977, 82:929-964.

管理理论,其正式诞生的标志是美国学者伯格·沃纳菲尔特于1984年在《战略管理》杂志上发表的论文《企业的资源基础论》。之后,学者对其进行了丰富和完善,特别是杰伊·巴尼1991年的论文《企业资源与可持续竞争优势》,对资源基础理论做了进一步的发展和完善。资源基础理论强调企业是由一系列资源组成的集合,企业的竞争优势源自企业所拥有的资源。外部的市场结构与市场机会对企业的竞争优势产生一定影响,但并不是决定性的因素。资源基础理论形成了一个分析企业内部资源分配和使用的框架,即以"资源—战略—效益"的逻辑关系制定企业的战略。该框架表明,企业竞争力的差异是由企业资源的差异引起的。

一、理论背景

在资源基础观提出之前,战略管理领域的主导思想是以产业结构分析为基础的竞争战略理论,以波特为代表的产业分析理论在解释公司绩效与环境的关系上获得了相当程度的认同,开创了研究企业竞争优势的先河。但是,该理论难以对同一产业内企业间利润差距的深层原因做出恰当解释,致使战略管理领域存在的两个基本问题没有得到解决:为何各个公司彼此不同?为何有些公司可以领先其他同行并持续获取竞争优势?另外,20世纪80年代早期的实证研究结果也引起了人们对波特理论的质疑。鲁梅尔特(Rumelt)在20世纪80年代的研究发现:产业内中长期利润率的分散程度比产业间利润率的分散程度要大得多。一些学者也指出,企业表现为超额利润率的竞争优势并非来自外部市场和产业间的相互关系,而是由于市场之外的、存在于企业自身的某种特殊因素的作用。因此,随着市场竞争变得更为激烈,许多企业和学者开始把目光从外部市场转移到企业内部,以企业内部资源为基础的竞争理论开始出现在主流的企业战略管理理论中。

从资源基础理论的起源和发展看,资源基础的观念最早来自于塞尔兹尼克在1957年提出的组织"独特能力"(distinctive competence)。最早将资源基础观发展成为理论的是英国人彭罗斯(E. T. Penrose),她于1959年在其《企业增长理论》一书中提出,企业成长的动力来自企业内部资源;企业现有的资源是企业扩张的诱因,也给定了扩张速度的极限;企业的成长从本质上来说是一个基于综合知识累积性增长的演化过程。彭罗斯首先以经济理论探讨了公司资源与公司成长的关系,使得资源基础观不再只是观念上的争论,而具有了经济理论的支持。①

二、主要观点

对于企业资源概念的理解,可以说是见仁见智。沃纳菲尔特认为资源是个宽泛的概念,品牌、技术、机器、优秀的员工等都是资源,企业获利能力的影响因素包括资源的供应商、产品的购买者、先行者优势构造资源位置壁垒、独特的资源等,兼并和收购也可以帮助企业获得资源。巴尼继承了沃纳菲尔特的思想,清晰地将企业资源表述为企业所控制并能够使企业构思、实施战略来提高企业特性的资源,包括全部的财产、能力、竞争力、组织程序、企业特性、信息、知识等。巴尼将企业资源分成四类,即金融资本、实物资本、人力资本和组织资本。

巴尼认为,资源基础观点在理论上有两个前提假设。首先是资源异质性假设,它是由彭罗斯提出的。传统经济学只看到了企业供求条件,彭罗斯却观察到不同企业所控制的生产性资源之间存在着显著差异,企业资源本质上是异质的。其次是资源的不可移动性假设,它是从塞尔兹尼克的理论中延伸出来的。这个假设认为企业中存在着某些要么复制成本相当高昂、要么没有供给弹性的资源。从这两个假设可以推断,如果企业拥有的某项资源能够使企业利用机遇或避免威胁,并且如果这些资源的复制成本高昂或者这些资源不具备供给弹性,那么这些资源可能就是企业优势或竞争优势的潜在源泉。巴尼对于资源基础观点的前提假设分析,为资源基础学派奠定了理论基础,甚至可以说正是由于巴尼的工作才使得资源基础观点成为一种规范研究。

在 1991 年的论文中,巴尼提出了战略性资源的概念,即在企业面临竞争时提供最持久利益的资源,它们具有价值性、稀缺性、难以模仿性和不可替代性四个特性。1994 年巴尼对其理论进行了调整,提出 VRIO 分析框架:(1) 价值问题(Value):企业的资源和能力能使企业对环境威胁和机会做出反应吗?(2) 稀缺性问题(Rareness):有多少竞争企业已拥有某种有价值的

---

① E. T. Penrose. *The Theory of the Growth of the Firm*. New York:John Wiley,1959.

资源和能力？（3）不可模仿性问题（Inimitability）：不具备这种资源和能力的企业在取得它时与已经拥有它的企业相比较处于成本劣势吗？（4）组织问题（Organization）：一个企业的组织具备能充分利用资源和能力的竞争潜力吗？该框架的核心思想是：可持续竞争优势不能仅在高机会、低威胁的环境中通过经营业务来实现，可持续竞争优势还依赖于独特的资源和能力，企业可把这些资源和能力应用于环境竞争中。

巴尼认为，能阻碍企业之间互相模仿、维持企业所拥有的战略性资源的竞争优势的因素主要有四个。一是企业获得优势资源的历史重要性。特定企业低成本地获取、开发和利用某一资源常常依赖于具体的时间和空间条件。没有这些条件，这些资源的获取对任何企业来说都可能要花费高昂的成本。独特的历史条件意味着企业是在行业中首先认识到行业机遇并加以利用，同时也产生路径依赖，对企业后续发展产生显著影响，从而创造出持续的竞争优势。二是培育和开发资源的原因模糊性。不少企业高层管理者迷恋于对竞争优势起关键性作用的所谓重大决策，但现实却可能是，企业的竞争优势似乎常常是无数个"小决策"共同作用的结果。因此，在很多时候，企业管理者对资源和竞争优势之间的关系是不清楚的，这是造成企业战略性资源无法模仿的另一个重要原因。巴尼认为像企业文化、组织特性等无形资产的形成本身都是随机的，它们产生的结果也会被认为是理所当然的事，因此，劣势企业很难意识到它们的作用，也无法去模仿这些资源带来的竞争优势。三是资源的社会复杂性。诸如企业内部经理之间的人际关系、企业文化、企业声誉等资源都可能具有社会复杂性。四是由于专利受到法律保护而给企业带来的竞争优势。

资源基础理论认为，对企业可持续优势的认知，不能通过简单分析环境机遇和威胁就可以获得。管理人员必须从企业内部寻求有价值的、稀缺性的、模仿成本高的资源，然后经由他们所在的组织开发利用这些资源。虽然资源基础理论的专家们都希望对组织的资源进行明确的界定，但由于组织存在诸多并不易被发现或界定的资源，所以资源基础理论也受到了一些批评，比如波特就经常对该理论进行责难。

第七节 制度理论

制度理论(Institutional theory)在过去二三十年的社会科学研究中出现的频率越来越高,但由于关注问题、理论来源、分析视角和路径等方面的差异,也呈现出各种学说、流派的并行。新制度主义分析范式已经变成超越单一学科,遍及经济学、政治学、社会学乃至整个社会科学领域的分析路径。其中,组织社会学的新制度主义学派的理论逻辑被广泛应用于组织管理研究。该学派早期的代表性论文是约翰·迈耶(John Meyer)和布莱恩·罗恩(Brian Rowan)1977年在《美国社会学杂志》发表的论文《制度化的组织:作为神话和仪式的正式结构》,该论文开始将社会学中的组织理论应用于组织研究。[①] 之后经过保罗·迪马吉奥(Paul DiMaggio)、沃尔特·鲍威尔(Walter Powell)等学者的进一步推进,该学派形成了很有影响的组织社会学新制度主义学派。

一、理论背景

组织社会学的新制度主义学派有两个重要的学术背景。一个是早期制度学派的研究,其代表人物是塞尔兹尼克;另一个是新制度主义学派出现之前盛行的权变理论。按照权变理论的观点,组织环境不同,其技术、规模、目标可能不一样,所以组织形式也应该是不同的。但是,现实中的组织为什么如此相似呢?这向新制度主义学派提出了一个非常有趣的研究问题。

二、主要理论观点

迈耶和罗恩的研究始于对教育制度趋同的关注。美国的教育制度有许多特点,例如教育是州政府的责任,联邦政府没有管理教育的行政权力。但是有趣的是,实际上各个地区教育体制的结构却非常相似,这反映了制度趋同的现象。针对这种与权变理论预测相反的现象,迈耶和罗恩提出了"为什

---

① John W. Meyer, Brian Rowan. Institutionalized Organizations: Formal Structure as Myth and Ceremony. *American Journal of Sociology*, 1977, 83(2):340-363.

么不同的组织会有类似的内部制度和结构"的问题,并从组织和环境的关系角度去寻找答案。他们把组织的环境分为两种:技术环境和制度环境。技术环境是从技术的角度看待组织的运行,包括组织外部的资源与市场、组织内部把投入转换为产出的技术系统。技术环境要求组织内部的结构和运行程序满足技术效率(即服从效率机制)。但组织的结构与行为不仅仅是技术需要的产物,也受制度环境的制约与规范。制度环境是指一个组织所处的法律制度、文化期待、社会规范、观念制度等人们认为顺理成章的社会事实。制度环境要求组织内部的结构和制度符合社会公认的"合法性"(即服从合法性机制),要采用那些广为接受的、顺理成章的组织形式和做法。这些组织形式和做法不一定有利于组织的效率,但可以提高组织的社会地位和社会认可程度。[1]

他们指出,随着理性化的制度规则在某个特定的运作领域的出现,正式组织通过把这些规则整合成结构要素而使之得以形成和扩张,社会的现代化程度越高,在特定领域内的理性化制度结构越能得到扩展,而且容纳理性化制度的领域数量越多。制度化的产品、服务、技术、政策和计划具有强大的神话功能,很多组织不得不仪式性地采纳它们,变得与制度环境同形。理性化的制度要素对组织的影响是巨大的,它们重新定义了组织的情境,精细化了理性处理情境的方法,使参与者能按照规定的路线来组织。制度环境对组织的影响包括:(1) 改变组织的正式结构。组织通过设计符合制度环境中的神话规定的正式结构,展示自己是以社会承认的、合乎情理的逻辑方式来行事;(2) 组织使用外部或仪式性的评价标准来定义结构要素的价值。通过这种方式,组织使其存在对股东、内部参与者、公众以及国家来说是合法的;(3) 依赖于外部稳定的制度减少了组织的震荡,维持了组织稳定;(4) 保证了组织的生存并促进了组织的成功。组织的成功除了依赖组织效率之外,还可以通过对制度神话的遵从、变得与制度同形的方式获得生存所必需的合法性和资源,从而提高其生存和成功的概率。因此,那些把社会合法的理性化要素组合到其正式结构中的组织,最大化了它们的合法性,提高了它

---

[1] John W. Meyer, Brian Rowan. Institutionalized Organizations: Formal Structure as Myth and Ceremony. *American Journal of Sociology*,1977,83(2):340-363.

们的资源和生存能力。①

当组织因与制度环境同形而与技术活动和效率要求产生冲突、造成结构性矛盾时,组织有三种解决办法:(1)分离。组织把它的正式结构和实际活动区分开来,从仪式上维持对制度环境的遵从;而组织的实际活动则是根据实践的考虑来开展的,与正式结构并没有关系。(2)信心和良好信念的逻辑。即使缺乏技术有效性,分离的组织也不会混乱,组织内部参与者和外部当事人心目中对组织的信心和良好信念使组织吸收不确定性,保证组织技术活动的开展。(3)将检查和评估仪式化。检查和评估可以揭露那些破坏合法性的事件和偏离的行为,因此制度化的组织尽量减少来自内部管理者和外部成员的评估和检查,并将检查和评估仪式化。②

迈耶和罗恩的贡献是提出了与效率机制迥然不同的合法性机制,认为组织不仅追求适应所处的技术环境,而且受制于制度环境;许多组织制度和行为不是为效率驱使,而是源于追求合法性以求生存发展的需要;合法性机制常常导致"制度化的组织"出现以及组织趋同。这些基本理论命题在组织研究领域产生了广泛的影响。

迈耶和罗恩的论文虽然是开创性的,但他们研究的是制度环境,属于宏观层面,其合法性机制悬在空中,缺乏微观基础。迪马吉奥和鲍威尔在1983年的研究从组织间关系和组织域的层面进一步讨论了组织趋同性的渊源。③他们指出,在历史上,组织的产生和理性选择与效率机制的关系非常密切,但在现代社会里,制度趋同化的推动力已经变了。他们认为,当下组织主要是国家和专业组织,并进一步提出了三种导致组织趋同的机制。(1)强迫机制,指使组织程序和结构遵从最好实践的压力,产生于组织所依赖资源的其他主体对其期望,主要通过政治影响实现,例如政府制定的法律、法令、规范等。(2)模仿机制,指模仿同领域中成功组织的行为和做法。当组织面临不确定性时,模仿成功的同行被认为是一种安全的战略,正是这种不确定性

---

① John W. Meyer, Brian Rowan. Institutionalized Organizations: Formal Structure as Myth and Ceremony. *American Journal of Sociology*, 1977, 83(2):340-363.
② Ibid.
③ Paul J. Dimaggio, Walter W. Powell. The Iron Cage Revisited: Institutional Isomorphism and Collective Rationality in Organizational Fields. *American Sociological Review*, 1983, 48(2):147-160.

以及降低不确定性的压力诱导了模仿行为的发生。模仿机制包括竞争性模仿和制度性模仿。前者指模仿自己的竞争对手,后者指模仿制度化的形式和做法。(3)规范机制。这种压力源于专业化,专业化教育使组织内的全体人员达到社会规范水平,并视特定的结构和过程为合法。除了正规教育之外,社会规范还通过专业协会、贸易协会和专业媒体等产生。专业化程度高的组织相似性更高,如医院、大学,就是这种机制产生的结果。

如上所述,迈耶和罗恩、迪马吉奥和鲍威尔的研究勾画出了一个大胆的设想,该设想认为组织结构的变化主要是对一系列社会和文化压力的反应,而不是源于任务需求和竞争或效率的要求。决定组织形态的主要力量是社会适应性,而不是经济上的竞争。从许多方面来说,制度压力恰恰与组织的理性模式相悖。当代制度理论家沿着几条路线修正和弱化了这些大胆且夸张的认识,采取了比较综合的观点,强调:(1)制度框架之间通常存在矛盾,使得组织在确定采用哪种模式时有一定的选择余地;(2)不同制度机构权力的清晰度和强制力差别很大,使得组织对制度压力的理解和执行也有空间和余地;(3)不仅制度机构,组织参与者的行为也有选择的空间和余地,因此在面对制度压力时也有自主选择权。此外,制度论学者越来越认识到他们的观点与理性学派的看法是互补的,而不是对立的。[1]

托尔伯特(Tolbert)和朱克(Zucker)的工作改变了过去的静态分析思路,从动态过程角度探讨趋同变化的速度与方向。[2] 他们研究的问题是,为什么各个城市采纳公务员制度有早有晚?他们提出了包含两个理论比较的框架:理性选择机制与合法性机制。他们认为,早期对公务员制度的采纳受理性选择机制影响,而在后期则为合法性机制所支配。奥利弗(Oliver)在1991年把资源依赖策略与制度视角结合起来,提出组织并不仅仅被动地接受支配性要素的要求,还可以主动采用战略性的回应,为面对制度压力的组织提供了更大范围的对策选择。[3] 比如,除了过去制度论学者认为的"默许"

---

[1] 〔美〕W. 理查德·斯科特,〔美〕杰拉尔德·F. 戴维斯. 组织理论:理性、自然与开放系统的视角. 高俊山,译. 北京:中国人民大学出版社,2011:259.

[2] Pamela S. Tolbert, Lynne Zucker. Institutional Sources of Change in the Formal Structure of Organizations: The Diffusion of Civil Service Reform, 1880—1935. *Administrative Science Quarterly*, 1983, 28(1):22-39.

[3] Christine Oliver. Strategic Responses to Institutional Processes. *Academy of Management Review*, 1991, 16(1):145-179.

接受外,组织及其参与者也可以寻求各种"折中""规避""反抗",甚至试图"操纵"所在系统的策略。奥利弗还提出了一系列检测变量,用来分析不同条件下组织采取的对策。豪恩席尔德(Haunschild)和迈纳(Minner)在1997年进一步研究了模仿行为,探讨为什么公司在兼并时会雇用投资银行提供咨询。[1] 他们认为,这是一种模仿行为,但其内在机制可能不同。基于组织学习理论与制度理论的结合,他们区分了三种不同的组织间模仿机制:(1)基于频率的模仿。如果其他组织采纳某种行为的频率越高,越说明这一行为是广为接受的社会事实,组织不采纳这一行为就会受到业内质疑。(2)基于特征的模仿。有时组织的模仿选择考虑的不是有多少公司这样做了,而是关注与本公司类似的公司是如何做的。(3)基于效果的模仿。如果选用投资银行的成本很高,从效益上讲这种模仿就不会发生。[2]

第八节 交易成本经济学

交易成本经济学(Transaction cost economics)在新制度经济学中处于核心地位,是一门融法学、经济学和组织学为一体的理论。交易成本理论最早由科斯在1937年发表的《企业的性质》一文中提出,其根本论点在于对企业的本质加以解释,但是这一思想在很长时间里被经济学家所忽视。该理论的另一个重要贡献者是2009年度诺贝尔经济学奖得主之一的奥利弗·威廉姆森(Oliver E. Williamson),他在1975年出版了《市场与等级制度》,推动了新制度主义经济学的兴起。1985年,他出版了《资本主义的经济制度》,提出了其"交易成本学派"的基本理论框架。

一、科斯的基本观点

科斯1937年的论文《企业的性质》探讨企业为什么存在,首次提出有关交易成本的基本思想。科斯认为在市场和企业中都存在两种不同的组织劳动分工的方式(即两种不同的"交易"方式),企业产生的原因是企业组织劳

---

[1] P. Haunschild, A. Minner. Modes of Interorganizational Imitation: The Effect of Outcome Salience and Uncertainty. *Administrative Science Quarterly*, 1997, 42(3): 472-501.
[2] 郭毅,可星,朱熹,等.管理学的批判力.北京:中国人民大学出版社,2006:21.

动分工的交易费用低于市场组织劳动分工的费用。一方面,企业作为一种交易形式,可以把若干个生产要素的所有者和产品的所有者组成一个单位参加市场交易,从而减少了交易者的数目和交易中的摩擦,降低交易成本;另一方面,在企业内部,市场交易被取消,市场交易的复杂结构被企业家所替代,企业家指挥生产,因此,企业替代了市场。由此可见,无论是企业内部交易,还是市场交易,都存在着不同的交易费用。企业替代市场,其原因是通过企业交易而形成的交易费用比通过市场交易而形成的交易费用低。

二、威廉姆森的基本观点

在科斯之后,威廉姆森等经济学家又进一步对交易费用理论进行了发展和完善。威廉姆森认为交易成本的存在源于人类的两大天性,即有限理性和机会主义。有限理性是指尽管个体期望以理性的方式行动,但是其知识、预见、技能和时间等都是有限的,这阻碍了个体完全理性的行动。个人在交易过程中不可能考虑到所有的意外因素,这将增加事前起草合约的成本,同时也将增加事后解决意外情况的成本。机会主义是指个人可能违反一切合约,谋取自己的最大利益。机会主义行为可以分为两大类:一是对联合剩余最大化行为的偏离,这将导致现有合同条款下交易收益事实上的再分配;二是从一开始就指望获取更有利的合同条款或者强迫重新谈判,以便合乎法律地修改以前商定的条款。机会主义行为也会使交易成本增加,因为人们在进行交易时不得不考虑如何防止对方的机会主义行为,由此需要一些资源的支出,如保险和公证就是这样的一些预防行为。

1975年,威廉姆森将交易成本区分为以下几项:(1)搜寻成本,即搜集商品信息与交易对象信息所需的成本;(2)信息成本,即取得交易对象信息及与交易对象进行信息交换所需的成本;(3)议价成本,即针对契约、价格、质量讨价还价的成本;(4)决策成本,即进行相关决策与签订契约所需的内部成本;(5)监督交易进行的成本,即监督交易对象是否依照契约内容进行交易的成本,例如追踪产品、监督、验货等;(6)违约成本,即违约时所需付出的事后成本。1985年,威廉姆森进一步将交易成本加以整理,区分为事前与事后两大类。事前的交易成本包括签约、谈判、保障契约等成本。事后的交易成本包括:(1)适应性成本,指签约双方对契约不能适应所导致的成本;

(2)讨价还价的成本,指双方调整适应不良的谈判成本;(3)建构及营运的成本,指为解决双方的纠纷与争执而必须设置的相关成本;(4)约束成本,指为取信于对方所需的成本。

通过引入一系列概念,威廉姆森进一步分析了交易成本发生的原因。他指出,来自于人性因素与交易环境因素交互影响所产生的市场失灵现象,是由于交易困难所致。具体来说,有以下来源:(1)有限理性,指参与交易的人因为智能、情绪等限制,在追求效益极大化时所产生的限制约束。(2)机会主义,指参与交易的各方为寻求自我利益而采取欺诈手法,同时增加彼此的不信任与怀疑,因而导致交易过程监督成本增加,降低了经济效益。(3)不确定性与复杂性。由于环境因素中充满不可预期性和各种变化,交易双方均将未来的不确定性及复杂性纳入契约中,使得交易过程增加不少订定契约时的议价成本,并使交易困难度上升。(4)少数交易。某些交易过程因为专属性或异质性,信息与资源无法流通,使得交易对象减少及市场被少数人把持,造成市场运作失灵。(5)信息不对称。因为环境的不确定性和自利行为产生的机会主义,交易双方往往握有不同程度的信息,这使得市场的先行者(first mover)拥有较多的有利信息而获益,并形成少数交易。

而上述交易成本发生的原因,源自交易本身的三种特征,这三种特征形成影响交易成本高低的三个维度:(1)交易商品或资产的专属性。交易投资的资产本身不具有市场流通性,或者契约一旦终止,投资于资产上的成本便难以回收或转换用途,这被称为资产的专属性。(2)交易不确定性,指交易过程中各种风险的发生概率。由于人类有限理性的限制,面对未来的情况时,人们无法完全事先预测,加上交易过程中买卖双方常有交易信息不对称的情形,交易双方继而通过契约来保障自身的利益,因此,交易不确定性的升高会伴随着监督成本、议价成本的提升,这都会使交易成本增加。(3)交易的频率。交易的频率越高,相应的管理成本与议价成本越高,交易频率的升高会使得企业将该交易的经济活动内部化以节省企业的交易成本。

交易成本理论现在被广泛地应用于组织边界的扩展、组织间关系(如联盟)、产权制度、公共政策等领域的研究,成为具有重大影响的理论学派。

第三编

管理学学科基础概念

第七章　管理学学科基础概念

经过一百多年的理论研究和实践检验,管理学学科形成了以法约尔的理论为代表并被孔茨认同的"管理过程学派"所确立的知识体系。本章对管理学学科体系的基础概念进行介绍。

第一节　管理学基础概念

一、管理职能

管理职能由计划、组织、领导、控制等工作(要素)构成。

组织是组织的领导者为实现某种目标而建立的由人所构成的体系。巴纳德曾给出了组织的经典定义:"组织的定义就是,一个有意识地对人的活动或力量进行协调的关系。"[①]理查德·达夫特(Richard L. Daft)更为具体地对组织进行了描述:"组织的定义是:(1) 是社会实体;(2) 有确定的目标;(3) 有精心设计的结构和协调的活动性系统;(4) 与外部环境相联系。""组织是由人及其相互关系组成的。当人们彼此作用并发挥基本作用以达到目标时,一个组织就存在了。"[②]从定义不难发现,一个组织的正常运行是需要条件的。人们很早就发现,组织的成功既要注意外部环境的变化,也要注意组织与组织成员关系的协调。巴纳德指出:"组织的存在取决于协作系统平衡是否得到维持。这种平衡开始时是组织内部的,是各种要素之间的比例,但最终和基本的是协作系统同其外界整个环境平衡。这种外部平衡有两个条件:第一个条件是组织的效果,涉及组织的目的同外界环境的关系;第二个条件是组织的效率,这是组织同成员个人之间的交换。"[③]其中的基本道理,也渗透在管理的基本工作——计划、组织、领导、控制活动中。

---

①　〔美〕C. I. 巴纳德.经理人员的职能.孙耀君,等译.北京:中国社会科学出版社,1997:59.
②　〔美〕理查德·L. 达夫特.组织理论与设计精要.李维安,等译.北京:机械工业出版社,1999:7.
③　〔美〕C. I. 巴纳德.经理人员的职能.孙耀君,等译.北京:中国社会科学出版社,1997:67.

在管理职能的理论研究与分析中,有三个重要问题必须明确:第一,要将传统经验管理与现代科学管理在时空中加以区分;第二,管理是指正式组织运行的一种活动或工作;第三,管理与其他职能相比,不涉及物,只是对人起作用。

二、基础概念

1. 管理(management,administration):法约尔指出:"管理,就是实行计划、组织、指挥、协调和控制。""管理职能只是作为社会组织的手段和工具。其他职能涉及原料和机器,而管理职能只是对人起作用。"[①]德鲁克在回答"管理是什么"时指出:(1)管理是关于人类的管理。(2)管理涉及人们在共同事业中的整合问题,所以深深地植根于文化之中。(3)每一个企业都有责任坚定不移地树立一个共同的目标与统一的价值观,如果没有这种责任,企业就会成为一盘散沙,也就谈不上企业存在。(4)管理必须根据需要与机会的变化而变化,以此促进企业及其成员得到更好的发展。(5)企业必须建立在交流与个人责任之上。(6)业绩应被纳入企业管理之中,必须能够被有效衡量——至少要能够被加以评估——并且要不断地改进。(7)最后,对于企业来说,结果只存在于企业的外部。[②]

2. 管理学(management):管理学是研究管理活动基本规律和方法的知识体系。由于管理活动的复杂性与研究视角的差异,管理学的定义始终不够清晰和明确。"管理学对应的英文单词是'Management',与经济学对应的'Economics'、心理学对应的'Psychology'、社会学对应的'Sociology'相比,其最大的不同在于:Economics 等学科名称,从构词法本身就很容易判断,它是指一种独特的知识体系,一个有着相对明晰边界的学科;而 Management 则既可以指代管理学,在更多的时候又指管理活动本身。"[③]"管理学是一种实用科学(实践),而不是一种纯理论学科。就这一点而言,它可同医学、法学和工程学相比。它所追求的,不是知识,而是绩效。而且,管理实践

---

① 〔法〕亨利·法约尔.工业管理与一般管理.周安华,林宗锦,展学仲,等译.北京:中国社会科学出版社,1982:22.

② 〔美〕彼得·德鲁克.德鲁克管理思想精要.李维安,王世权,刘金岩,译.北京:机械工业出版社,2007:9-10.

③ 张钢.管理学基础文献选读.杭州:浙江大学出版社,2008:导言,1.

也不是普遍常识和领导才能的运用,更不是财务技巧的应用。管理实践,必须以知识和责任两者为基础。"①根据以上的介绍可以知道,在理解管理学的定义时,要注意英文单词 management 的词义,要理解管理学理论的特征,更要知晓管理学知识体系的构成。

巴纳德总结了管理学理论的特点:"关于组织和管理的科学知识,永远代替不了特定组织的实际经验。对组织管理者来说,更一般知识的用处,在于它们给那些主要是以试错或重复性经验为依据的行为提供了合理的解释。它们的直接实践用途是有限的。然而,它们的最终实践价值是巨大的,它们使我们眼光敏锐,使我们不放过重要因素,作为更普遍的语汇发挥作用,使行为与文字描述之间的不一致性减少。"②这一看法对于理解管理学理论的作用和意义很有帮助。

3. 管理者(manager):组织中按照组织的目标与岗位要求指挥他人开展工作的人。组织中的管理者一般可以分为基层管理者、中层管理者和高层管理者。管理者层次的划分一般会受组织规模、管理岗位层次等因素的影响。各级管理者在知识结构、工作经验、权力大小、承担责任、工作内容等方面存在较大的差异。

4. 管理技能(skill of management):管理人员在管理工作中所需要的基本能力的构成。1955 年美国人罗伯特·凯兹(Robert Katz)提出"管理技能"的概念。③ 凯兹认为,管理人员在工作中会依赖技术技能(technical skill)、人际技能(human skill)和概念技能(conceptual skill)。凯兹对这三种技能进行了定义:技术技能是指使用技术手段完成组织任务的能力,是做什么和与事打交道的技能;人际技能是指在组织目标取得的过程中与人共事的能力,是事情怎么做和与人共事的技能;概念技能是指理解受环境影响的组织复杂性的能力,是一件事为什么做和将公司视为整体的观念的技能。凯兹认为,在不同组织层次担任管理工作的人员,在三种技能方面应有不同的

---

① 〔美〕彼得·德鲁克.管理:使命、责任、实务(使命篇).王永贵,译.北京:机械工业出版社,2006:19.
② 〔美〕赫伯特·A.西蒙.管理行为.杨砾,韩春立,徐立,译.北京:北京经济学院出版社,1988:36.
③ Robert Katz. Skills of an Effective Administrator. *Harvard Business Review*,1955,2-3:33-42.

优化组合：在较低的层次，管理人员需要的主要是技术和人际技能；在较高的层次，管理者的有效性主要取决于人际和概念技能；而在组织的高层，概念技能成为最为重要的技能。其结论在后续的研究中得到了证实。

5. 西方管理学理论发展的三个阶段：西方管理学理论发展过程的三个阶段即科学管理阶段、行为管理阶段和管理丛林阶段。科学管理是以泰罗的管理思想为代表的一种管理理论和管理制度，特称古典管理理论、传统管理理论或泰罗制。它形成于19世纪末、20世纪初，主要代表是美国泰罗的科学管理理论、法国法约尔的一般管理理论和德国韦伯的行政组织体系理论。[①] 泰罗1911年《科学管理原理》一书的出版是科学管理阶段的起点。泰罗对科学管理所应该具备的要素做过明确的界定：在一切企业中，劳资双方必须合作尽到创造最大盈利的责任；用科学知识来代替个人的见解或个人的知识经验，否则，就谈不上科学管理。这是科学管理两个绝对需要具备的要素。[②] 行为管理理论是运用人类学、社会学、心理学、经济学、管理学的理论和方法，对企业职工在生产中的行为及其原因进行分析研究的管理理论。[③] 行为科学由于主要涉及对人的管理，其思想出现很早，但在管理思想中，行为科学思想与理论系统地受到人们的重视，与1924年美国西方电气公司霍桑工厂进行的一系列试验成果有关，而哈佛大学的梅奥教授是试验中的关键人物。"管理理论丛林"是美国学者孔茨针对第二次世界大战以后管理理论界出现的学派林立与新的管理思想、理论、方法不断涌现这一现象的描述。孔茨在1961年和1980年介绍了他所概括的管理理论学派，并对这一现象产生的原因、学派的来源和学派存在的问题等提出了自己的观点。这一阶段称为管理丛林阶段。

[①] 中国企业管理百科全书编辑委员会,中国企业管理百科全书编辑部.中国企业管理百科全书.北京：企业管理出版社.1984：124-125.

[②] 〔美〕F. W. 泰罗.科学管理原理.胡隆昶,冼子恩,曹丽顺,译.北京：中国社会科学出版社,1984：240.

[③] 中国企业管理百科全书编辑委员会,中国企业管理百科全书编辑部.中国企业管理百科全书.北京：企业管理出版社.1984：129-130.

第二节　计划职能的基础概念

一、计划职能

"管理,就是实行计划、组织、指挥、协调和控制。"这一表述是对组织管理职能构成的描述。虽然学术界对管理职能的构成有多种观点,但管理学理论将计划、组织、领导和控制视为组织管理工作的基本职能。

图7-1是管理职能中计划、组织、领导、控制职能之间关系的示意图,描述了各职能之间存在的内在逻辑关系。结合我们的生活和工作实际思考很容易觉察,在日常的工作中,人们会自觉或不自觉地按照计划—组织—领导—控制的逻辑循序思考问题和安排工作。人们在日常组织的工作中一般都是首先制订计划;然后根据计划的要求和安排,确定组织的机构、部门的设置,选定有效的领导方式和恰当的激励方式;最后根据计划的要求,设置控制标准,进行控制,确保计划的实施。由于组织在其存在的时间段内是个运行的"生命体",因而这个过程又是一个周而复始、首尾相接的过程,所以计划是管理工作的首要职能。

对于计划的作用,法约尔有详细和深刻的描述。他谈到:"'管理应当预见将来'这一格言使人对工商企业界计划工作的重要性有所了解。""制订行动计划是每个企业最重要(也是最艰难)的工作之一。它涉及所有的部门和所有的职能,特别是管理职能。""统一性、持续性、灵活性与准确性,这些都是一个良好行动计划的一般特征。""制定一个好的行动计划要求领导人员必须具有:1. 管理人的艺术。2. 积极性。3. 勇气。4. 领导人员的稳定。5. 专业的能力。6. 处理事务的一般知识。""缺乏计划或只有一个不好的计划是领导人员没有能力的标志。"[①]

---

① 〔法〕亨利·法约尔.工业管理与一般管理.周安华,林宗锦,展学仲,等译.北京:中国社会科学出版社,1982:46-59.

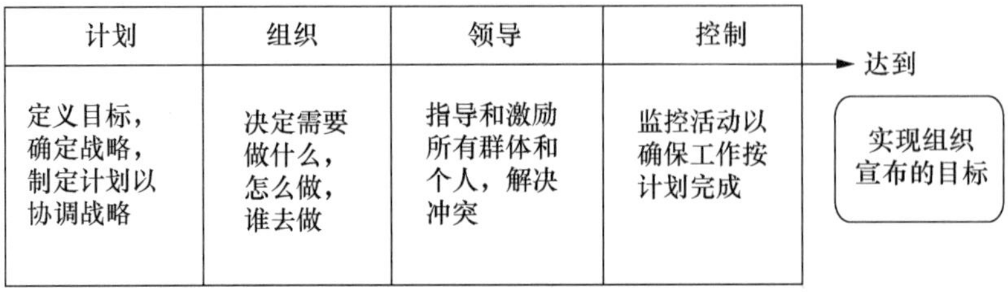

计划	组织	领导	控制	达到
定义目标，确定战略，制定计划以协调战略	决定需要做什么，怎么做，谁去做	指导和激励所有群体和个人，解决冲突	监控活动以确保工作按计划完成	实现组织宣布的目标

图 7-1　管理职能示意图

资料来源：〔美〕斯蒂芬·罗宾斯，〔美〕玛丽·库尔特.管理学.李原，孙健敏，黄小勇，译.北京：中国人民大学出版社，2012：9.

从法约尔对计划的描述中可以知道，管理学理论的计划职能包括计划的基本概念、计划的类型、与计划制订工作密切相关的决策理论、企业战略管理理论、制订计划的方法等内容。

二、基础概念

1. 计划（planning）："计划，就是探索未来、制订行动计划。"[1]"计划，是从各个抉择方案中选取在未来时间最适宜的行动方针；它不仅是一项最基本的管理职能，而且也决定了如何实施主管人员的其余四项职能。"[2]计划根据时间、管理层次、计划性质等而划分为不同的类别，如年度计划、月度计划、战略计划、作业计划、公司计划、财务计划等。

2. 战略（strategy）："（战略）是一个组织的目标、这些目标的变化、为实现这些目标而所需的资源，以及取得、使用和支配资源所运用的政策决定。""（战略）是关于一个企业或事业单位的长远目标和一定时期的目标，以及为实现各项目标所必须采取的行动方针和资源的分配方案的决定。"[3]从战略的定义不难看出战略与计划有相似性，甚至雷同性，因此在计划职能中如何区分计划与战略的关系值得注意。若将计划作为组织最为重要的工作，可以视战略为制订计划的过程、程序和方法；若将战略视为组织最为重要的工作，那就可以将计划视为战略工作的结果。

---

① 〔法〕亨利·法约尔.工业管理与一般管理.周安华，林宗锦，展学仲，等译.北京：中国社会科学出版社，1982：5.

② 〔美〕哈罗德·孔茨，〔美〕西里尔·奥唐奈，〔美〕海因茨·韦里克.管理学.黄砥石，陶文达，译.北京：中国社会科学出版社，1987：178.

③ 同上书，190.

3. 决策(decision):即从体现某种工作方针的各个抉择方案中进行选择,它是计划的核心部分。只有拟定了决策,即对资源、方向和声誉承担了义务之后,才能说有了计划。① "为了解决决策的含义,就得将决策一词从广义上予以理解,这样,它和管理一词几乎同义。"② 这两个定义之间存在着巨大差异。西蒙是管理理论决策学派的领军人物,他在《管理行为》一书中明确指出:"本书的宗旨就是要介绍如何从组织决策过程的角度来理解组织。"③ 在管理学理论中,人们一般将决策视为计划职能工作中的一个关键步骤,可把决策视为:(1)拟定前提条件;(2)明确抉择方案;(3)根据所要追求的目标来评价抉择方案;(4)选取其中的一个抉择方案,即决策。④

4. 决策理论(decision theory):决策理论的研究具有代表性的是以"经济人"假说为基础的古典经济学理论和美国管理科学家西蒙的行为决策理论。古典经济学决策理论的基本命题是完全理性和"最大化或最佳原则",它把人类行为抽象为经济人的行为,并以经济人行为作为研究的前提条件。而西蒙在《管理行为》中指出,由于人的知识是有限的,人的能力是有限的,人在影响其决策的价值观和目标观念上是受限制的,决策环境具有高度不确定性和极度复杂性,因而人在决策中只能选用"满意标准"和"有限理性标准",并提出用"管理人"取代"经济人"的观点。西蒙的决策理论开创了决策研究的新领域,它把众多学科学者的研究目光从"完全理性"视角下的"应当如何"转向"有限理性"视角下的"实际如何",使决策理论研究的结果更切合实际,更具有实际指导意义。

5. 目标管理(management by objectives,MBO):目标是企业活动所指向的终点(计划的最终目的)。⑤ 目标管理是一个全面的管理系统,这个系统

---

① 〔美〕哈罗德·孔茨,〔美〕西里尔·奥唐奈,〔美〕海因茨·韦里克.管理学.黄砥石,陶文达,译.北京:中国社会科学出版社,1987:279.
② 〔美〕赫伯特·A.西蒙.管理决策新科学.李柱流,汤俊澄,译.北京:中国社会科学出版社,1982:33.
③ 〔美〕赫伯特·A.西蒙.管理行为.詹正茂,译.北京:机械工业出版社,2004:第4版导言,Ⅶ.
④ 〔美〕哈罗德·孔茨,〔美〕西里尔·奥唐奈,〔美〕海因茨·韦里克.管理学.黄砥石,陶文达,译.北京:中国社会科学出版社,1987:280.
⑤ 同上书,220.

将许多关键的活动连接在一起,使组织和个人目标得以高效率地完成。① 目标管理是人们在长期的管理实践活动中逐渐形成的。目标管理在计划的工作中可以进一步明确组织的目标。通过组织目标的分解和落实,管理者能够有效地改进管理工作,区分权力与职责,协调组织成员的个人愿景和目标,激励和帮助员工完成本职工作,实现有效的控制。

6. 公司层战略(corporate-level strategy):作为一个公司,特别是大型公司,其组织结构一般有三层——公司层、事业部层和职能层(见图 7-2)。公司层战略是指公司通过选取和管理一组不同的业务来赢得在不同产品市场中的竞争优势的行为。公司层战略最为重要的是决定公司战略的发展方向,其战略类型有:增长战略、稳定战略、收缩战略。增长战略还可分为集中战略、多元化战略;稳定战略包括不变化的战略、利润战略、小心发展的战略;收缩战略有转变战略、放弃战略、清算战略可选择。②

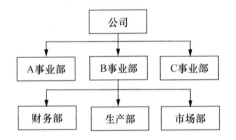

图 7-2　公司层级示意图

资料来源:根据相关资料整理。

7. 业务层战略(business-level strategy):指公司通过特色产品等获取市场核心竞争力以取得竞争优势的一整套互相协调的使命和行动。该战略形成于多元化公司事业部的层面,具有行业竞争的特点,战略具有对抗性和竞争性。事业部战略制定思想和战略选择基本来源于波特的企业竞争战略理论。常用的分析方法有五力模型和价值链理论,战略类型有成本领先战略、

---

① 〔美〕海因茨·韦里克,〔美〕马克·V. 坎尼斯,〔美〕哈罗德·孔茨. 管理学. 马春光,译. 北京:经济科学出版社,2011:112.

② Thomas L. Wheelen, J. D. Hunger. *Strategic Management*. 3rd ed. Massachusetts, US: Addison-Wesley Publishing Company, 1990.

差异化战略和集聚战略。

第三节　组织职能的基础概念

一、组织职能

组织是一种普遍存在的社会结构,在人类社会发展中起着重要作用。管理学所关注的主要是正式组织所进行的活动及其活动效率。正式组织是指那些由人们共同组成的具有明确目标和权责的结构,组织是通过完整的制度体系规范其成员行为、实现合理分工与协作的系统。为了贯彻正式组织的决策,完成其目标,实施和落实组织的各项工作任务,就必须通过组织职能来设计、建立和保持一个分工合理、精干灵活、权责明确的结构体系,制定出相应的规则和程序,选配符合职务要求的工作人员,以保证整个正式组织能够协调有序、高效率地运转。基于此,组织特指包含以上内容的职能活动(工作)。

管理的组织职能主要是围绕计划来制订目标、规定任务,设计、建立和保持组织结构,并合理配置人力资源。计划是由人制订的,计划的实施也是由人去安排和实施的,为了使人们能够为实现目标和计划而努力工作,就必须设计和维持一种权责结构,这就是组织职能的主要目的所在。

二、基础概念

1. 组织(organizing):是指在特定的环境条件下为了有效地实现共同目标和任务,确定组织成员、任务及各项活动之间的关系,对组织资源进行合理配置的过程。为了实现组织目标和计划,任何组织都需要通过将总体任务分配给组织的每一个部门乃至每一个成员,在它们之间建立起既有分工又有合作的关系,其目标是有效地配置组织所拥有的人、财、物等资源。这种关系就形成了一种框架或结构。组织工作的目的,就是要建立这样一种能产生有效的分工合作关系的结构。具体而言,组织职能主要包括以下三个方面的内容:一是根据组织目标设计和建立一套组织结构和职能系统,并确定职权关系,从而把组织上下左右联系起来,保证所设计和建立的组织结构有效地运转;二是将人力资源合理地配置到相应的组织结构中;三是根据组织内外部要素的变化,适时调整组织结构,进行组织文化建设。

2. 组织设计(organizational design):指管理者将组织内各要素进行合理组合,建立和实施一种特定组织结构的过程。据此定义可见,组织设计具有三个特点:(1) 组织设计是一个过程。组织设计是根据组织的目标、考虑组织外部环境和内部环境来建立和协调组织的过程。(2) 组织设计是因地、因时、因人而异的。因此,不存在最佳的组织设计,不同组织的组织结构即使是属于同一类型,也会由于环境等差异而各具特征。(3) 设计建立的组织结构不是一成不变的,组织设计也不是一次就能完成的,相反,它是一种连续的或周期性的活动。

3. 组织结构(organizational structure):指表现组织各个部分的排列顺序、空间位置、聚集状态、联系方式以及各要素之间相互关系的一种模式,体现组织在职、权、责方面的结构体系。组织结构又称为权责结构。

4. 工作专门化(work specialization):指组织中个人承担工作任务范围的宽窄以及所需技能的多少,反映组织中任务被分解为各项专门任务的程度。工作专门化源于劳动分工思想。劳动分工概念的起源可以追溯到古希腊思想家柏拉图、亚里士多德、色诺芬等人的探讨。到17、18世纪,威廉·配第、魁奈等古典经济学家认识到劳动分工对于经济增长的巨大意义,亚当·斯密在经济学说史上第一次对分工和交换进行了系统的考察,全面阐述了劳动分工对提高劳动生产率和增进国民财富的巨大作用。尽管工作专门化对劳动生产率的提高起到了极大的推动作用,但现代的研究及管理实践也表明,过细的工作专门化也会给组织绩效的提高带来障碍。

5. 部门化(departmentalization):指按照某种逻辑和方式将完成组织目标所需的各个职位组合在一起形成部门的过程。组织设计中部门化的主要目的是明确组织中各项任务的分配以及责任的归属,以求分工合理、职责分明。一个组织可以按照各种原则进行部门化,部门化的方式实质上就是横向的分工方式。其中,常见的方式主要有职能部门化、产品部门化、地区部门化、顾客部门化等。

6. 管理幅度(span of control)和管理层次(hierarchy of management):管理幅度与管理层次是影响组织结构的两个决定性因素。管理幅度是指一名管理者直接指挥和监督的下属的人数。管理层次亦称管理层级,是指组织的纵向等级结构和层级数目。幅度构成组织的横向结构,层次构成组织的纵向结构,水平与垂直相结合构成组织的整体结构。英国管理学家厄威克最早提出了管理幅度的概念,认为管理幅度是有限的,普遍适用的数量界限不应超过 5 至 6 人。管理幅度原则是他提出的组织工作八项原则之一。之后的研究多是围绕管理者能力、被管理者特征、工作任务特征及环境特征等探讨管理幅度和管理层次问题。

7. 指挥链(chain of command):又称指挥系统,是与直线职权联系在一起的。从组织的上层到下层的主管人员之间,由于直线职权的存在形成一条权力线,这条权力线就是指挥链。指挥链作为一项管理原则古已有之,但近代较早对其进行系统论述的学者主要是法约尔和韦伯。在法约尔提出的十四个管理原则中,统一指挥和等级制度这两项原则与指挥链思想是一致的。同时,法约尔认为通信延迟有时可能造成盲目坚持的命令和统一指挥原则的链条,于是提出了所谓的法约尔桥(Fayol bridge),或称为"跳板"原则,指在层级划分严格的组织中,为提高办事效率,两个分属不同系统的部门遇到只有协作才能解决的问题时,可先自行商量、自行解决,协商不成时才报请上级部门解决。在韦伯提出的理想官僚组织的特点中,明确界定的权力和责任的层次结构与指挥链原则是一致的。

8. 集权(centralization)和分权(decentralization):集权是指决策权在组织系统中较高层次的集中程度,分权是指决策权在组织系统中较低管理层次的分散程度。若各项决策权力集中于高层管理人员手中,则集权程度高,而分权程度低。反之,若权力分散于不同成员手中,则集权程度低,而分权程度高。

9. 职权(authority)与职责(responsibility):职权是指由组织制度正式确定的,与一定管理职位相对应的领导、决策、分配资源和进行奖惩的权力。职权的特征是管理岗位特有的权力,仅与职位相关,而与任职的个人没有直接关系,任何人离开了管理岗位就不再享有该职位的任何权力。由于在规模稍大的组织中会设置相应职能部门以协助管理人员的工作,所以在组织中就出现了直线职权、参谋职权和职能职权三种涉及管理工作的职权类型。职责是指由组织制度正式确定的、与职权相对应的承担与完成特定工作任务的责任与义务。权责相连、权责相互匹配是组织中的任何一个职位都必须同时具备的。

10. 直线型组织结构（line structure）：是最古老的组织结构形式。所谓的"直线"是指在这种组织结构下，职权直接从高层开始向下传递、分解，经过若干个管理层次达到组织最低层。直线型组织结构是指企业由最高管理者至最低执行者之间的行政指挥系统架构类似于一条直线，一个下级只对一个上级负责，一个下级也只由一个上级进行管理的组织与管理结构。

11. 直线职能型组织结构（line-staff structure）：也被称为U型组织结构（U-form organization），是把直线指挥的统一化思想和职能分工的专业化思想相结合，在组织中设置两套系统，一套直线指挥系统，一套职能管理系统。即在各级领导者之下设置相应的职能部门，分别从事专业管理。

12. 事业部制结构（divisional structure）：亦称为M型结构或多部门结构（multidivisional structure），有时也称为产品部式结构或战略经营单位。事业部制最早是由美国通用汽车公司总裁斯隆于1924年提出，故有"斯隆模型"之称，也叫"联邦分权化"，是一种高度（层）集权下的分权管理体制。事业部制结构是指大型公司按产品的类型、地区、经营部门或顾客类别设计建立若干自主经营的单位或事业部。

13. 矩阵式组织结构（matrix structure）：指按照职能划分的纵向领导系统和按项目（任务或产品）划分的横向领导系统相结合的、纵横交叉的组织形式。职能型结构有助于管理人员发挥专业化优势，分权的事业部制组织结构则有助于管理人员提高责任感，而二者又各有不足之处，矩阵式组织机构则是一种力图扬两者之长而避两者之短的设计。

14. 团队组织（team organization）：是目前组织工作活动中最流行的一种组织类型。当管理者运用团队来协调组织活动时，其组织结构即为团队组织。团队组织的特点在于打破了部门界限，下放决策权给团队成员，团队成员具有多种技能，既是全才又是专才。无论是在小型公司还是在大型公司，都可以采用团队组织的形式，发挥团队组织的功能。

15. 网络组织（network organization）：是指组织为了生产和销售某种产品而与供应商、制造商和分销商结成的一系列战略联盟，通常是将组织中一些部门的工作任务承包给其他公司完成。网络组织是一个组织从长远利益出发把资源整合起来而寻找竞争优势的新途径,其特点在于柔性化和虚拟化。20世纪70年代以来日本下包制的广泛流行和美国企业跨边界合作的出现,促使经济学家和社会学家开始关注并研究这种新型组织。经过多年的理论发展,网络组织的研究已日益深入和完善。

16. 无边界组织(boundaryless organization):旨在消除指挥链所带来的限制,无限扩大控制幅度,并用授权团队代替职能部门的组织。无边界组织的结构特点在于纵向结构无界限和层级结构扁平化,打破组织与组织环境之间的界限,使得全球化、战略联盟、组织与顾客之间的联系渠道都可以突破组织与外部环境之间的界限。无边界组织的产生基于网络化与计算机系统在组织管理中的应用。网络化与计算机系统能够使人们打破组织内与组织间的界限,进行直接的通讯联系,并实现资源与信息共享。

17. 组织文化(organizational culture):是组织在长期的实践活动中所形成的、组织成员共享的组织哲学、组织价值观、组织精神、组织道德、组织形象等。其中,组织哲学是组织文化的统帅,组织价值观是组织文化的核心,组织精神是组织文化的灵魂,组织道德是组织文化的基石,组织形象则是组织文化的外在标志。20世纪80年代初,在美国接连出版了四本有关组织文化的畅销著作:帕斯卡尔(Richard Pascale)和阿索斯(Anthony Athos)合著的《日本企业管理艺术》(1981年)、大内(William Ouchi)的《Z理论:美国企业界怎样迎接日本的挑战》(1981年)、肯尼迪(Allen A. Kennedy)和迪尔(Terrence Deal)合著的《企业文化:企业在生活中的礼仪》(1982年)以及彼得斯(Thomas Peters)和沃特曼(Robert H. Waterman)合著的《追求卓越:美国优秀企业的管理圣经》(1982年)。这些著作以崭新的理论、独到的见解、精辟的论述和丰富的例证,建立了新的理论系统,提出了组织文化这一新的理论体系和管理方式。它们被誉为组织文化管理的"四重奏",其发表标志着组织文化管理理论的正式形成。

第四节 领导职能的基础概念

一、领导职能

在现代各类组织中,人是最活跃的因素,对组织的全部活动起着支配作用,人的因素在组织中占有重要的地位,是决定组织存亡、兴衰的根本原因之一。为了确保组织活动协调、统一和高效地运行,必须有效地发挥、利用与实现管理者的管理职能,而管理中的计划、组织、控制都必须以掌握组织人力资源状况、理解员工行为的规律性为前提。因此,领导是管理职能中非常重要的一环。

管理者不一定就是领导者,但有效的管理者往往是成功的领导者。管理工作是管理者的基本职能,管理者通过领导、激励和沟通来满足员工的需求,并以此为基础指导和影响组织成员发挥其潜在的能力,调动其积极性,为实现组织目标做出努力和贡献。

因此,领导职能主要关注的是作为一个管理者应该如何做一个好的领导,确定组织中领导的模式;如何去激励组织的下属并引导他们实现组织的目标;如何选择有效的沟通渠道,增强组织中人们的相互理解以及解决组织成员之间的冲突。

二、基础概念

1. 领导(leading):"领导"在汉语中有两个基本的含义。一种是指担任领导职务的人,称为领导;另一种是指工作,如领导组织成员做好工作。在管理理论中,"领导"也有多种含义,可以指组织中的领导人员(leader)、领导力(leadership)与组织中的领导工作(leading)。作为组织的管理活动,领导是指一种职能活动,常被定义为在一定社会组织和群体内,为实现组织预定目标,领导者运用其法定权力和自身影响力影响被领导者的行为并将其导向组织目标的过程。

2. 领导者(leader):指那些能够影响他人并拥有职权的人。领导者必须具备以下三个要素:① 领导者必须有下属或者追随者;② 领导者必须拥有影响追随者的能力;③ 领导者的行为具有明确的目的,并可以通过影响下属来实现组织目标。

3. 领导理论的发展阶段:20世纪30年代早期,西方关于领导的社会科学研究才真正开始。随着管理理论的发展,关于领导的研究越来越多,大致有四种理论学派。20世纪40年代末,也就是领导理论出现的初期,研究者主要从事领导特质理论的研究,其核心观点认为领导能力是天生的。从20

世纪40年代末至60年代末,主要进行领导风格和行为理论的研究,其核心观点是领导效能与领导行为、领导风格有关。20世纪60年代末至80年代初,出现了领导的权变理论,其核心观点是有效的领导受不同情境的影响。从20世纪80年代初至今,人们又集中地开展对领导风格理论的研究,其主要观点是有效的领导需要为组织提供愿景,鼓舞并注重组织成员的行动。这一领域的研究取得了非常丰硕的成果,但领导的有效性一般被看作是领导者的特征与特质、内外部环境和群体成员特征、领导风格与行为的函数。领导者的特质是指领导者的内在品质,比如自信常被认为是领导者重要的人格特质。领导者的风格是指领导的行为方式,即领导在指导下属工作时可能采用的方式和风格。内外部环境则是指群体或组织的特性,这些特性可能会影响到领导的有效性。群体成员特征则是群体成员们的某些属性,比如能自我领导的群体将帮助领导者实现组织的目标。

4. 领导特质理论(personality theory of leadership):这一理论认为领导效率的高低主要取决于领导者的特质,成功的领导者一定具有某些共同点。根据领导效果的好坏,找出好的领导者与差的领导者在个人品质或特性方面有哪些差异,由此便可确定优秀的领导者应具备哪些特性。传统特质理论认为,领导者具有某些固有的特质,这些特质是与生俱来的。现代特质理论认为领导者的特质是在实践中形成的,可以通过后天的教育锻炼培养出来。

5. 领导行为理论(behavioral theory of leadership):着重于研究和分析领导者在工作过程中的行为表现及其对下属行为和绩效的影响,以确定最佳的领导行为。其中,影响最大的是美国俄亥俄州立大学的研究、密歇根大学的研究以及管理方格理论。这些理论都将领导行为分为两个维度,即对组织成员的关怀与对组织目标实现的关怀两个维度,并以此为出发点进行领导行为的研究。

6. 权变领导理论(contingency theory of leadership):领导的权变理论关注的是领导行为风格和被领导者的特征、管理情境等特征之间的关系,认为领导是在一定环境条件下通过与被领导者的相互作用来实现组织目标的动态过程。领导行为的有效性随着被领导者的特点和环境的变化而变化,因此,也被称为情境理论。其代表性理论包括菲德勒权变模型、情境领导理论、路径-目标理论等。

7. 领导权力(leader power)：领导者为了达到组织目标而拥有的开展活动或指挥他人行动的权力。约翰·弗伦奇(John French)和伯特伦·雷文(Bertram Raven)确认了权力的五种来源或者基础：强制权力(coercive power)；奖赏权力(reward power)；法定权力(legitimate power)；专家权力(expert power)；参照权力(referent power)。

8. 需要(need)：是个体在生活中感到某种欠缺而力求获得满足的一种内心状态，是人脑对生理和社会要求的反映。人是自然属性与社会属性的统一体，对其自身与外部生活条件有各种各样的要求，如对空气、食物、水、阳光等自然条件的依赖，对交往、劳动、学习、创造、运动等社会条件的要求。当这些必需的事物反映在人脑中，就成为人的需要。需要是个性倾向性的基础，是个性积极性的源泉，它与人的行为的发生有密切关系。

9. 动机(motivation)：是指引起和维持个体的活动，并使活动朝向某一目标的内在心理过程或内部动力。行为科学认为，动机是驱使人产生某种行为的内在力量，它由人的内在需要引起，体现了个体为实现目标而付出努力的强度、方向和坚持性。因此，动机过程就是需要获得满足的过程。

10. 人性假设(assumption about human nature)：人性就是指人的本质是什么。任何管理手段都离不开对人类本质和特性的假设。在管理思想发展的早期，管理理论深受经济学理论的影响，追随古典经济学的人性假设。18世纪英国古典政治经济学的创始人亚当·斯密提出了利己主义的人性观，因此，古典管理理论在"经济人"假设的基础上得以建立。20世纪20年代中后期发生的经济危机使人们对理性主义产生了怀疑，而面对危机，人们自然而然的反应是团结、归属、和睦相处。此时，基于"社会人"假设的人际关系理论便应运而生了。最近几十年，人们对人性的认识不断深入。其中，马斯洛在对人类需求结构进行考察后提出"自动人"假设，该理论认为这是最理想的人。麻省理工学院教授麦格雷戈在综合前人思想的基础上，提出了有名的"X—Y理论"。美国心理学家和行为学家埃德加·沙因在深入理解人性内涵的基础上，提出了"复杂人"假设，深入分析了个人需要在组织中的变化特点，体现了人性的动态观，比前面几种人性假设向前迈进了一大步，并在此基础上形成了"超Y理论"。

第七章　管理学学科基础概念

11. 激励(encourage):指激发员工的工作动机,用各种有效的方法调动员工的积极性和创造性,使组织中的成员充分发挥出其潜在的能力,努力完成组织任务,实现组织目标。因此,激励包含三层含义:组织激励要诱发和刺激员工未被满足的需要;组织激励要使解除紧张的努力指向组织目标;组织激励取决于某一行动的效价与期望值。激励分为四大类理论,即内容型激励理论、过程型激励理论、行为改造型激励理论和综合型激励理论。

12. 沟通(communication):指信息从发送者到接受者的传递和理解过程。沟通主要强调两点内容。首先,它强调了信息的传递。信息可以有多种表现形式,如声音、文字、图片、温度、体积、颜色等,这些都可以通过人的各种感觉器官来接收。但是,如果信息没有发送和接收,那么沟通就不会发生。其次,它强调了对信息的理解。要想使沟通成功,就必须理解信息。

13. 拉斯韦尔程式(Lasswell's 5W communication model):1948年美国学者拉斯韦尔(Harold D. Lasswell)提出了构成传播过程的五种基本要素,并按照一定的结构顺序将它们排列,形成所谓"5W模式"或"拉斯韦尔程式"的过程模式。这五个"W"分别是英语中五个疑问代词的第一个字母,即:Who;Say What;in Which Channel;to Whom;with What Effect。拉斯韦尔程式将沟通活动的要素明确地表达出来,使之成为理解传播过程的结构和特性的出发点。

14. 编码(encoding)与解码(decoding):编码是将信息以相应的语言、文字、符号、图形等形式表达出来的过程。通常信息发送者会根据沟通的实际需要选择合适的编码形式向接收者发出信息,以便其接受和理解。解码是接收者对所获信息的理解过程。接收者的文化背景、主观意识等对解码过程有显著的影响,亦即信息发送者所表达的意思并不一定能使接收者完全理解。

15. 人际沟通(interpersonal communication):人与人之间的沟通,即个体在人际交往中彼此交流思想、感情和知识等信息的过程。人际沟通的特点是沟通代表个人或代表自然人,可以自由地选择沟通对象、渠道和内容。

16. 组织沟通(organizational communication):指组织之间、组织中的部门与岗位之间围绕既定的目标,通过各种信号、媒介和途径有目的地交流信息、意见和情感的信息传递行为,是组织内部和外部沟通的有机整合。与人际沟通相区别,组织沟通中的人代表职务而不是自然人,且必须按照组织沟通的基本规则选择沟通对象、渠道和内容。组织沟通是人力资源管理中最为基础、核心的环节,它关系到组织目标的实现和组织文化的塑造。

第五节 控制职能的基础概念

一、控制职能

控制在管理学科理论中是最后一个职能,它的作用主要是对管理工作中开展的工作进行监控,以确保计划目标、组织运行、领导工作顺利开展,确保管理者实时纠偏,确保组织的各项工作任务按预期设置的各类目标实现,以提高组织运行的效率和效果。

首先将控制职能列入管理工作的法约尔认为:控制是要证实各项工作是否都与已定计划相符合,是否与下达的指示及已定的原则相符合。控制的目的在于指出工作中的缺点和错误,以便对其加以纠正并避免重犯;对物、对人、对行动都可以进行控制。[①] 法约尔具体探讨了对企业运行过程中商业、技术、财务、安全和会计活动实施控制的内容。法约尔还认为,为了达到有效的控制,控制应在有限的时间内及时进行,并且应该伴随奖惩机制。

针对控制职能中可能出现的问题,法约尔还特别强调了越权带来的破坏性,强调了参与控制工作的管理人员的人品,以及解决这些问题的制度设计。他指出:"在控制中另一个要避免的是对各部门的领导和工作进行干预的问题。这种越权行为会造成下列最可怕的双重领导,一方面是不负责任的控制人员,有时在很大范围内可能造成有害影响;另一方面是被控制的业务部门没有多少权利采取自卫措施来反对这种恶意的控制";"一个好的检查员应该是有能力的、大公无私的人。"但要保证做到这一些,法约尔认为,对于越权的问题还应注意尽可能明确控制的权限,此后,最高领导应监督控制权力的使用情况。而控制人员正直地开展工作的条件是:"检查人员的大公无私是靠自己的思想正直,是靠检查人员在被检查人员面前或事情面前

---

① 〔法〕亨利·法约尔.工业管理与一般管理.周安华,林宗锦,展学仲,等译.北京:中国社会科学出版社,1982:119-120.

完全独立自主。"①

在管理学理论建立的初期,学界对于控制职能的工作目的、工作内容、控制手段、管理措施和制度设计都有明确的研究和缜密的设计,此时奠定的控制理论的基础一直是管理工作中控制职能必须遵循的原则。

二、基础概念

1. 控制(controlling):"(控制)就是注意是否一切都按已制定的规章和下达的命令进行。"②"管理控制是指组织确保其子单元(包括个人、群体、部门等)以协调和合作的方式开展行动的过程,目的是使资源能够获得并最优的配置,以实现组织目标。"③由于计划职能是探索未来的工作,因此在计划的执行过程中不免会出现诸如计划与实际偏差、计划执行不力等问题,为确保计划的实施,在计划运行的过程中就应该对工作随时进行监控,修正脱离实际(或实际发生变化)的计划目标,改善计划执行不力的现象,以保证组织目标的实现。因此,在控制工作中既有根据问题产生原因实施的控制,也有依据计划执行过程的不同阶段实施的控制,还有参照控制手段实施的控制。控制工作中虽会因工作需要选择不同的控制手段,但在实际工作中,这些控制手段会混合使用,以提高控制工作的效果。

2. 控制论(cybernetics):自1948年诺伯特·维纳出版了《控制论》一书之后,控制论的思想和方法已经渗透到了几乎所有的自然科学和社会科学领域。维纳对控制的定义是:为了"改善"某个或某些受控对象的功能或发展,需要获得并使用信息,以这种信息为基础而选出的、加于该对象上的作用。可见,控制的基础是信息,而任何控制又都有赖于信息反馈来实现。④

3. 基本的控制过程(basic control process):基本的控制过程包含三个步骤:(1)拟定标准;(2)根据这些标准评定工作成绩;(3)纠正执行过程中偏离标准和计划的情况。

---

① 〔法〕亨利·法约尔.工业管理与一般管理.周安华,林宗锦,展学仲,等译.北京:中国社会科学出版社,1982:120-122.
② 同上书,5.
③ Michel Lebas, J. Meigenstein. Management Control: The Role of Rules, Markets and Culture. *Journal of Management Study*, 1986,23(3):259-272.
④ 谭力文,李燕萍,等.管理学.武汉:武汉大学出版社,2014:324-325.

4. 产出控制(output control):是基于对结果的评价来实现控制,即按照确定的标准,选用科学的方法检查和评定组织内部工作的结果,以辨别组织或个人工作成绩的控制方法。

5. 行为控制(behavior control):是基于行为科学理论、强调通过对人的监督来实现控制的方法,即管理者通过对人的行为加以引导,降低组织成员间的偏好差异,旨在实现组织成员行为与组织目标的一致。行为控制法强调人的行为特点,使用人事政策如选择、培训和社会化等方法。

6. 前馈控制(feedforward control):管理人员在计划工作开始之前对计划运行过程中可能出现的偏差进行预测和估计,采取措施防止问题的产生。如组织规章制度的制定、采购原材料和零配件的质量标准和检验、组织成员的上岗培训等。

7. 现场控制(concurrent control):管理人员在计划运行过程中对已经出现的偏差实施控制,分析偏差出现的原因,采取纠正偏差的措施,避免偏差的扩大,保证计划的实施。如生产过程中的质量检查、管理人员对工作现场的巡视等。

8. 反馈控制(feedback control):管理人员在工作完成后依据工作的结果与计划目标进行比较,发现可能存在的偏差,分析其原因,进行评估和判断,拟定纠正偏差的措施,确保今后计划工作的顺利实施。如年终的业绩考核、产成品的质量检查等。

9. 官僚控制(bureaucratic control):运用规则、法规、权威、层级、书面文件、标准等行政管理的机制来进行行为标准化和业绩评估,以实现对组织活动的控制。官僚规则和程序的主要目的是标准化和控制雇员行为。官僚控制系统是组织控制最为普遍和常用的手段,其中以财务控制、人力资源控制和生产(服务)运作控制最为关键。

10. 市场控制(market control):是基于市场信息、用价格机制(或信息)对组织的行为进行规范,将组织内部的经济活动视为经济交易过程,用市场交换形成的价格(或信息)对工作执行的情况进行控制。管理者容易通过组织间市场的价格和利润等方面的差异评价和判断自己所管辖的组织的运行状况,以发现问题、寻找原因,并采取方法实现对组织的控制。市场控制依赖的前提条件是存在竞争,组织的产出清晰,并能够通过市场提供的价格信号进行较为准确的判断。如企业间同类产品成本的不同、学校间学生就业率的差异等。

11. 团体控制(clan control):是采用社会手段诸如公司文化、共享的价值观、承诺、传统等来控制组织的行为。它与前两种控制的最大区别在于:官僚控制和市场控制的假设前提是认为组织利益和个人利益不一致甚至是冲突的,而团体控制的假设前提是组织共享价值观念和组织成员之间存在相互信任。

第四编

管理学学科代表人物

第八章 管理学学科代表人物

一个学科的代表人物不仅在学科的思想体系、理论框架、研究方法上做出了巨大的贡献,而且也为后人树立了学术榜样。了解他们的贡献,不仅可以进一步厘清学科发展的脉络,而且可以了解学科发展的社会背景、内在动力。本章介绍在管理学学科发展中做出重要贡献的代表人物。

第一节 科学管理的代表人物

管理学从传统进入现代、从经验走向科学是 20 世纪初期发生的事情。这一重大的转变是时代的需要,即适应产业革命中企业的出现,需要探索新型组织的管理之道;是顺应时代发展的要求,需要注重在法治、制度和道德的基础上推行管理;也是科学技术的飞速发展和科学方法普遍使用的要求。在这一管理学发生重大变化的阶段,诸多管理实践者和研究者做出了重大贡献,其中比较重要的包括泰罗、法约尔、韦伯等人。

一、科学管理之父——弗雷德里克·泰罗

美国在 19 世纪后期迅速上升为资本主义国家中最为强大的国家,重要的标志之一是其从农业国转变成为工业国。美国迅速成长壮大的工业体系,以及工厂中存在的诸多管理问题,为泰罗成为科学管理时代的代表人物创造了条件。

1. **泰罗其人**

弗雷德里克·泰罗(1856—1915)出生在美国宾夕法尼亚州一个具有强烈宗教色彩的律师家庭。泰罗 1874 年因眼疾而放弃了在哈佛大学法学院的学习,到费城特普里斯水压工厂当了一名学徒,1878 年学徒期满后在费城米德维尔钢铁厂做一名普通工人。通过夜校的学习,泰罗获得了机械工程的学位。泰罗在六年的时间里从工人升为总工程师。工厂的工作经历,使泰罗十分清楚当时美国企业中存在的管理问题,并对他的管理思想产生了重要的影响。

2. 泰罗的贡献

泰罗首先发现的问题是雇主与雇员——也就是管理者与被管理者——之间貌似分配、实为管理问题上的尖锐矛盾。泰罗还发现,工厂生产环节存在的管理问题是需要解决的第二个问题。泰罗发现了与机械化大生产的科学管理方式相冲突的现场管理的随意性,与仅凭经验传授生产技能的局限性,这些问题的产生都与传统的作坊式生产有关,而解决问题就是为了适应新的生产方式——机械化大生产的需要。

上述两个问题似乎独立存在,不存在什么相关性,因为一个涉及的主要是人与人的关系,另一个涉及生产现场的管理和技术的传授,但泰罗却认为这两个问题有着密切的联系。泰罗认为,科学管理思想的"哲学基础,建立在双方共同利益的基础上,共有四项原则:第一,发展真正的科学;第二,科学地挑选工人;第三,工人的科学教育和发展;第四,管理者与工人之间亲密、友好的合作"。①

泰罗把科学管理思想概括为:"科学管理的实质是在一切企业或机构中工人们一次完全的思想革命——也就是这些工人,在对待他们的工作责任、对待他们的同事、对待他们的雇主的一次完全的思想革命。同时,也是管理方面的工长、厂长、雇主、董事会,在对他们的同事、他们的工人和所有的日常工作问题责任上的一次完全的思想革命。没有工人与管理人员双方在思想上的一次完全意义上的革命,科学管理就不会存在。"泰罗对劳资双方完全思想革命的解释是:"在科学管理中,劳资双方在思想上要发生的大革命即:双方不再把注意力放在盈余分配上,不再把盈余分配看作是最重要的事情。他们将注意力转向增加盈余的数量上,使盈余增加到使如何分配盈余的争论成为不必要。他们将会明白,当他们停止互相对抗,转为向一个方向并肩前进时,他们的共同努力所创造出来的盈利会大得惊人。他们会懂得,当他们用友谊合作、互相帮助来代替敌对情绪时,通过共同努力,就能创造出比过去大得多的盈余。我们完全可以做到既增加工人的工资也增加资方的利润……这就是构成走上科学管理轨道第一步的伟大思想。"②

---

① 〔美〕丹尼尔·A.雷恩,〔美〕阿瑟·G.贝德安.管理思想史(第6版).孙健敏,黄小勇,李原,译.北京:中国人民大学出版社,2012:113.

② 同上书,239-240.

泰罗在其论著中还论及了管理的原则、工资的改革、工具的研究、工人的挑选、"磨洋工"的分析等问题,从分析的思路、实验的设计、具体的步骤、解决的方案来看,这都是围绕他的科学管理思想展开的。在《科学管理原理》一书中,我们可以看到泰罗精心设计的各种推进管理工作的方案、计算公式和现场记录的表格,这些都是泰罗推行、推进管理工作中的科学思想的具体体现。

3. 对泰罗的评价

泰罗在科学管理思想上的贡献获得了很高的评价。雷恩指出,泰罗是管理思想史发展过程中的一位核心人物,他的成果是革命性的。

德鲁克肯定了泰罗管理思想的基本理念:"泰罗的动机不是效率,不是为所有者创造利润。到他临死的时候,他仍然坚持生产率的主要受益人必须是工人,而不是所有者。他的主要动机是创造一个所有者和工人、资产阶级和无产阶级在生产率上有着共同利益的社会,建立一种将知识应用于劳动的和谐关系。"[①]据德鲁克分析,在泰罗将知识应用于劳动之后,美国的生产率开始以每年3.5%—4%的速度上升,18年左右就可以增长一倍。从泰罗推行科学管理开始,美国的生产效率增长了近50倍,人们的购买力也增长了近25倍。泰罗用科学取代经验的做法大大缩短了培养合格工人的时间,这在第二次世界大战中发挥了积极的作用。除美国之外,泰罗的科学管理思想在苏联、法国、瑞典、加拿大等国也得到传播,并取得了成功。在"二战"后的数十年间,泰罗式培训成为世界经济发展的发动机之一。

泰罗的科学管理思想在推行过程中也遇到了挑战与困难,如泰罗在布鲁克林海军造船厂推行科学管理就没有获得成功,原因是他的做法遭到了海军官僚机构的抵制。在沃特敦兵工厂实施科学管理时,一位工人反感工作人员拿着秒表测试其工作时间,由此导致了工人罢工。正是这次罢工引发了美国国会的调查。国会听证会持续了4天,虽然泰罗在听证会上对自己的科学管理思想和做法进行了解释,但"他(泰罗)的自尊受到了极大的伤

---

① 〔美〕P.F.德鲁克.从资本主义到知识社会.见:D.尼夫.知识经济.樊春良,冷民,等译.珠海:珠海出版社,1998:49.

害,他的一生心血也遭到了国会委员会的贬斥"。① 究其原因,应该有新生事物难以被人理解的问题,有群体利益之间的冲突,也有泰罗本人的局限的影响。有人评价说,"泰罗思想的第一个负面影响是它把效率置于伦理道德之上"。泰罗也不是完人,如他为人较为傲慢,甚至有些尖刻,也有不尊重工人的言论,这些都影响了科学管理思想的推行。

二、一般管理理论的构建者——亨利·法约尔

法国是最早进入资本主义社会的国家之一,法国资本主义经济的管理实践为法约尔的管理理论发展创造了条件。

1. 法约尔其人

亨利·法约尔(1841—1925)出生在土耳其的伊斯坦布尔,后随父母回到法国。他19岁取得矿业工程师资格;1860年被任命为高芒特里-福尔商布德公司的高芒特里矿业组工程师;1888年被公司聘任为总经理。1918至1925年他致力于普及自己构建的管理理论。

1925年12月法约尔去世,终年84岁。法约尔毕生从事四项工作,而且在每一项工作中都取得了出类拔萃的业绩:作为技术人员,他荣获了矿业管理的国家勋章;作为地质学家,他提出了一套完整的地下煤层地址结构新理论;作为公司的领导者,他将濒于破产的公司发展成为收益颇丰的大公司;作为管理理论专家,他构建并致力于普及自己的管理理论。

2. 法约尔的贡献

法约尔与泰罗一样,被视为重视实践的管理专家,也是公认的管理学一般理论的构建者。法约尔在总经理的工作岗位上发现了公司管理工作存在的问题,注意到管理工作在公司运行中的特殊性,并开始区分日常公司运行中管理工作与技术工作的不同以及个人管理能力与技术能力的差异。

法约尔对管理理论的贡献主要来自其《工业管理与一般管理》,该著1916年首先发表在《法国矿业工业学会公报》第3期上,1925年以单行本的形式出版。

在该著中,法约尔对企业中的管理活动与其他活动进行了区分,并进一

---

① 〔美〕丹尼尔·A.雷恩,〔美〕阿瑟·G.贝德安.管理思想史(第6版).孙健敏,黄小勇,李原,译.北京:中国人民大学出版社,2012:112.

步探讨了各种管理职能在企业经营层面的差异(见表8-1)。这是管理研究领域第一次对管理活动的特征与内涵做出明确界定和描述。

表8-1　大型工业企业各类职能人员必要能力相对重要性比较表

人员类别	能力						
	管理(%)	技术(%)	商业(%)	财务(%)	安全(%)	会计(%)	总值(%)
工人	5	85	—	—	5	5	100
工长	15	60	5	—	10	10	100
车间主任	25	45	5	—	10	15	100
部门领导	35	30	10	5	10	10	100
经理	40	15	15	10	10	10	100
总经理	50	10	10	10	10	10	100
总裁	60	8	8	8	8	8	100

资料来源:〔法〕亨利·法约尔.工业管理与一般管理.周安华,林宗锦,展学仲,等译.北京:中国社会科学出版社,1982:9.

法约尔的结论是:"在各类企业里,下属人员的主要能力是具有企业特点的职业能力,而较上层的领导人的主要能力是管理能力。对管理知识的需要是普遍的。"[1]

法约尔对管理职能的本质和特点进行了深刻、准确的描述:"管理职能只是作为社会组织的手段和工具。其他职能涉及原料和机器,而管理职能只对人起作用。"[2]"在管理方面,没有什么死板和绝对的东西,这里全部是尺度问题。我们在同样的条件下,几乎从不使用同一原则,因为应注意到各种可变的条件,同样也应注意到人的不同和许多其他可变的因素。"[3]"由机智和经验合成掌握尺度的能力是一个管理人的主要才能之一。"[4]法约尔还为企业的管理工作建立了14条原则:劳动分工、权力与责任、纪律、统一指挥、统一领导、个人利益服从整体利益、人员的报酬、集中、等级制度、秩序、公平、人员的稳定、首创精神、人员的团结。法约尔强调指出,管理工作的目的

---

[1] 〔法〕亨利·法约尔.工业管理与一般管理.周安华,林宗锦,展学仲,等译.北京:中国社会科学出版社,1982:12.
[2] 同上书,22.
[3] 同上.
[4] 同上书,23.

在于组织整体目标的实现,企业这个经济类组织管理目标与其他组织目标存在着差异。

3. 对法约尔的评价

由于在管理学一般理论上的贡献,法约尔得到了管理学界高度的评价,被尊称为"现代管理之父"。

三、组织理论之父——马克斯·韦伯

组织在人类发展的历史上起到了重要的作用,但对组织运作的机制是什么、组织中管理人员如何对组织实施管理、如何提高组织的效率等涉及组织机理的问题,却很少有人进行研究。德国学者马克斯·韦伯在其对资本主义社会的研究、分析中对组织问题开展了研究。

1. 韦伯其人

马克斯·韦伯(1864—1920)出生于德国图林根的埃尔富特市的一个富裕家庭。1882年韦伯进入海德堡大学学习法律,1884年进入柏林大学学习,并在哥廷根大学学习了一个学期,其间还先后三次服兵役。1889年他取得了法律博士学位,1891年年底开始在柏林大学从教。1920年韦伯在德国慕尼黑逝世。

韦伯的学术涉猎很广,在社会学、经济学、历史、宗教等领域都有自己的贡献。韦伯在社会学领域深入研究了工业化对组织结构的影响。受德国组织体系与制度的影响,韦伯在自己构建的组织理论中提出了"官僚制度"的组织概念。

2. 韦伯的贡献

韦伯研究的主要领域是社会学,而非管理学,他在管理学上的贡献主要体现在对组织问题的探索方面。郭咸纲认为,韦伯的组织理论主要由理想的行政组织、权力的分类和理想行政组织的管理制度三个部分构成。[1]

韦伯认为,在组织中,组织的成员服从领导者的机理(韦伯将其称为"统治的基本合法性")主要有三种类型:传统型、超凡个人魅力型和法理型。其差异体现在组织中服从所要求的基础(见表8-2)。显然,韦伯对官僚组织

---

[1] 郭咸纲.西方管理学说史.北京:中国经济出版社,2003:167-171.

"统治"的分析与组织运行的机理、权力的来源、权威的形成有关,这也就是为什么韦伯这位社会学学者在管理学领域有其独特地位的原因。

表 8-2　统治类型与服从基础比较表

统治类型	服从所要求的基础
传统型	服从我,因为我们的人民一直这样做。
超凡个人魅力型	服从我,因为我能改变你们的生活。
法理型	服从我,因为我是你们法定的长官。

资料来源:〔美〕弗兰克·帕金.马克斯·韦伯.刘东,谢维和,译.南京:凤凰出版传媒集团,译林出版社,2011:78.

韦伯在研究中发现,工业化的发展趋势是具有监工和中层管理者的工厂形成全新的规模生产方式,工业化的发展会使人逐渐失去个性,而资本主义体制对于官僚体制的发展起到了十分重要的作用。官僚制度的优点主要是劳动分工、管理层级、正式选拔、职业定位、正式规则以及非个人化等。韦伯曾一度认为官僚制度是最为有效的组织方式,但随后发现官僚组织存着自身的缺点:过于自以为是的规则降低了组织的有效性;过度拘泥于规则导致僵化;过于明确的授权会使员工只关心自己的事务,造成各个部门间的矛盾,妨碍组织整体目标的实现;规则可以控制员工的怠工行为,但也可能因为规则没有覆盖而使员工怠工合法化。

3. 对韦伯的评价

韦伯的研究成果得到了高度评价。经济学家熊彼特赞扬韦伯是"历来登上学术舞台的角色中最有影响的一个"。基于他对组织理论的贡献,韦伯被称为"组织理论之父"。

第二节　行为科学管理阶段的代表人物

行为科学管理阶段是管理学发展过程中重要的阶段。虽然在任何组织的理论与实践中,人们都知道人是重要的,是确定组织成功发展最为重要的因素,但从管理的实践看,只有当社会进步到一定的阶段,人的生命、人的权利、人的地位才会真正受到法律、制度的保护,才会真正受到组织的重视。20 世纪 20 年代初的霍桑试验在管理理论与实践中就起到了这样的重要作用,乔治·梅奥是这一阶段具有开创性的代表人物。

1. 梅奥其人

乔治·梅奥(1880—1949)出生于澳大利亚的阿德莱德。1911 年他在阿德莱德大学获得哲学学士学位。1918 年梅奥成为昆士兰大学的教授,这时他已经在理论心理学、临床心理学领域取得了成功。1922 年梅奥前往美国,在宾夕法尼亚大学工作。在洛克菲勒基金会的资助下,1926 年 9 月梅奥以副教授的身份在哈佛大学商学院工业研究室担任主任,并于 1928 年受邀参加霍桑试验的工作。梅奥在霍桑试验的调查与观察中进一步证实了自己的观点,即对工人在工作中出现的问题不能简单地用单一因素进行分析,而必须放在一个系统中进行思考,即他所说的"整体情境的心理学",这是基于格式塔心理学基本理论形成的观点。1947 年 5 月退休后,梅奥与妻子一起去了英国,于 1949 年 9 月 1 日离世。

2. 梅奥的贡献

梅奥重大的学术贡献始于霍桑试验,霍桑试验中的问题对梅奥的启发以及梅奥随后的研究发现,是梅奥的学术贡献载入史册的原因。1928 年,梅奥注意到应该让工业心理学的专家和企业的管理人员关注霍桑试验的重要性,开始在英国、美国的学术界介绍霍桑试验的研究成果。梅奥发现,工业社会的生活会导致个人在组织中行为的变化。1929 年 12 月,在美国经济协会年会上,梅奥发表了《机械化对人的影响》的报告,其中根据霍桑实验的工作及结果,介绍了五个明确的结论:"休息制度提高了总产量;与每周的工作天数相比,白天的工作条件对生产影响更大;工厂以外的因素影响工人的情感生活,进而影响生产;管理方法是影响生产最重要的因素;如果工作条件糟糕,工资动机并不会刺激生产。"因此梅奥建议:"在未来,工业应该对人性的调查与物质上的调查给予同样多的关注。"[1]1933 年梅奥的著作《工业文明中的人的问题》出版,这是梅奥参与霍桑试验后出版的一本重要著作,其中论述了对工业社会存在的基本问题的认识:"在原始社会和发达社会中,为了社会的永存,人们在工作中的合作始终采取一套非逻辑的社会规范,这套社会规范调节人们之间的关系以及他们对待彼此的态度。坚持一种纯粹经

---

[1] 〔澳〕理查德·特拉海尔.埃尔顿·梅奥:人道主义的提倡者和促进者.陈小白,译.北京:华夏出版社,2008:233.

济性的生产……会干扰这套社会规范的形成和发展,从而导致群体内产生一种人性失败的感觉。这种失败感会导致形成一套较低水平的社会规范,并且与经济逻辑相对立。它的一种症状就是'产量限制'。"梅奥对工业社会中的问题的分析被雷恩视为人际关系运动哲学的基本原理。① 梅奥提出了适合工业社会的、需要注意或改进的管理方法,建议为了赢得员工的信任和信赖,管理人员应该实心实意地对待员工,真诚地关心员工的利益。梅奥建议,应该在组织机构中对运营的系统安排、经济需求、有效沟通与合作的环境开展科学的研究。如果没有这样的研究,政治领导人仍将对文明社会中有效的统治基础茫然无知,并将继续使用旧式的集权统治技巧,永远实现不了自发的合作。② 梅奥还提出了管理精英的概念,即管理精英不仅要重视技术,也要对人的本质有深入的了解。梅奥因此被誉为管理学理论发展过程中"社会人时代"的奠基者。

3. 对梅奥的评价

梅奥对管理学理论的贡献是巨大的。梅奥的合作者罗斯利斯伯格(Kult Rothlisberger)认为,梅奥对于霍桑研究结果的解释以及从中得出的新问题和新假设是他的功劳。③ 梅奥发现的新问题和提出的新假设包括:对工业文明条件下员工的思想及行为的把握和分析;摆脱经济人对人们行为解释的束缚,为"社会人时代"管理思想与方法的确立奠定了基础。

也有人对梅奥的观点提出过批评,批评者中还包括德鲁克。批评的意见包括霍桑试验中提倡的管理方法是否涉及管理人员利用技巧施压于员工。也有人认为,根据现在的科学实验方法,霍桑试验研究缺乏科学性,一些结论并不直接来源于直接的证据。但从整体上看,"霍桑试验的研究者们开创了一条至今仍被继续探索的旅程"。④

---

① 〔美〕丹尼尔·A.雷恩,〔美〕阿瑟·G.贝德安.管理思想史(第6版).孙健敏,黄小勇,李原,译.北京:中国人民大学出版社,2012:228.
② 〔澳〕理查德·特拉海尔.埃尔顿·梅奥:人道主义的提倡者和促进者.陈小白,译.北京:华夏出版社,2008:338.
③ 〔美〕丹尼尔·A.雷恩,〔美〕阿瑟·G.贝德安.管理思想史(第6版).孙健敏,黄小勇,李原,译.北京:中国人民大学出版社,2012:228.
④ 同上书,232.

第三节 管理丛林阶段的代表人物

管理丛林阶段是西方管理理论和思想发展的第三个阶段,特指第二次世界大战以后学派林立的状况。这一阶段新的管理理论、思想、方法不断涌现,但却缺少能够统帅管理学理论的主流学派。这些理论和学派在历史渊源和内容上相互影响和联系,形成了盘根错节、互相竞争的局面,推动了管理学的发展。这一阶段涌现出了一大批杰出的管理学者。

一、管理过程学派的代表人物

管理过程学派的开创者是法约尔,发扬光大者是哈罗德·孔茨,下面简要介绍孔茨的生平及理论贡献。

1. 孔茨其人

哈罗德·孔茨(1908—1984):美国管理学家,管理过程学派的主要代表人物之一。孔茨1935年获得耶鲁大学哲学博士学位;1962年成为洛杉矶加州大学管理学院管理学教授;1963年任美国管理科学院院长。孔茨是国际管理科学院会员、美国管理协会会员、美国交通运输学会会员、管理科学研究所成员、世界未来学会会员等。

孔茨的主要著作有《管理学》(与奥唐奈等合著)、《管理学精要》《企业的政府控制》《私人企业的公共控制》(与加勃合著)、《管理理论的丛林》《经营的实践入门》(与福尔默合著)、《再论管理理论的丛林》等。

2. 孔茨的理论贡献

孔茨的理论贡献主要体现在两个方面。其一是他与西里尔·奥唐奈合作提出了管理过程理论。这一理论是在法约尔的一般管理理论的基础上发展而来。经过孔茨等人的努力,该理论学派成为现代管理理论"丛林"中的一个主流学派。

法约尔将管理活动分为计划、组织、指挥、协调和控制五大管理职能,孔茨和奥唐奈在此基础上,将管理职能分为计划、组织、人事、领导和控制五项,而把协调视为管理的本质及五项职能有效综合运用的结果。孔茨利用这些管理职能对管理理论进行分析、研究和阐述,最终建立起管理过程学派。管理过程学派的主要特点是将管理理论同管理人员所执行的管理职能即管理人员所从事的工作联系起来。该学派认为，无论组织的性质多么不同，组织所处的环境有多大差异，管理人员所从事的管理职能却是相同的，管理活动的过程就是管理的职能逐步展开和实现的过程。因此，管理过程学派把管理的职能作为研究的对象。他们将管理的工作划分为若干职能，然后对这些职能进行研究，阐明每项职能的性质、特点和重要性，论述实现这些职能的原则和方法。孔茨认为管理学这样分类具有内容广泛、有利于进行逻辑分析等优点。管理过程学派确定的管理职能和管理原则，为训练管理人员提供了基础。把管理的任务和非管理的任务加以明显区分，能使经理的注意力集中于经理人员的基本工作上。管理过程学派还认为，管理存在着一些普遍运用的原则，这些原则是可以运用科学方法发现的。

其二是孔茨针对"二战"后美国管理学界的现状而提出的"管理理论丛林"的说法。孔茨也因此被称为"穿梭在管理丛林中的游侠"。[①] 孔茨"管理理论丛林"的思想前面已有论及，此处不再赘述。

二、人际行为学派的代表人物

"二战"后人际行为学派的代表人物众多，下面简要介绍亚伯拉罕·马斯洛(Abraham H. Maslow)、道格拉斯·麦格雷戈(Douglas McGregor)、弗雷德里克·赫茨伯格(Frederick Herzberg)的理论贡献。

1. 亚伯拉罕·马斯洛(1908—1970)：美国著名社会心理学家，第三代心理学的开创者，提出了融合精神分析心理学和行为主义心理学的人本主义心理学。马斯洛的主要著作包括《人的动机理论》《动机和人格》《存在心理学探索》《科学心理学》《人性能达到的境界》等。

马斯洛的主要成就包括提出了人本主义心理学和马斯洛需求层次等理论。其心理学理论的核心是人通过"自我实现"，满足多层次的需要，达到"高峰体验"，重新找回被技术排斥的人的价值，实现完美人格。他认为人作为一个有机整体，具有多种动机和需要，包括生理需要、安全需要、归属与爱的需要、自尊的需要和自我实现的需要。马斯洛认为，当人的低层次需求被

---

① 具体参见第四章的介绍。

满足之后,会转而寻求实现更高层次需要的满足。其中自我实现的需要是超越性的,追求真、善、美,将最终导向完美人格的塑造,高峰体验代表了人的这种最佳状态。

2. 道格拉斯·麦格雷戈(1906—1960):美国著名的行为科学家,人性假设理论的创始人,管理理论的奠基人之一,X理论—Y理论管理大师。麦格雷戈是人际关系学派最具有影响力的思想家之一。其主要著作包括《管理的哲学》《企业的人性方面》《经理人员在技术爆炸时期的责任》等。

20世纪四五十年代,麦格雷戈对当时流行的传统管理观点及其对人性的看法提出了疑问。他在1957年11月号美国《管理评论》杂志上发表了《企业的人性方面》一文,提出了有名的"X理论—Y理论",随后其研究成果在1960年以专著的形式出版。其X理论认为:一般人生性好逸恶劳;缺乏进取心和责任心;人的行为就是为了获得最大的经济利益,工作的目的是为了获得经济报酬;本质上不能自律,需要指挥、管理、控制和激励。Y理论则认为:人并非天生就厌恶工作;自我意识和自我实现的满足能够促使人们努力工作;人具有主动的、自治的工作特性;大多数人具有较高的想象力和创造力,能通过自我管理和自我控制完成自己认同的组织目标。麦格雷戈认为,为了在企业中达到和谐并提高效率,就不能以X理论为指导来进行管理,必须从根本上改变对人的看法。Y理论为管理人员提供了一种对于人的乐观主义的观点,而这种乐观主义的看法对争取职工的协作和热情支持是必需的。需要注意的是,管理人员对X理论或Y理论的信奉选择会影响到其管理模式的选择。当然,在现实中很难有这样的绝对划分,人们一般认为,在不同的组织中,对于不同的岗位,应该选用不同的管理方法。

3. 弗雷德里克·赫茨伯格(1923—2000):美国心理学家、管理学家、行为科学家,双因素理论的创始人。赫茨伯格曾获得纽约市立学院的学士学位和匹兹堡大学的博士学位,在美国等30多个国家从事管理教育和管理咨询工作。赫茨伯格的主要著作包括《工作的激励因素》《工作与人性》《管理的选择:是更有效还是更有人性》等。

20世纪50年代末期,他和同事们对匹兹堡附近一些工商业机构的200余位专业人士做了一次调查,将他们的行为动力划分为保健因素和激励因素。保健因素恶化到人们可以接受的水平以下时,他们就会产生对工作的不满意。但是,当人们认为这些因素很好时,这些因素便只是消除了不满意,并不会导致积极的态度,这就形成了某种既不是满意又不是不满意的中性状态。那些能带来积极态度、满意和激励作用的因素就是激励因素,即那些能满足个人自我实现的需要的因素,包括成就、赏识、挑战性的工作、增加的工作责任以及成长和发展的机会等。如果这些因素具备了,就能对人们产生更大的激励。按照赫茨伯格的意见,管理当局应该认识到保健因素是必需的,不过它一旦使不满意中和以后,就不能产生更积极的效果。只有激励因素才能使人们有更好的工作成绩。

三、社会系统学派的代表人物

切斯特·巴纳德是西方现代管理理论中社会系统学派的创始人。他在人群组织这一复杂问题上的贡献和影响,可能比管理思想发展过程中的任何人都更为重要。

1. 巴纳德其人

切斯特·巴纳德(1886—1961)出生于美国一个贫穷的家庭。1906—1909年他在哈佛大学攻读经济学。由于拿不到一项实验学科的学分,巴纳德未拿到学位便离开哈佛大学,进入美国电话电报公司(ATT)开始了职业生涯。在漫长的工作实践中,巴纳德不仅积累了丰富的经营管理经验,而且广泛地涉猎了社会科学的各个分支领域。

1938年,巴纳德出版了著名的《经理人员的职能》,此书被誉为美国现代管理科学的经典之作。1948年,巴纳德又出版了重要的管理学著作《组织与管理》。这些著作为建立和发展现代管理学做出了重要贡献,也使巴纳德成为社会系统学派的创始人。巴纳德还写过许多论文和报告,如《经理人员能力的培养》《人事关系中的某些原则和基本考察》《工业关系中高层经理人员的责任》《集体协作》《领导和法律》等。

2. 巴纳德的理论贡献

巴纳德的杰出贡献之一是提出了社会协作系统论。巴纳德认为,协作是整个社会得以正常运转的基本而又重要的前提条件。他从个人入手,讨论了组织形成的原因,认为社会的各种组织,不管它是政治的、军事的、宗教的,还是企业的、学术的,都是一个协作系统。协作系统是动态的,其运营环境和组成要素都在不断地变化,因此协作系统也处于不断的发展变化之中。协作系统的稳定性和持续性,决定于协作系统的有效性(effectiveness)和能率(efficiency)。巴纳德认为,协作的有效性是指组织目标实现的状况,协作的能率则是指组织中成员个人目标的满足情况,而组织有效的协作就是组织有效性和能率的实现,即组织平衡论。他认为,组织就是一个有意识地对人的活动或力量进行协调的体系。一个组织的成立需要具备三个条件:(1)能够互相进行信息交流的人们;(2)这些人愿意做出贡献;(3)他们实现一个共同目的。

巴纳德还给出了经典的组织的概念,打破了传统意义上组织构成的概念。他认为,凡是对组织做出贡献的人,对于个人来说,就是为组织作出牺牲的人,都是组织的构成部分。由于引入了外部成员的概念,所以,实现组织的平衡不仅包括内部平衡,而且包括外部平衡。这种外部平衡,巴纳德也称之为组织调节,即保证组织与社会交流之间的平衡,随时根据社会的需要调整组织目标。对于组织构成的新阐释,体现了巴纳德"社会系统理论"的内涵。很明显,组织和管理是一个与社会、与组织环境息息相关的领域。从此,以环境研究为起点的战略问题进入了管理学的视野。战略和决策,逐渐压倒了以前管理侧重的组织内部的计划职能、使命和责任,逐渐取代了管理以前只关注盈利的狭义组织目标。

巴纳德还提出了权威接受论。他从信息传递的视角出发,认为权威来自于下属对上级指令的接受情况,由此提出了著名的权威接受论,进而分析论证了组织中存在不加怀疑地无条件接受权威的领域——"无关心区"(也翻译为"无差别区",zone of indifference)。从此,"权威来自于下属而不是来自于上司"的观点就成为管理学的教义之一。

四、决策理论学派的代表人物

决策理论学派是以社会系统论为基础,吸收了行为科学和系统论的观点,运用电子计算机技术和运筹学的方法而产生的管理学派,其代表人物主要是赫伯特·西蒙(Herbert A. Simon)和詹姆斯·马奇(James G. March)。

1. 赫伯特·西蒙(1916—2001):美国管理学家和社会科学家,经济组织决策管理大师。西蒙就读于芝加哥大学政治系并获得政治学学士学位。在芝加哥大学期间,西蒙获得了经济学和政治学方面的基础知识,并熟练地掌握了高等数学、符号逻辑和数理统计等重要技能。西蒙在1939—1942年担任加利福尼亚大学的一个研究小组的主任,从事地方政府研究工作,并完成了关于管理决策的博士学位论文,该论文成为他的经典著作《管理行为》的基础。1943年他获得芝加哥大学政治学博士学位,1949年应邀来到卡内基—梅隆大学,先是任行政学与心理学教授,后来任计算机科学与心理学教授。西蒙与纽厄尔、麦卡锡、明斯基等人是人工智能的奠基人,被称为"人工智能之父"。1978年,由于对"经济组织内的决策过程进行的开创性的研究",西蒙荣获诺贝尔经济学奖。

西蒙在管理学上的第一个贡献是提出了管理的决策职能,第二个贡献是建立了系统的决策理论,并提出了人的有限理性行为的命题和"令人满意的决策"的准则。西蒙认为,现实生活中作为管理者或决策者的人是介于完全理性与非理性之间的"有限理性"的"管理人"。"管理人"的价值取向和目标往往是多元的,不仅受到多方面因素的制约,而且处于变动乃至矛盾的状态之中。"管理人"的知识、信息、经验和能力都是有限的,他不可能也不企望达到绝对的最优解,而只以找到满意解为满足。在实际决策中,"有限理性"表现为:决策者无法寻找到全部备选方案,也无法完全预测全部备选方案的后果,不具有明确的、完全一致的偏好体系使其能在多种多样的决策环境中选择最优的决策方案。西蒙的管理理论关注的焦点,正是人的社会行为的理性方面与非理性方面的界限,它是关于有限理性的独特理论,是关于因缺乏寻找最优的才智而转向寻求满意的人类行为的理论。

作为管理学科的一个重要学派,决策理论学派着眼于合理的决策,即研究如何从各种可能的抉择方案中选择一种"令人满意"的行动方案。该学派吸收了系统理论、行为科学、运筹学和计算机科学等学科的研究成果,在20世纪70年代形成了一个独立的管理学派。决策理论学派的理论基础是经济理论,特别是消费者抉择理论,即在一定的"合理性"前提下,消费者通过对各种行为的比较和选择,使总效用或边际效用达到最大。因此,它们也是决策理论学派的主要决策对象。决策理论学派很重视对决策者本身行为和品质的研究。西蒙和马奇在《组织》一书中将"决策人"作为一种独立的管理模式,认为组织成员都是为实现一定目的而合理选择手段的决策者。他们将决策分为程序化决策和非程序化决策。所谓程序化决策,就是那些带有常规性、反复性的例行决策,可以制定出一套例行程序来处理的决策,比如,为普通顾客的订货单标价,进行办公用品的订购,实施对有病职工的工资安排。所谓非程序化决策,则是指对那些过去尚未发生过的,或其确切的性质和结构尚捉摸不定的,或其作用十分重要而需要用"现裁现做"的方式加以处理的决策。比如,某公司决定在以前没有经营过的国家里建立营利组织的决策,新产品的研制与发展决策,等等。但是这两类决策很难绝对区分清楚,它们之间没有明显的分界线。书中还将决策技术分为传统技术和现代技术。传统技术是古典技术,是从有记载的历史以来一直为经理人员和组织所使用的工具箱。现代技术则是第二次世界大战后发展起来的一系列新技术。

西蒙指出组织中职业经理人员的重要职能就是做决策。决策的制定过程分为四个阶段:(1)找出制定决策的根据,即收集情报;(2)找到可能的行动方案;(3)在诸行动方案中进行抉择,即根据当时的情况和对未来发展的预测,从各个备选方案中选定一个方案;(4)对已选择的方案及其实施情况进行评价。西蒙发现在这四个阶段中,公司经理及其职员们用大量工作时间来调查经济、技术、政治和社会形势,判别需要采取新行动的新情况。

2. 詹姆斯·马奇:组织决策研究领域最有贡献的学者之一。他于1953年获得耶鲁大学博士学位,后在卡内基工艺学院任教;1970年成为斯坦福大学管理学教授,同时也担任政治学、社会学、教育学教授。马奇博学多才,曾经讲授的课程种类纷繁多样,涉猎范围极广,包括组织心理学、行为经济学、领导理论、计算机仿真、统计学等。马奇的主要著作包括《决策是如何产生的》《组织》(与西蒙合著)、《厂商行为理论》(与塞尔特合著)、《马奇论管理》《经验的疆界》等。

马奇的主要理论贡献体现在他以人类行为为核心、以决策分析为主题,构建了一整套形式化、符号化的理论体系。在决策理论上,他对因果逻辑和相宜逻辑进行区分,发展了西蒙的有限理性学说;在组织理论上,他对组织冲突的研究和"垃圾桶模型"的论证,为现代组织理论做出了突出贡献;在企业行为理论上,他把经济学分析方法应用于组织行为研究和学习理论构建,引导了"行为革命";在理论建构和观点演化上,马奇超越了建构主义和演化主义的对立,使抽象模型的建构和研究内容的演化融合为一体。[①]

马奇的学术成就,立足于人文和科学的穿梭交织,使科学以理性方式回归人本,在思想史上做出了令同行瞩目的杰出贡献。他创造出许多隐喻,比如组织选择的"垃圾桶理论"、学习事物时的"热炉效应"等,展现了创意十足的敏锐和新颖。

五、系统管理学派的代表人物

在20世纪30年代,巴纳德和福莱特的理论中就已经包含了系统管理的思想,到20世纪60年代一般系统理论被应用于管理理论中,形成了系统管理学派,其代表人物包括玛丽·福莱特(Mary P. Follett)、弗里蒙特·卡斯特(Fremont E. Kast)、詹姆斯·罗森茨韦克(James E. Rosenzweig)。

1. 玛丽·福莱特(1868—1933):科学管理理论和行为科学理论之间起着桥梁作用的美国管理学家。1924年至1925年,她在纽约向一批企业经理人员做了一系列有关她的政治哲学在企业管理中应用情况的报告。此后,她对企业管理做了进一步的研究,提出了许多有启发性的观点,受到当时和以后管理学者的重视和好评。其主要著作有《新国家》《创造性经验》《作为一种职业的管理》等。

福莱特生活的年代,是"科学管理"时期,她对泰罗的某些观点很赞赏,但她的政治哲学和管理哲学的基本倾向则明显具有"社会人"时代的特征。她概括了泰罗的许多思想,又得出了与后来梅奥等人的研究成果大致相同的结论,所以她被视为是这两个时代之间的一个联系环节。

福莱特提出了"群体原则"。她于1918年在《新国家》一书中表达了这一思想,并以此向当时流行的政治假设挑战。她的论点是,只有在群体中才能发现真正的个人。个人在群体中才能发现自己的真正本性,获得真正的自由。这种"群体原则"相异于个人独立思考、感觉和行动的旧观念,成为一种"新心理学"。"群体原则"包括以下内容:强调个人只有通过群体才能发现"真正的自我";民主是一种社会意识而不是个人主义的发展。

[①] 刘艳萍.组织决策理论的教师:詹姆斯·马奇.管理学家,2010,7:40-45.

福莱特在 1924 年发表的《创造性经验》一书中对先前的《新国家》一书中未能予以考察的群体冲突问题提出了新的假设——群体目标。她认为，人们可以通过会议、讨论和协作来启迪彼此的思想，在对共同目标的追求中表示出统一性，并认为个人可以通过群体经验而使自己的创造力得到更大的发挥。

福莱特认为要实现"群体原则"、通过结合的方式来解决利益冲突，就必须重新考虑关于权威和权力的概念。当存在着"发布命令者"和"接受命令者"时，结合的原则就难以实现，"上司"和"下属"的等级对利益共同性的认识制造了障碍。为克服这一障碍，福莱特试图用"共享的权力"来代替"统治的权力"，用共同行动来代替同意和强制，变服从命令为服从"情境规律"。

2. 弗里蒙特·卡斯特、詹姆斯·罗森茨韦克。卡斯特和罗森茨韦克都是西方管理理论中系统管理理论的代表人物。他们的主要著作包括 1963 年与理查德·约翰逊合著的《系统理论与管理》、1970 年合著的《组织与管理：系统方法与权变方法》。

卡斯特和罗森茨韦克的系统思想认为，组织是一个系统，由相互依存的众多要素所组成的局部最优不等于整体最优，管理人员的工作就是确保组织中各部分的相互协调和有机整合，实现组织的整体目标。现代管理者必须把组织视为一个开放的系统，一个与周围环境相互影响、相互作用的系统。一个组织的成败，取决于其管理者能否及时察觉环境的变化，能否及时做出正确的反应。组织作为一个开放的社会-技术系统，是由五个不同的分系统构成的整体。这五个分系统包括：目标与价值分系统、技术分系统、社会心理分系统、组织结构分系统和管理分系统。这五个分系统之间既相互独立，又相互作用，不可分割。

企业是由人、物资、机器等资源在一定的目标下组成的一体化系统，它的成长和发展同时受到这些组成要素的影响。在这些要素的相互关系中，人是主体，其他要素则是被动的。管理人员需要保持各要素之间的动态平衡和相对稳定，并保持一定的连续性，以便适应情况的变化，达到预期目标。同时，企业还是社会这个大系统中的一个子系统，企业预定目标的实现，不仅取决于内部条件，还取决于企业外部条件，如资源、市场、社会技术水平、法律制度等,它只有在与外部条件的相互影响中才能达到动态平衡。

如果运用系统观点来考察管理的基本职能,可以把企业看成是一个"投入-产出"系统,投入的是物资、劳动力和各种信息,产出的是各种产品或服务。运用系统观点指导生产实践,可以使管理人员不至于只重视某些与自己有关的特殊职能而忽视了大目标,也不至于忽视自己在组织中的地位与作用,可以提高组织的整体效率。

六、经验主义学派的代表人物

经验主义学派又被称为经理主义学派,是研究实际管理工作者的管理经验、教训和企业管理的实践,强调用比较的方法来研究和概括管理经验的管理学派,其代表人物主要是欧内斯特·戴尔(Ernest Dale)、彼得·德鲁克。

1. 欧内斯特·戴尔(1914—1996):美国著名的管理学家,经验主义学派的代表人物之一。他曾在剑桥大学和耶鲁大学学习经济学,并获得工商管理学士学位;曾任欧内斯特·戴尔协会主席,同时在美国等国的公司中任管理顾问和董事。其主要著作包括《公司组织结构的计划和发展》《伟大的组织者》《组织中的参谋工作》(与厄威克合著)、《企业管理的理论与实践》等。

戴尔思想的精华主要体现在其著作《伟大的组织者》一书中。他主张用比较法来研究组织,反对组织和管理中存在着"普遍原则"。戴尔认为,掌握成功的企业和"伟大的组织者"的经验,就要用比较的方法来研究组织,发现并描述各种不同组织结构的"基本类似点",把这些"基本类似点"搜集起来予以分析,就可以得出某些一般结论,应用于其他类似或可比较的情况,作为一种对发展趋势作预测的手段。比较方法的价值在于它试图确定一般结论可以适用的领域。通过比较得出一般结论的方法可以采用演绎法(从假设出发,到实际情况中去检验),也可以采用归纳法(从具体情况的观察入手去检验,得出一般性结论),或把这两种方法结合起来。从以上各种方法得出的范围有限的一般性结论还要经过实践的检验,由此可能得出某些指导方针。如果再考虑到各种组织之间的差异并针对具体情况做出修正,这种指导方针有可能在极为有限的范围内做出预测。

2. 彼得·德鲁克(1909—2005):美国著名管理学家。其主要著作包括《经济人的末日》《工业人的未来》《公司的概念》《新社会》《管理的实践》《卓有成效的管理者》《管理:任务、责任、实践》《动荡年代的管理》《创新与企业家精神》《管理的前沿》《21世纪的管理挑战》等。

作为经验主义学派的代表人物,德鲁克认为管理学就是研究管理经验,主张通过经验研究,向学生传授管理知识。他认为通过对管理人员成功经验和失败教训的研究,能够了解和学习最为有效的管理技能。德鲁克提出了目标管理方法,这是一种以目标为导向、以人为中心、以成果为标准而使组织和个人取得最佳业绩的现代管理方法。它是德鲁克最重要、最有影响的概念,成为当代管理学的重要组成部分。德鲁克认为培养经理人具有极端重要性。经理人是企业中最昂贵的资源,而且也是折旧最快、最需要经常补充的一种资源。德鲁克认为,组织的目的是使平凡的人做出不平凡的事。组织不能依赖于天才,因为天才毕竟是凤毛麟角。考察一个组织是否优秀,要看其能否使平常人取得更好的绩效,能否使其成员的长处都发挥出来,并利用每个人的长处来帮助他人取得绩效。组织的任务还在于使其成员的缺点相抵消。德鲁克提出的"五项主要习惯"是领导特质理论的主要流派。他认为一个优秀的管理者必须具备以下五项主要习惯:善于利用有限的时间;注重贡献和工作绩效;善于发挥人之所长;集中精力于少数主要领域,建立有效的工作秩序;有效的决策。

德鲁克对美国及世界管理理论和实践的长期观察,使他能跟随着时代发展不断更新自己的认识,并在一些问题上进行哲学层面的探讨,以致他的著作成为管理实践者们案头必备的书籍。

七、权变理论学派的代表人物

权变理论学派兴起于20世纪60年代末70代初的美国,主要代表人物有弗雷德·卢桑斯、弗雷德·菲德勒、埃德加·沙因和琼·伍德沃德(Joan Woodward)等。

1. 弗雷德·卢桑斯:权变学派的主要代表人物,美国内布拉斯加大学教授。卢桑斯曾担任美国管理学会主席,是三种著名期刊——《世界商业》《组织动力学》《领导力和组织研究》——的主编。其主要著作有《心理资本》《权变管理理论:走出丛林的道路》《管理导论:一种权变学说》等。

卢桑斯把过去的管理学学科理论划分为4种学说:过程学说、计量学说、行为学说和系统学说。当过程、计量、行为、系统4种学说结合在一起时,就产生了"不同于部分总和的某种东西",这就是管理的"权变学说"。该学说认为权变关系是两个或两个以上的变量之间的一种函数关系。关于权变管理,卢桑斯提出了一个观念性的结构,这个结构有3个主要部分:环境、管理观念和技术。通常情况下,环境是自变量,而管理观念和技术是因变量。

环境变量分为外部环境与内部环境两个方面。外部环境又分一般外部环境和特有外部环境两种。一般外部环境由社会、技术、经济、政治和法律的力量所组成,它们对正式组织系统的影响一般不是直接的,但却是巨大的。特有外部环境包括供应者、顾客、竞争者等,它们也在正式组织系统的外部,却可能直接影响正式组织的运行。内部环境基本上是正式组织系统。它的各变量间以及它与外部环境各变量间是相互关联、相互依存的,其主要的内部变量包括组织结构、决策、交流和控制过程以及工艺的组织状态。

管理变量主要是指过程学说、计量学说、行为学说、系统学说等所主张的管理观念和技术,其中,过程的管理变量包括计划、组织、指挥、交流和控制;计量的管理变量包括基本的计量方法、决策模式、运筹学;行为的管理变量包括学习、行为的改变、动机的形成、集体动态、组织行为;系统的管理变量包括普通系统理论、系统设计和分析、信息管理系统。

权变关系是指独立的环境变量同从属的管理变量之间的函数关系。

2. 弗雷德·菲德勒:美国当代著名心理学家和管理专家。他所提出的"权变领导理论"开创了西方领导学理论的新阶段,使以往盛行的领导形态学理论研究转向了领导动态学研究的新轨道。他本人被西方管理学界称为"权变管理的创始人"。

菲德勒早年于芝加哥大学获得博士学位,毕业后留校任教;1951年担任伊利诺伊大学心理学教授和群体效能研究实验室主任,直至1969年前往华盛顿任教。菲德勒的代表作包括《一种领导效能理论》《让工作适应管理者》《权变模型:领导效用的新方向》等。

菲德勒从1951年起从管理心理学和实证环境分析两方面研究领导学,

提出了"权变领导理论",对领导学和管理学的发展产生了重要影响。菲德勒思想的主要作用是运用管理理论有效地指导管理实践,在管理理论与实践之间成功架起了一座桥梁。它反对不顾具体外部环境而一味追求最好的管理方法或寻求万能模式的教条主义,强调要针对不同的具体条件,采用不同的组织结构领导模式及管理技术。他认为管理要把环境作为管理理论的重要组成部分,要求企业各方面活动要服从环境的要求,领导者的行为尤其要如此。

3. 埃德加·沙因:美国社会心理学家,著名职业指导专家,组织心理学和组织文化领域的创始人之一。他创造了"企业文化"一词,是企业文化与组织心理学领域的开创者和奠基人。沙因的主要研究领域是组织文化和领导,以及管理者的职业发展和社会化过程。在其研究发表后,组织文化、职业锚、过程咨询成为当今管理学界众所周知的概念和理论。

沙因将组织文化定义为一种基本假设模型,其由特定群体文化在处理外部适应与内部聚合问题的过程中发明、发现或发展出来,并因运作效果良好而被认可,是可以传授给组织新成员以作为理解、思考和感受相关问题的正确方式。沙因将组织文化分为三个层次,也就是所谓的"睡莲模型"。第一层次如同睡莲浮在水面上的花朵和枝叶。它是组织文化的外在表现形式,是人们所能接触到和感知到的组织文化,人们可以通过它们形成对组织最直接的认识。第二层次是睡莲垂直生长在水中的枝和梗。它是组织公开倡导的价值观,是组织文化的中间层次。第三个层次是睡莲扎根在土壤中的根系。它是最深层次的,也是最不为人们关注的,但它作为组织文化中最重要的基础,为组织文化提供了牢固的支持。沙因将组织文化的发展过程分为三个阶段:第一阶段是诞生和早期发展阶段,第二阶段是组织的中年时代,第三个阶段是组织成熟阶段。

沙因还创造性地提出了"复杂人"的人性假设,为完成组织心理学的开山之作《组织心理学》奠定了基础。沙因认为,人不是单纯的"经济人",也不是完全的"社会人",而应该是因时、因地、因各种情况采取适当反应的"复杂人"。

4. 琼·伍德沃德(1916—1971):英国管理学家,权变理论学派代表人物,是公司生产过程类型技术型模式的开创者。其主要著作有《经营管理和工艺技术》《工业组织:理论和实践》《工业组织:行为和控制》。

伍德沃德根据制造程序的技术复杂度来发展厂商的分类尺度。技术复杂度表示制造过程的机械化程度。她将技术复杂度分为十种分类,然后又将其合并成三大基本技术群:第一类,小批量单位生产方式;第二类,大批量生产方式;第三类,连续生产方式。利用这种分类技术,她指出,在连续生产方式中,技术复杂度增加,则管理阶层数明显增多,管理人员与总公司人数也增多,这表示愈复杂的技术,就愈需要管理。同时,随着技术复杂度的增加,直接/间接劳工比却会降低,因为直接劳动的工作减少,而间接支持维修的劳工却增加了。伍德沃德发现,在这些技术类型和相应的公司结构之间存在着明显的相关性,即"结构因技术而变化",组织的绩效与技术和结构之间的"适应度"密切相关。由此产生了"伍德沃德法则":任何组织都需要采取某种技术,将投入转换为产出。为达到这一目标,组织要使用设备、材料、知识和富有经验的员工,并将这些要素组合到一定类型和形式的活动之中。但是,伍德沃德技术分类法的一个主要缺陷是它仅限于制造业组织。

八、管理科学学派的代表人物

管理科学学派的创始人是科学管理思想的代表人物泰罗。随着"二战"后数学被引入管理领域,学界开始运用科学的计量方法来研究和解决管理问题,使管理问题的研究由定性分析发展为定量分析的管理科学学派,其代表人物有埃尔伍德·伯法(Elwood S. Buffa)等。

埃尔伍德·伯法是研究现代化生产管理方法和管理科学的著名管理学家。1958年,伯法获得了加利福尼亚大学博士学位;曾担任加利福尼亚大学管理科学和经营管理学教授、哈佛大学商学院兼任客座教授。其主要著作包括《现代生产管理》《操作管理:问题与模型》《生产管理基础》《运筹学:建模和解决方案》(与吉米·戴尔合著)、《了解商业的今天》(与普莱切尔合著)、《操作管理:生产系统管理》《迎接竞争的挑战:美国公司生产的战略》《公司战略分析》(与博格合著)等。

从本质上说,管理科学中关于生产和运营管理的各种分析方法是在遵循科学方法的基础上利用各种模型。分析方法中必须确定衡量效率的尺度,建立一套标准来衡量生产活动中各种可供选择的方案的效率。这些衡量尺度可以包含利润、总成本、增量成本、机器停工时间、机器利用率、劳动成本、劳动力利用率、产品单位数量和流程时间等。伯法建立的体系被称为生产管理理论。伯法认为,任何企业要生存并发展壮大,最基本的活动就是提高生产效率。而提高效率,就需要优化资源配置,合理利用资源,恰当安排生产,由此才能构成企业的生产系统。在任何一个生产系统中,成功的管理依赖于三个方面:计划,即对生产活动进行整体设计;信息,即对企业的实际运行有充分了解;决策,即根据各种变化做出相关反应。随着科技的发展,生产管理已经成为不断发展的应用科学。伯法认为,随着计算机的发展与普及,实现对生产过程的数控、建立"人-机交互模式"的生产管理方式已经成为可能。

九、团体行为学派的代表人物

团体行为学派发源于人际关系学说,主要代表人物是克瑞斯·阿吉里斯。

克瑞斯·阿吉里斯(1923—2013)是美国著名心理学家,任教于哈佛大学商学院。他的主要著作包括《人格与组织》《人际能力与组织效能》《个体和组织一体化》《实践中的理论》《增加领导效能》《组织学习》《严谨研究的内在矛盾》等。

阿吉里斯的研究大体上可以分为三个阶段。第一阶段为20世纪50年代末到60年代初,阿吉里斯主要研究人性与组织的关系问题,以及组织需要和个人需要之间的吻合问题。其代表理论是"人性与组织"理论,也称为"不成熟-成熟"理论。第二阶段为20世纪60年代到70年代,阿吉里斯关注组织变革,努力寻找促进组织变革的方法,并提出把行动科学作为一种转变组织行为的工具来运用。其代表理论为"行动科学"理论。第三阶段为20世纪80年代之后的时期,这一阶段他的学术研究更为广阔和深入,重点放在组织知识的作用上,代表理论为"组织学习"理论。根据不成熟-成熟理论的研究,阿吉里斯认为组织设计阻碍了个体的成熟,并提出了以下定理:定理一,正式组织的要求和健康个性的发展是不协调的;定理二,组织与个性的不协调,将导致员工的挫折、失败、短期行为和思想矛盾;定理三,正式组织的原则会导致竞争和压力,产生并激化人际冲突,割裂工作的整体性。基于对组织中人性发展及其与组织的冲突的研究,阿吉里斯认为解决冲突的关键在于通过新的组织设计来实现个性与组织的协调。

十、经理角色学派的代表人物

亨利·明茨伯格是经理角色学派的代表人物。在国际管理界,明茨伯格是叛逆者,是最具原创性的管理大师,有"管理领域伟大的离经叛道者"之称。他的批评言论都收集在《管理者而非 MBA》一书中。在 2000 年管理科学年会上,明茨伯格因对管理学的贡献而获"杰出学者"奖。当他上台领奖时,掌声响彻了整个大厅。他调皮地说道:"我在 2000 年而不是 1990 年得奖是有原因的。"言下之意,那些层出不穷的公司丑闻和管理失败证明了其预言的成功。他的主要著作包括《管理工作本质》《组织的结构》《组织内外的权力斗争》《明茨伯格谈管理:人们的奇妙组织世界》《战略过程》《战略规划兴亡录》《管理者而非 MBA》《明茨伯格管理进行时》《战略历程》等。明茨伯格的"经理角色学派"的思想、观点在前面的章节进行了介绍,此处不再赘述。

第四节 现代管理思潮的代表人物

20 世纪 80 年代之后,在理论研究者和实践者的努力之下,现代管理理论继承了孔茨所说的"丛林"发展特征,争奇斗艳,且理论与实践均保持着繁荣发展的态势,形成了阵阵时尚与思潮,涌现出一批有影响力的学者,显示出管理学科的勃勃生机。

一、全面质量管理与企业文化研究的代表人物

第二次世界大战以后,世界范围内的政治、经济、技术等各个方面都发生了巨大的变化,也引发了竞争的加剧,其中十分突出的表现就是 20 世纪 70 年代中后期日本经济的迅速崛起。伴随着日本咄咄逼人的态势,对全面质量管理、丰田生产模式以及日本企业管理等问题进行总结和反思的研究成果不断涌现,一批备受瞩目的管理学者为此做出了重大的贡献。

1. 阿曼德·费根堡姆(Armand V. Feigenbaum,1922—2014):美国管

理学家,长期在美国通用电气公司工作,全面质量控制理论的构建者。1961年费根堡姆根据自己长期工作的经验出版了《全面质量控制》一书。他主张用系统而全面的方法管理质量,在质量管理过程中要求所有职能部门参与,而不局限于生产部门。这一观点要求在产品形成的早期就建立质量优势,而不是在既成事实后再做质量检验和控制。他努力摈弃当时最受关注的质量控制的技术方法,而将质量控制作为一种管理方法。他认为人际关系是质量控制活动的基本问题。一些特殊的方法如统计和预防维护,只能视为全面质量控制程序的一部分。

他将质量控制定义为:一个协调组织中人们对产品的质量保持和质量改进努力的有效体系,该体系是为了用最经济的水平生产出客户完全满意的产品。他指出质量并非意味着最佳,而是客户使用和售价的最佳。在质量控制里,控制一词代表一种管理工具,包括制定质量标准、按标准评价符合性、不符合标准时采取的行动和策划标准的改进等。费根堡姆强调全面的质量计划在组织和企业中是最有力的工具。要让质量计划发挥作用,组织管理者就必须承担责任,这些责任包括让领导者做出承诺并为组织发展做出应有的贡献。费根堡姆全面质量管理的思想对日本战后产品质量的提升起到了指引作用。

2. 威廉·戴明(William E. Deming,1900—1993):世界著名的质量管理专家,因对世界质量管理发展做出的卓越贡献而享誉全球。作为质量管理的先驱者,戴明学说对国际质量管理理论和方法始终产生着重要影响。20世纪80年代初,他受福特汽车公司首席执行官唐纳德·彼得森(Donald Peterson)的邀请,来到福特总部所在地底特律。当时福特汽车公司正与日本竞争对手激烈竞争,饱受质量事故的影响。戴明提出了有效的长期生产程序的改进方案、严格的生产纪律以及体制改革,来解决福特汽车公司的质量问题。戴明将一系列统计学方法引入美国产业界,以检测和改进多种生产模式,为后来杰克·韦尔奇(Jack Weich)等人的六西格玛管理法奠定了基础。

戴明学说简洁明了,体现其质量管理主要观点的十四要点(Deming's 14 Points)成为20世纪全面质量管理(TQM)的重要理论基础。戴明最早提出了PDCA循环的概念。PDCA循环是使一项活动有效进行的合乎逻辑的工作程序,在质量管理中得到了广泛的应用。

3. 约瑟夫·朱兰(Joseph M. Juran,1904—2008):美国著名的质量管理专家。1928年,他完成了《生产问题的统计方法应用》的小册子。1951年,《朱兰质量手册》的出版为他赢得了国际声誉。他于1954年抵达日本并举办中高级管理者专题研讨会。1979年,朱兰建立了朱兰学院,广泛传播他的观点,朱兰学院如今已成为世界上领先的质量管理咨询公司。

朱兰的《质量策划》一书是对公司质量策划的构成方法的总结。朱兰将质量管理分为三步:质量策划、质量控制和质量改进。质量策划即质量活动的计划;质量控制包括评估质量绩效,并弥合实际绩效和设定目标之间的差距。朱兰将第三步质量改进作为持续发展的过程,这一过程包括建立形成质量改进循环的必要的组织基础设施。朱兰认为大部分质量问题是管理层的错误而并非工作层的技巧问题。他首次将人的因素与质量管理结合起来,如今这一观点已得到全面质量管理工作的认同。

4. 威廉·大内(William G. Ouchi):日裔美国管理学家,Z理论创始人,日本管理模式研究领域影响最大的美国管理学者之一,其代表作是《Z理论:美国企业界如何迎接日本的挑战》《M型社会:美国团队如何夺回竞争优势》。前者通过美日比较探讨企业经营中的合作问题,是大内开出的美国企业走向的药方。后者通过对美日的比较研究,探讨企业、政府、同业工会、银行、学校之间在社会发展中的合作问题,开出了美国社会走向的药方。

Z理论认为企业和职工的利益是一致的,二者的积极主动性可以结合。按照Z理论,管理的主要内容有:企业对职工的雇佣是长期的,即使企业在经营状况不佳的条件下一般也不会解雇员工,这样便使职工感到职业有所保障而积极关心企业利益;结合上下级共同制定决策,鼓励员工积极参与企业管理;实行个人负责制,强调中层管理人员对各方面的建议要协调统一;基层管理人员要灵活地完成上级交代的任务;上下级之间的关系要融洽;对员工进行知识的全面培训,增加职工各方面的工作经验;建立相对缓慢评价和稳步提拔的制度体系,强调对职工进行全面的长期考核;建立合理的控制机制,实行正规的检测手段。

5. 理查德·帕斯卡尔(Richard T. Pascale):7S模型创始人之一,研究日本企业管理模式的代表人物之一。

1981年，帕斯卡尔与安东尼·阿索斯(Anthony G. Athos)合作出版了《日本管理艺术》一书，正式提出并系统阐述了著名的7S模型。7S包括战略(strategy)、结构(structure)、体制(systems)、管理风格(style)、人员(staff)、技能(skill)和共同的价值观(shared values)。7S模型提供了一种比较美国管理和日本管理的方法。帕斯卡尔和阿索斯总结说，在企业战略制定和推进过程中，仅具有明确的战略和深思熟虑的行动计划是远远不够的，战略只是其中的一个要素，企业成功必须综合考虑这七大要素才能起到协同效果。其中，战略、结构、体制是企业成功的"硬件"，技能、人员、管理风格和共同的价值观是企业成功的"软件"，只有将硬件因素与软件因素相结合，才能使企业经营获得成功。

帕斯卡尔最先倡导走动式管理的理念。他认为，管理者应该常常走出办公室，到工作或生产第一线与顾客和基层人员进行互相沟通，了解各种实际问题，一起面对并解决困难。这种双向沟通的方式既可以改善工作效率，也可以促使大家融洽相处，有助于建立团队精神。走动式管理并不等于管理者事必躬亲，亦非事无轻重缓急。管理者乱下指令只会削弱员工的自信，扼杀他们的创意，使员工丧失独立思考的能力。

6. 汤姆·彼得斯(Tom Peters)：著名管理学大师，在美国乃至整个西方世界被誉为"商界教皇"。1982年他与麦肯锡公司的沃特曼(Robert H. Waterman)合作出版《追求卓越》一书。该书开辟了商业书籍荣登畅销书榜首的先河，被称为"美国工商管理圣经"，在《福布斯》杂志评选出的20本最具影响力的商业图书中排名第一。继《追求卓越》之后，彼得斯又相继出版了《乱中求胜》《解放管理》《汤姆·彼得斯的管理经验》等著作。

彼得斯认为管理中人的直觉与情感是管理创新的源泉，管理的复杂之处来源于复杂的人性。通过借鉴管理心理学和行为科学的研究成果，以Y理论为根本出发点，彼得斯宣扬人的潜力和人性中积极的一面，并将人性总结为：人们需要有意义的生活；人们需要一定的控制权；人们需要受到鼓励和表扬；人们的行为在一定程度上形成态度和信念，而不是由态度和信念形成行为。彼得斯强调，变革是企业获得生存的唯一出路。他所强调的变革主要有：超越变化，超越放权，超越授权，超越忠诚，超越分解，超越策划，超越培训，超越完美。

二、跨文化比较研究的代表人物

在全球化浪潮中,国际化经营的企业在不同地区文化背景差异下进行跨文化管理,制定出企业跨国经营的发展战略,从而更有效地管理和发展企业,日益成为国际化经营的企业发展壮大的关键问题。这方面的研究以荷兰的吉尔特·霍夫斯泰德(Geert Hofstede)对影响国家文化形成原因的启发性研究最为著名。

吉尔特·霍夫斯泰德是荷兰著名心理学家、管理学家、跨文化比较研究的创始人。1980 年,霍夫斯泰德在美国出版了学术专著《文化的效应》。随着其理论在全世界的广泛传播与应用,霍夫斯泰德成为社会科学刊物索引前 100 位论文最常被引用的作者之一。

霍夫斯泰德认为,管理者必须有文化敏感性。在过去,理论家和企业家忽视了文化与管理的关系,这是管理学研究的一大弱点。许多管理理论产生于美国,第二次世界大战后管理学文献几乎由美国主宰。由于美国独特文化的局限,这些管理理论和经验对其他国家并不完全适用。一些欧洲国家将引进管理等同于引进技术,完全忽略了文化差异性,结果导致了经济和人力的重大损失。相反,日本根据本国国情,对从美国引进的管理学进行了因地制宜的改进,取得了丰硕的研究成果。

霍夫斯泰德提出了文化的"洋葱模型",认为文化是一个群体的成员据以区别于另一个群体成员的共同思维方式,价值观则是文化的基石。为了让人们更好地理解文化,他把文化比喻为有很多层的洋葱。最外面的一层称为象征物,如服装、食物、建筑物等,是人的肉眼很容易看见的。第二层是英雄人物性格,在一种文化里,人们所崇拜的英雄性格代表了该文化里大多数人的性格。因此,了解了英雄的性格,很大程度上就了解了英雄所在文化的民族性格。第三层是礼仪,礼仪是每种文化里对待人和自然的独特表达方式,如在中国文化中,重要场合吃饭时座位的安排很有讲究,而在日本见面要鞠躬。最里面一层是价值观,是指人们相信什么是真、善、美等抽象概念的情况,也是文化中最深邃、最难理解的部分。

霍夫斯泰德试图找出能够解释大范围内文化行为差异的因素,提出了"价值观是文化的基石"这一观点。他在《跨越合作的障碍:多元文化与管理》一书中从五个维度衡量各个国家的文化差异和特征,这五个维度分别是:不确定性规避;男性化-女性化;个人主义-集体主义;权力距离;短期倾向-长期倾向。他还提出了测量组织文化的六个维度:过程-结果导向;员工-工作导向;本单位-本专业导向;开放-封闭沟通系统;松散式-严密式控制导向;规范式-重实效式导向。

三、战略管理研究的代表人物

"战略"一词原是军事用语,20世纪60年代战略思想开始运用于商业领域,并在20世纪80年代后开始进入繁荣发展时期,出现了以波特为代表的一批战略管理学者。前面的章节已经简要介绍了安索夫、安德鲁斯和波特的战略思想,此处选择其他代表人物进行简要介绍。

1. 大前研一(Kenichi Ohmae):日本著名管理学家、经济评论家,被誉为"战略先生""日本战略之父",是全球研究亚洲经济最有影响力的学者之一。

大前研一是全球化的代表人物,作为第一批宣称全球经济到来的管理大师,他在《没有国界的世界》一书中前瞻性地预言了资金、企业、消费者和信息将会跨越国界流动的事实,并提出这四个因素是有形的国界所不再能防御的,因此竞争在大多数领域中正在日益全球化。

顾客是日本战略研究的核心及公司价值的关键所在。大前研一据此提出了企业"战略三角"的概念,即在任何企业战略构架过程中,必须考虑到三个主要的参与者:公司自身(corporation)、顾客(customer)和竞争者(competitor),此即"战略3C",其中的每一方面都是有着自己利益和目标的实体。从战略三角的环境来看,战略家的工作就是取得与竞争有关的优越业绩,这是获得商业成功的关键因素。与此同时,战略家必须确保其战略能很好地与市场的需求和自身的实力相匹配。大前研一提出,在遵循"避免和竞争对手在同样的战场做同样的事情"这一原则的基础上,企业有四种战略方法来获得竞争优势:(1)将精力集中在关键的成功因素上。每个行业都有一些职能或操作要素对于成功更为关键,因此抓住这些要素更容易取胜。(2)建立相对优越性。当所有的竞争者都在关键成功要素上展开竞争时,一个企业应在竞争条件下挖掘可能的差异,避免与对手直接对抗。(3)敢为天下先。想战胜实力雄厚的竞争对手,通常唯一可行的办法就是降低当前关键成功要素的价值,改变竞争环境,即引进新的关键成功要素。(4)运用战略自由度,将精力集中在某些竞争对手尚未涉及的领域里以求创新。大前研一强调,这四个面向代表四种不同的支配经济规则,四种不同的成功秘诀及态度。未来最成功的企业将会是那些能够在这四个面向上熟练运营的企业。

2. 罗莎贝丝·坎特(Rosabeth M. Kanter):被誉为"管理学的理论女王",其代表作是20世纪80年代出版的著作《变革大师》。坎特的理论中包含了社会学因素,属于人文主义传统范畴。

坎特认为,尊重员工是人性化管理的必然要求,是回报率最高的感情投资。尊重员工是领导者应该具备的职业素养,并且是获得员工尊重的一种重要途径。人性化管理就是要有人性化的观念和人性化的表现,最为简单和最为根本的途径就是尊重员工的私人身份。只有员工的私人身份受到了尊重,员工才会真正感到被尊重,被激励,才会全力完成本职工作,为团队付出努力。坎特提出了"企业五论",分别是:论职业资本、论企业创新、论商业联盟、论组织自信、论领导力。坎特指出,面对全球竞争的环境,发展地区的经济需具备"3C",即观念(concepts)、技术(competence)、联结(connections)。"3C"对应的人才分别为:思考人才(thinker)、执行人才(maker)、交易人才(trader)。

3. 伊查克·爱迪斯(Ichak Adizes):美国最有影响的管理学家之一,企业生命周期理论创立者,组织变革和组织治疗领域公认的大师级人物。他创立了以其名字命名的对企业及其文化进行诊疗的方法,即"爱迪斯法"。《企业生命周期》一书是爱迪斯几十年咨询经验的结晶和理论升华,也是世界上第一部把企业生命作为研究对象的著作。爱迪斯的理论被权威的管理杂志誉为"管理思想的新发展方向"。

爱迪斯的企业生命周期理论认为,企业组织与生命有机体一样具有固定的生命周期,即出生、成长、老化、死亡。组织体系随着生命周期不断演变,将会展现出可预测的行为模式。企业的成长主要通过灵活性和可控性这两大因素之间的关系来体现。规模和时间都不是引起企业成长和老化的原因。他把企业生命周期分为十个时期——孕育期、婴儿期、学步期、青春期、盛年期、稳定期、贵族期、官僚化早期、官僚化期、死亡期,并对每个时期的特征与陷阱进行了描述和分析,提出了相应的治理对策。

4. 约翰·科特(John P. Kotter):美国哈佛大学商学院教授,著名的组织行为学和领导科学权威学者。科特重视商业实践对管理思想的作用,他用了 20 年的时间对在哈佛商学院学习过的企业家们进行跟踪调查,得出了新形势下管理的新规则。因为对管理学的突出贡献,科特曾两度荣获麦肯锡基金会"哈佛商学院最佳文章奖"。1990 年和 1995 年,科特先后在《哈佛商业评论》上发表了《领导者真正做什么》和《领导变革:为什么企业转型的努力会失败》,阐述他的领导思想和组织变革思想。关于变革,科特总结出了两条重要的经验。一是变革过程中要经历一系列阶段,常常需要一段相当长的时间。跳过其中的某些阶段,只会造成一种速度假象,绝不会产生令人满意的结果。二是在变革的任何阶段出现关键性错误,都会造成毁灭性影响,阻碍变革。

5. 迈克尔·哈默(Michael Hammer,1948—2008):美国著名管理学家,企业再造和业务流程理念的创始人,与詹姆斯·钱皮合著的《企业再造》被奉为企业改革的"圣经"。1992 年,他被《商业周刊》评为 20 世纪 90 年代四位最杰出的管理思想家之一。1990 年,哈默在《哈佛商业评论》上发表了《再造:不是自动化,而是重新开始》,率先提出"企业再造"的思想。1993 年,哈默和钱皮合作出版了《企业再造》一书,标志着企业再造理论的正式诞生。

6. 詹姆斯·钱皮(James Champy):业务重组、企业再造和组织变革等管理领域的权威学者,指数咨询公司的创始人和董事长。他与哈默合著了引领"再造"风潮的经典管理书籍《企业再造》,1995 年撰写的《再造管理》被《商业周刊》列为最佳管理书籍之一。

7. 杰伊·巴尼:美国管理学会院士,美国俄亥俄州立大学管理与人力资源系教授,在耶鲁大学获得博士学位,曾任教于洛杉矶加利福尼亚大学和得克萨斯大学 A&M 分校。他是国际战略管理权威专家之一,也是企业资源基础观理论的主要奠基人。巴尼是《管理杂志》《组织科学》《美国管理学会评论》《战略管理杂志》《人力资源管理》和《组织科学》等期刊的编辑委员会成员。他的代表作是 1991 年发表的论文《企业资源与可持续竞争优势》。十几年来,其文章的引用率一直处于非常高的水平,其研究成果亦被国内外主流教材采用,在全球战略研究领域具有广泛而深刻的影响。

四、知识管理研究的代表人物

在20世纪末21世纪初,伴随着知识经济的迅猛发展,社会经济结构、产业结构、消费结构和市场行为发生着深刻变革。知识经济使企业面临着崭新的生存发展环境,企业的管理方式自然随之发生转变,知识管理成为研究的热点之一。在此研究领域中,野中郁次郎(Ikujiro Nonaka)是一颗耀眼的新星。

野中郁次郎是日本管理学家,著名知识管理大师,被誉为"知识管理理论之父"和"知识管理的拓荒者"。野中郁次郎揭示了日本企业成功的奥秘,认为日本企业的过人之处在于其能有组织地充分调动蕴藏于员工内心深处的个人知识。获得这种独特的组织能力,就能持续创新并获得竞争优势。20世纪90年代中期,野中郁次郎出版了《创造知识的企业》,该著被大前研一称为"日本有史以来最重要的管理学著作"。

野中郁次郎采用了波兰尼(Karl Polanyi)的知识可转移性的观点,将知识划分为隐性知识与显性知识,其中隐形知识更重要。野中指出,在企业创新活动的过程中,隐性知识和显性知识二者之间相互作用、相互转化,这种知识转化的过程实际上就是知识创造的过程。知识转化有四种基本模式:社会化(socialization)、外化(externalization)、联结化(combination)和内化(internalization),这就是著名的SECI模型(见图8-1)。知识创造的动态过程可以被概括为:高度个人化的隐性知识通过社会化、外化和联结化,在整个组织体系中传播,被员工吸收和升华。在这个过程中,知识实现增量增值和结构转变。组织知识的创造是按照由隐性知识向显性知识、由个人层次向组织层次转变和相互作用的螺旋方式进行的。从时间的逻辑上看,组织知识创造过程可分为五个阶段,即共享隐性知识、创造概念、检验概念、构建模型和知识转移。

五、组织学习研究的代表人物

在知识经济时代,谁学习的速度快、学习能力高,谁就可能竞争领先。

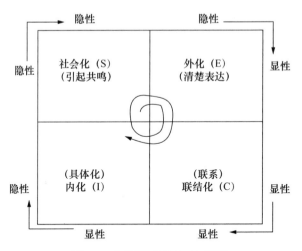

图 8-1　知识管理的 SECI 模型

资料来源：根据相关资料整理。

学习型组织（learning organization）成为世纪之交的流行词语之一。其研究的开拓性巨著是彼得·圣吉所著的《第五项修炼》，他也成为引领时代风尚的管理学家。

圣吉被称为"学习型组织之父"，是国际组织学习协会创始人和主席。1990 年，圣吉发表了代表作《第五项修炼：学习型组织的艺术与实务》，该书被西方企业界誉为"21 世纪的企业管理圣经"，被《哈佛商业评论》评为"过去 75 年中影响最深远的管理书籍之一"。美国《商业周刊》也因此推崇圣吉为"当代最杰出的新管理大师之一"。

圣吉最大的贡献是提出了"学习型组织"的"圣吉模型"及其操作要义，为组织的健康长远发展提供了指引。圣吉认为，人的绝大多数行为、知识和能力并非是天生的本能，而是后天学习获得的。随着社会的发展，人们变得富裕，从而开始追求精神层面的满足，于是通过不断学习、获取知识来充实和发展自己，实现自身的价值。学习被提高到与生命的意义相联系的高度，成为生活中至关重要的因素。圣吉致力于使系统动力学的要领简单化、通俗化和可操作化，发展出影响世界的学习型组织理论。他认为，只有提高学习能力、提升自身素质，企业才能适应复杂多变的市场形势。

圣吉认为公司内常见的学习障碍有四种：很多组织成员喜欢局限思考；

归罪于外;缺乏整体思考的积极主动性;管理团队的迷思。一个组织若想突破学习障碍成为学习型组织,圣吉给出了五项修炼对策:自我超越、改善心智模式、建立共同愿景、团队学习、系统思考。圣吉的"五项修炼"突破了传统的静态思考和表面推动,真正从改善心智和内因驱动出发,把团队和个人的愿景有机结合,实现了终身学习。前四项修炼是升华前的积累,而通过第五项修炼厚积而薄发,才能够真正建立起学习型组织。

六、管理思想史研究的代表人物

对学科思想史研究的深度和广度,是衡量一门学科成熟程度的一个重要指标。早在20世纪60年代,一些学者就已认识到,只有对管理思想的发展进行系统性梳理,才能形成真正的学科基础。20世纪70年代美国学者小克劳德·乔治和丹尼尔·雷恩较早开始系统研究,拉开了管理思想史研究的序幕。[①]

1. 丹尼尔·雷恩:被称为在历史学和管理学之间游弋的学者,研究管理思想史的大师级人物。雷恩以1972年出版的《管理思想的演变》一书出名,他在其中勾勒出一幅管理思想发展演变的宏观图景。他对管理思想史的研究,从人类社会发展中的经济层面、社会层面、政治层面、科技层面综合考虑,通过对这四个层面的分析和综合,确定管理思想发展的文化背景,并以此为标准,把管理思想史分为早期管理思想、科学管理时代、社会人时代、当前时代四大阶段。雷恩的研究有一大长处,就是遵循史学的基本要求,一方面尽可能展示历史原貌,复原历史真实;另一方面鉴古知今,提高人们的认知水平和反思能力。在管理学和历史学之间,雷恩走出了自己的学术道路。

2. 小艾尔弗雷德·钱德勒(Alfred D. Chandler, Jr., 1918—2007):著名的企业史学家,有人认为企业史(美国人称为商业史)这一研究领域就是他开创的。钱德勒的系列研究采取了聚焦式、跨学科的研究方法,先后出版的"三部曲"最为脍炙人口,为管理学提供了现实的组织演变轨迹。其中,《战略与结构:美国工商企业成长的若干篇章》一书以杜邦公司、通用汽车、新泽西标准石油公司和西尔斯公司为对象,讨论了分部制管理结构的产生、完善

---

① Richard J. Whiting. Management History: Goals and Rationale. *Academy of Management Proceedings*, 1973, 8:312.

过程,提出了战略追随结构的观点。《看得见的手:美国企业的管理革命》一书重点分析了由于管理协调的效率大于市场协调的效率,美国企业诞生、壮大过程中等级制管理团队的出现和经营权、所有权两权分离等关键变化,并从中总结归纳出现代企业的基本特征。《规模与范围》一书则将研究视野扩展到主要发达资本主义国家的企业兴衰,认为其背后的主因是生产、营销和管理三方面所形成的组织能力的变化。

  钱德勒的著作通过严密的经济学分析来阐述故事背后的世界大势,这一大势的走向就是现代人类的组织与管理能力。有论者指出,在经济学界,钱德勒关于企业组织与管理的经济学分析,可以使经济学中的一般均衡理论轰然坍塌,他的成就是任何经济学家都绕不过去的高山。对管理学而言,多数管理学家往往着眼于管理之"器",而程度不同地忽视了管理之"道",钱德勒则立足于管理之"道"的探求,揭示了管理现象背后的形成机理。从钱德勒的著作中,我们可以感受到企业史对于管理学学科理论发展的分量。

第五编

管理学学科研究方法

第九章　管理学主要研究方法

本章介绍管理学研究常用的研究方法。在研究设计的过程中,我们需要根据研究问题的性质选择合适的研究方法。作为后起的学科,管理学更多地借用经济学、社会学和心理学等学科的理论和研究方法,这也造成了其研究方法的多样性。各种管理研究方法之间本没有优劣之分,但各有其优势及缺陷。因此,对于研究者来说,掌握多种研究方法是非常必要的。

第一节　研究方法的类型与研究战略

一、研究方法的类型与研究战略

在一项研究中,研究问题、研究方法、变量测量与统计分析是相辅相成、紧密联结的不同步骤。因此,在研究设计的过程中,我们需要根据研究问题的性质选择合适的研究方法,实现研究问题与研究方法的合理匹配。虽然,在研究设计的过程中,各种管理研究方法之间本身没有优劣之分,但是,正如麦格拉斯(McGrath)所说,在研究方法的选择过程之中会面临一个"三角困境"(three horned dilemma)(如图9-1所示)。①

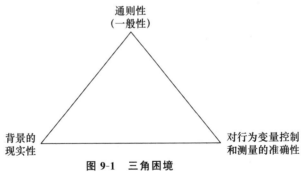

图9-1　三角困境

资料来源:J. McGrath. Dilemmatics: The Study of Research Choices and Dilemmas. In: J. E. McGrath, J. Martin, R. A. Kulka (eds.). *Judgment Calls in Research*. Newburry Park, CA: Sage, 1982:69-102.

---

① J. McGrath. Dilemmatics: The Study of Research Choices and Dilemmas. In: J. E. McGrath, J. Martin, R. A. Kulka (eds.). *Judgment Calls in Research*. Newburry Park, CA: Sage, 1982:69-102.

三个指标的具体含义是指：(1) 通则性（一般性），它支持研究的外部效度问题；①(2) 对行为变量控制和测量的准确性，它影响着内在效度和构念效度；②(3) 背景的现实性。不同的研究方法在满足三个指标的程度上存在差异，因此根据各种研究方法在各个指标上的差异，再加上调查者介入与不介入研究的差异，以及行为系统的一般化与特殊化差异，我们将管理学研究方法分为 8 种类型：形式理论（formal theory）、样本调查（sample surveys）、实验室实验（laboratory experiment）、判断任务（judgment tasks）、计算机模拟（computer simulation）、实验模拟（experiment simulation）、实地研究（field studies）和实地实验（field experiment）。我们同时进一步将文献探讨（literature reviews）纳入到形式理论中去，再将实地研究按资料收集的方式分为两类——一手资料和二手资料，并将各个研究方法与具体的研究战略相结合，实现研究问题与研究方法在战略上的匹配。具体分类可见图 9-2。

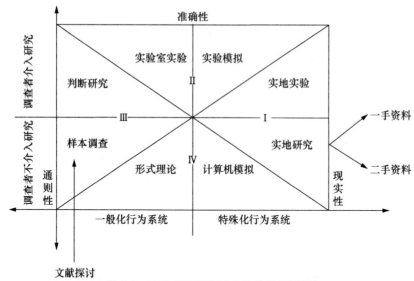

图 9-2　研究问题与研究方法战略匹配图

资料来源：J. McGrath. Dilemmatics: The Study of Research Choices and Dilemmas. In: J. E. McGrath, J. Martin, R. A. Kulka (eds.). *Judgment Calls in Research*. Newburry Park, CA: Sage, 1982: 69-102.

---

① P. R. Sackett, J. R. Larson, Jr. Research Strategies and Tactics in Industrial and Organizational Psychology. In: M. D. Dunnette, L. M. Hough (eds.). *Handbook of Industrial and Organizational Psychology*. Palo Alto, CA: Consulting Psychologists Press, 1990: 419-489.

② Ibid.

第Ⅰ象限:实地战略,包括实地实验和实地研究,主要特点是在自然条件下开展研究。实地研究的最大优势就是其自然状态的研究最大化了背景的现实性,其研究成果对于实际管理者有很强的说服力,因此实地研究是组织研究中最为重要的研究方法。但是,该研究方案因为缺乏实验性控制而降低了行为变量控制和测量的准确性,同时,因为研究总体在目标总体的代表性很难控制,随之产生的还有总体通则性问题。实地研究可根据数据收集的方式,具体分为一手资料实地研究和二手资料实地研究。实地实验指在实地环境中收集数据,但收集过程操纵了行为变量。该研究战略具有较高的测量准确性(存在行为控制变量)和背景现实性,但总体一般性较低。

第Ⅱ象限:实验战略,包括实验室实验和实验模拟,其主要特点是在人造环境中开展研究。实验室实验是指研究者在控制足以影响实验结果的无关干扰变量之下,探讨自变量与因变量是否存在因果关系的一种研究方法,是组织研究常用的研究方案。该方案最大化了行为测量的准确性,但降低了一般性和背景现实性。实验模拟则是在实验中通过场景模拟来增强背景的现实性,有适度高的测量准确性和背景现实性,但总体一般性较低。

第Ⅲ象限:应答战略,包括判断研究和样本调查,其主要特点是对调查者的回答进行分析。问卷调查是以问卷的形式用同样的问题对不同的对象进行调查。恰当的抽样可以最大化样本的代表性,因此问卷调查最大化了总体通则性,但降低了背景现实性和测量准确性。因此,使用该方案发表的论文呈现明显减少的趋势。判断研究研究参与者的判断和评价行为。该方案的样本抽样是系统性的,但代表性不一定很强,且场景往往是人为的。因此,该研究方案有适度高的总体一般性和测量准确性,以及比较低的背景现实性。

第Ⅳ象限:理论战略,包括形式理论和计算机模拟,主要特点是不需要另外进行数据的收集。形式理论泛指除实证研究以外的研究,如数学推导、文献探讨等,是组织研究中使用率仅次于实地研究的方法,但其被引用率呈减少趋势。以文献探讨为例,研究者往往会归纳一个领域的文献,为实证研究提供概念化的模型以及实证检验的基本假设,也可以在归纳判断基础上提出一个新的理论。该方案使总体一般性最大化,但降低了背景现实性和测量的准确性。计算机模拟包括人造数据创造或过程的模拟,典型的例子是蒙特卡洛方法(Monte Carlo method)。研究者经常在难以获得分析性解决方案时采用该方法。该研究战略有中高度的总体一般性和背景现实性及比较低的测量准确性。随着计算机技术的进步,该方案的使用呈现出一定的上升趋势。

二、多元测定

由于在研究设计的过程中面临"三角困境"的选择难题,所以,不存在没有缺陷的研究,任何研究方法都存在固有的内在缺陷,方法的选择限制了研究人员的结论。因此,有必要获得使用不同的方法得出的确实证据,这就是著名的"多元测定"(Triangulation)问题。

"多元测定"的比喻来源于军事,指使用多个参数点来对一个目标进行准确定位。在社会科学领域,多元测定法的运用可以追溯到坎贝尔(Campbell)和菲斯克(Fiske)发展的多项特质-多方法组合法(Multitrait-Multimethod Matrix),即研究者使用不同方法来评价不同特点,以检验测量的区别效度(discriminant validity)和会聚效度(convergent validity)。多元测定也可指使用不同的数据收集方法,例如,在研究兼并过程中的焦虑与工作安全的问题时,采用的数据有自我报告(量表)、会谈、同事观察和公司档案记录,不同的资料来源提供不同的观点:兼并时发生了什么?它怎样影响员工对压力和工作安全的报告?最后,在研究战略的选择上也存在多元测定问题,研究者可能用实验室实验和实地实验来检验同一个研究问题。因此多元测定可以在测量、数据收集和研究战略三个层面上展开研究。

三、变量的类型与测量的科学性

20世纪50年代以来,实证主义研究范式在社会科学中占据主导地位。实证主义传统强调客观规律与抽象的理论之间存在的双向关系。[1] 正如自然科学的研究一样,社会科学研究中的实证主义范式认为客观规律和事实是现实存在的,研究者的任务是通过科学的测量,实现对研究对象的数量化表达,以此来观察、解释、预测变量之间的因果关系。

在一般的研究设计模型中,应该包括自变量(independent variable)、因变量(dependent variable)以及控制变量(control variable)。自变量是在假设中引起某个现象的变量,也就是实验中由实(试)验者操纵的变量,也叫解释变量,通常用 X 表示。因变量是在研究假设中被预测的变量,或者实验者认为会随着

---

[1] Auguste Comte. *Introduction to Positive Philosophy*. Frederick Ferré(ed.). Indianapolis: Hacktt Publishing Company,1998.

自变量的变化而变化的变量,也称为被解释变量,通常用 Y 表示。[1] 在研究的过程中,并非只有自变量才和因变量有关,自变量之外往往存在额外相关变量,此类变量简称额外变量,因对其必须想办法加以控制,使之在研究过程中保持恒定不变,因此又被称为控制变量,通常用 $X_i(i=1,2,3\cdots)$ 表示(见图 9-3)。

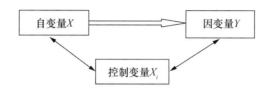

图 9-3　自变量—因变量—控制变量图

资料来源:温忠麟,侯杰泰,张雷.调节效应与中介效应的比较和应用.心理学报,2005,37(2):268-274.

在一些相对复杂的模型中,可能包括中介变量(mediator)和调节变量(moderator),从而形成中介效应(mediator effect)与调节效应(moderator effect)。在更加复杂的研究中,可能还存在被中介的调节效应和被调节的中介效应。下面将对这两个概念、两种效应以及模型中的检验进行具体说明。

1. 中介变量与中介效应

如图 9-4 所示,考虑自变量 X 对因变量 Y 的影响,如果 X 通过影响变量 M 来影响 Y,则称 M 为中介变量。例如,"父亲的经济地位"影响"儿子的教育程度",进而影响"儿子的经济地位",那么,"儿子的教育程度"就是一个中介变量。[2]

对中介效应的检验目前主要有三种不同的做法。[3] 传统的做法是对回归系数的检验。[4] 如果同时满足下面两个条件,则中介效应显著:(1)自变量显著影响因变量;(2)在因果链中任一个变量,当控制了它前面的变量(包括

---

[1] 陈晓萍,徐淑英,樊景立.组织与管理研究的实证方法.2 版.北京:北京大学出版社,2012.
[2] 温忠麟,侯杰泰,张雷.调节效应与中介效应的比较和应用.心理学报,2005,37(2):268-274.
[3] D. P. Mackinnon, C. M. Lockwood, J. M. Hoffman, S. C. West, V. Sheets. A Comparison of Methods to Test Mediation and Other Intervention Variable Effects. *Psychological Methods*, 2002,7(1):83-104.
[4] R. M. Baron, D. Kenny. The Moderator-mediator Variable Distinction in Social Psychological Research: Conceptual, Strategic, and Statistic Considerations. *Journal of Personality and Social Psychology*, 1986, 51(6):1173-1182.

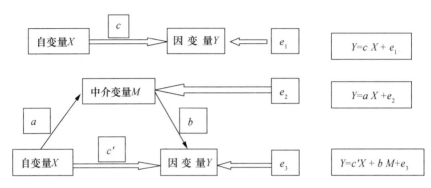

图 9-4 中介变量图

资料来源:温忠麟,侯杰泰,张雷.调节效应与中介效应的比较和应用.心理学报,2005,37(2):268-274.

自变量)后,显著影响它的后继变量,也称为部分中介效应;(3) 在控制了中介变量之后,自变量对因变量的影响不显著,这是贾德(Judd)和肯尼(Kenny)定义的完全中介效应必须满足的第三个条件。[①] 第二种方式是检验经过中介变量路径上的回归系数乘积 ab 是否显著,即 $H_0: ab=0$,如果原假设被拒绝,则中介效应显著。[②] 第三种方式是检验 c' 与 c 的差异是否显著,即 $H_0: c-c'=0$,如果拒绝原假设,则中介效应显著。[③]

2. 调节变量与调节效应

如果变量 Y 与变量 X 的关系是变量 M 的函数,则称 M 为调节变量。也就是说 Y 与 X 的关系受到第三个变量 M 的影响(见图 9-5)。

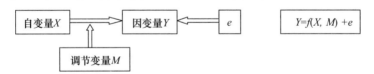

图 9-5 调节变量图

资料来源:温忠麟,侯杰泰,张雷.调节效应与中介效应的比较和应用.心理学报,2005,37(2):268-274.

---

① C. M. Judd, D. A. Kenny. Process Analysis: Estimating Mediation in Treatment Evaluations. *Evaluation Review*, 1981, 5(5):602-619.

② M. E. Sober. Asymptotic Confidence Intervals for Linear Structural Equation Models. In: J. S. Long (ed.) *Common Problems/Proper Solutions*. Beverly Hills, CA: Sage, 1988:46-64.

③ C. C. Clogg, E. Petkova, E. S. Shihadeh. Statistical Methods for Analyzing Collapsibility in Regression Models. *Journal of Educational Statistics*, 1992, 17(1):51-74.

调节变量可以是定性的(如性别、种族、学校类型等),也可以是定量的(如年龄、受教育程度、刺激次数等),它影响因变量与自变量之间关系的方向(正或负)和强弱。[①] 例如,有研究发现专业匹配与组织认同之间的关系受到性别的影响,在男性中这种关系较强,而在女性中这种关系并不显著。这时,自变量(X)是员工的专业背景与组织的匹配程度,因变量(Y)是员工对组织的认同,而性别(男性或女性)就是调节变量(M)。

在理解调节效应时,应该将其与交互效应区分开来。调节效应是指一个变量(X_1)影响了另一个变量(X_2)对 Y 的影响。而交互效应是指,两个变量(X_1 和 X_2)共同作用时,对 Y 的影响不等于分别影响 Y 时简单的数学和。简单来说,在调节效应模型中,自变量与调节变量的关系是不对称的,由理论基础本身确定;而在交互效应模型中,两个变量的关系可以是对称的,也可以是不对称的。

四、变量测量的信度与效度

从研究方法论的角度来看,对变量测量科学性的考察主要关心两项技术性指标:效度(validity)与信度(reliability)。理论与社会科学研究之间的关系是一个永不停息的从归纳到演绎又从演绎到归纳的互动过程,但是,无论是演绎过程还是归纳过程,二者在测量中都存在产生大量的偏差的机会,这些偏差的大小是通过效度和信度来衡量的。信度是指使用相同研究技术重复测量同一个对象时,得到相同研究结果的可能性。在实际研究中,社会科学研究者已经创造出了许多测试和提高信度的方法,如前测—后测法、对分法等。常用的信度指标有三类:稳定性(stability)、等值性(equivalence)和内部一致性(internal consistency)。

而效度则相对比较复杂,因为与对信度的测试不同,效度往往不能用客观的方法直接计算测量。在研究方法中,效度是指实证测量在多大程度上反映了概念的真实含义。库克(Cook)和坎贝尔(Campbell)提出了 4 种类型

[①] R. M. Baron, D. Kenny. The Moderator-mediator Variable Distinction in Social Psychological Research: Conceptual, Strategic, and Statistic Considerations. *Journal of Personality and Social Psychology*, 1986, 51(6): 1173-1182.

的效度:内在效度、外在效度、构念效度和统计结论效度。①

1. 内在效度

内在效度(internal validity)是根据研究发现推论原因的效度,即关注因果关系。而因果关系的评判标准包括三个:(1)调查变量之间确实存在相关性;(2)数据收集的过程表明了原因先于结果;(3)替代性的解释被否定,如两个变量的实证相关不因为第三个变量的存在而存在。② 内部效度与研究的时间维度选择(截面研究还是纵向研究)和研究方案的选择密切相关。

2. 外在效度

外在效度(external validity)指的是跨时间、背景和个体的通则性,即研究结果推广到更大范围的能力。比如,一项实验显示饮酒导致人们的思维能力下降,但这仅是一个实验结果。在现实生活中,饮酒会不会导致思维能力的下降?在冬季饮酒会不会造成同样的结果?这些问题就是外部效度问题。外部效度问题与样本的类型、调查对象的职业和研究方案有关。

3. 构念效度

"管理科学实际上就是用抽象的构念把管理现象理论化。这里的'构念'是指,为了研究管理现象而发展出来的抽象概念。"③构念(construct)是用来解释人类行为的理论架构或心理特质,它是观察不到的,但心理学假设它是存在的,以便能解释人类的行为,如动机、性向等。构念效度(又称为建构效度)是指测验能够测量到理论上的构念的程度,即一些比较复杂的、抽象的概念的有效度。检验构念效度的技术有验证因素分析(CFA)、探索性因素分析(EFA)等。

4. 统计结论效度

统计结论效度(statistical conclusion validity)是指共变统计证据基础做

---

① T. D. Cook, D. T. Campbell. The Design and Conduct of True Experiments and Quasi-experiments in Field Setting. In: M. D. Dunnette(ed.). Handbook of Industrial and Organizational Psychology. Chicago: Rand McNally, 1976: 223-336.

② P. R. Sackett, J. K. Larson. Research Strategies and Tactics in Industrial and Organizational Psychology. In: M. D. Dunnette, L. M. Hough(eds.). Handbook of Industrial and Organizational Psychology. Palo Alto, CA: Consulting Psychologists Press, 1990: 419-489.

③ 陈晓萍,徐淑英,樊景立. 组织与管理研究的实证方法. 2版. 北京:北京大学出版社,2012: 323.

结论的能力。① 统计推断效度、测量的不可信和不恰当测试的使用描述是对内在效度的附加威胁,因此统计判断效度问题与内部效度问题有关。但是,变量的相关性仅仅是因果的充分条件而非必要条件。样本大小、因变量的数量和数据分析方法是影响统计结论效度的重要因素。

第二节 实验法与准实验法

一、实验法

1. 实验法的定义与实验设计

实验法是一种科学观察的研究方法。在管理科学研究中,实验法是不可或缺的手段或方法,指在可控的实验环境条件下,针对某一特定管理现象或管理问题,研究如何控制实验条件、观察实验者行为以及分析实验结果,以检验、比较和完善管理理论,或为管理者提供决策依据。从泰罗的"铲铁实验"到梅奥的"霍桑实验",再到勒温的"领导模式实验",这一系列经典实验研究都为现代管理学基础理论的形成和发展提供了强有力的支撑。

实验法主要适合于范围有限、界定明确的概述与假设,更适合于解释,而非描述,因而实验法特别适用于假设检验。在自然科学和社会科学中,最传统的实验涉及三组主要成分:自变量与因变量;前测与后测;实验组与对照组。在最简单的研究设计中,受试者首先作为因变量接受测量(前测),再接受自变量的刺激,然后作为因变量再接受测量(后测),而因变量前后测量之间的差异就是自变量的影响力。坎贝尔和斯坦利提出了三种实验设计,分别是单次研究设计、单组前后测设计以及静态组间比较。

2. 实验法的无效度来源

在实验法的实验设计过程中,存在若干影响实验研究的因素,坎贝尔和斯坦利将其归纳为内在无效度(internal invalidity)和外在无效度(external

---

① P. R. Sackett, J. R. Larson. Research Strategies and Tactics in Industrial and Organizational Psychology. In: M. D. Dunnette, L. M. Hough(eds.). *Handbook of Industrial and Organizational Psychology*, Palo Alto, CA: Consulting Psychologists Press, 1990: 419-489.

invalidity)。所谓内在无效度是指实验研究的结论没有正确地反映研究问题本身，因为只要实验以外的因素影响了因变量，就会存在内在无效度性。其来源因素可能包括历史事件(history)、成熟(maturation)、测量(testing)、测量工具(instrumentation)、统计回归(statistical regression)、选择偏好(selection biases)等。而外在无效度是指实验结果没有能够概化到"现实"世界。即使实验结果能够正确反映实验过程，但不一定能够告诉我们社会的百态，比如在实验过程中，可能存在实验本身与刺激产生的交互作用。当然，实验者可以通过合理的研究设计来控制这些问题。

3. 实验法的优缺点

实验法的优点主要包括三个方面：第一，实验变量与它带来的影响得以区分开来；第二，实验有一定的范围限制，可节约成本；第三，其严密的逻辑性是其他方法无法比拟的。而实验法最大的弱点也在于人为制造，能在实验室内发生的社会过程，未必能在自然的社会环境中发生，因此存在一定的局限性。

二、准实验法

在实际的管理科学研究中，随机分配、对变量的操控往往无法理想化地实现，这也是实验法缺陷的部分体现。因此，在出现无法操作的完全随机情境下，准实验法便成了权宜之计。准实验研究将最大程度上保证各试验组和对照组之间的可比性，解决不能随机分配问题的干扰，通过精心设计、细致分析，尽量发现和排除各种可能的干扰因素，减少准实验研究内部的不良影响，这些也能够使研究具有较高有效性。

第三节 问卷调查法

一、问卷调查法概念

问卷调查法是管理科学的定量研究中运用最为普遍的调查主体的方法，也是直接获取数据进行分析最有效的方法。它是研究者用书面的形式搜集研究材料的一种有效手段，通常以个体为单位（当需要分析单位对象时，研究者也往往将单位对象细分为个体分别进行数据的收集），以简明扼要、具有代表性意义的征询表为载体。问卷调查法可用于描述性、解释性或探索性的研究,以获得所需要的资料和信息。

问卷调查法的实用性体现在以下几个方面:(1)成本低廉可控,是实地研究中最经济的研究方法;(2)搜集时间较短,问卷调查法是切实有效的数据搜集法;(3)对象相对独立,个体为单位的特征决定了该方法调查对象之间的相互影响程度的大小;(4)实施独立可行,因为其方便可行,且不会对被调查者造成干扰,所以容易得到支持。

然而,问卷调查法也存在着诸多缺陷,尤其是搜集的数据很大程度上由问卷及被访者的质量决定。一份设计不好的问卷易使调查对象产生误解或者使其失去信任而草草了事;一份冗长的问卷,会使采访对象疲惫厌倦;被访者与希望调查的群体间存在的巨大差异也会明显影响调查结果。

下面具体介绍如何设计问卷调查以及问卷调查有哪些分类。

二、问卷设计

在现代管理学研究中,研究人员做了大量的实证研究工作,设计了大量的研究量表,这些量表对今后的研究学习而言意义深远,如海克曼(Hackman)和奥尔德曼(Oldman)创建的工作特征模型,以及由此创建的工作针对性量表等。为顺利地进行数据搜集,设计完整的自用问卷显得十分必要。下面介绍问卷的一般结构,包括卷首语、问题及回答方式、编码、其他资料等四个组成部分。

1. 卷首语。卷首语的存在旨在说明这个问卷调查的背景,介绍调查方的信息、目的,并向将要认真完成调查问卷的被调查者表示衷心的感谢和问候。这是一个积极正向的双方沟通、相互了解的过程,可以让被调查者清晰简明地了解调查意图,以更好地达到调查目的,同时,也对被调查者表示充分的尊重和感谢。一个恰当的卷首语可以极大地提高问卷的回收率及有效性。

2. 填表说明。在需要被调查者回答问题前,往往需要注明对问卷中问题回答的说明。因为问卷中问题设计的种类有很多种,有开放式回答,即不提供任何标准选项,由被调查者自由填写;有封闭式回答,即从所列出的答案中选取一种或者多种答案的回答方式;还有混合式回答。因此,需要附上调查说明,以免由于理解误差造成问卷无效。

3. 问题设计。贯穿问卷设计的宗旨就是"换位思考",这要求问卷设计者充分站在被调查对象的角度考虑问题的设计,这也是充分遵照问卷调查目的的设计原则。在设计流程方面,设计时应该对初稿不断试用、反馈和修改,最终确定问卷正式文本。在设计问卷调查的方式方面,设计者应该充分考虑在特定情形下,每一种问卷调查会遇到的主观障碍和客观障碍,包括被调查者心理上对问卷可能产生的各种不良反应所形成的障碍。在设计问卷内容上,要充分考虑被调查对象的回答反应,尽可能清晰地传递想要搜集的主题,并设计对象可接受的答案排列方式。最后,还要考虑发放问卷的时间、物质成本等对整个研究的影响。

4. 编码及其他资料。编码就是将问卷中的每一个问题及答案进行赋值,这个工作可以在问卷设计阶段完成,也可以在调查回收后完成,前者称为预编码,后者称为后编码。

三、问卷调查法的分类

问卷调查的种类因分类属性的不同而不同。按照问卷填写者的不同,可将其分为自填式问卷调查和代填式问卷调查,代填式中又可以细分为访问问卷和电话问卷;按照问卷的传递方式的不同,可将其分为报刊问卷调查、邮政问卷调查和送发问卷调查等。下面将这几类进行简单的比较(见表9-1)。

表 9-1 调查问卷的分类与比较

项目	自填式问卷	代填式问卷	
		访问问卷	电话问卷
调查范围	很广	较广	窄
调查对象	难控制和选择,代表性差	有一定的控制和选择,但回复问卷代表性难以估计	有较强的控制和选择权
回复率	很低	较低	高
回答质量	较高	较高	较低
调查成本	较低	较高	较低
影响回答的因素	无法了解、控制、判断	有一定控制和选择权	可控制和选择

资料来源:作者整理。

第四节　非介入性研究

一、非介入性研究的概念与特征

在前面介绍的实验法、准实验法、问卷调查等研究方法中,研究者都在不同程度上介入了研究对象,最明显的例子是实验法,而问卷调查、实地研究法中的被研究者也不同程度上受到干扰。非介入性研究(unobtrusive research)最初由韦伯(E. J. Webb)等人于1966年提出,它是指研究者不直接观察研究对象的行为,也不直接沟通,不引起研究对象的反应,更不介入其行为。它可以是定性的,也可以是定量的。

非介入性研究的主要特征包括以下几个方面。

1. 研究者无法操纵和控制所研究的变量。其所依据的文本、统计数据和历史记录都是过去已经发生了的客观存在的事物,研究者只是按照科学的方法对其进行分析,旨在由过去时间的因果逻辑和发展趋势观察现在,预测未来。

2. 假设的提出与论证过程重合。介入性研究方法一般是先有假设,然后再对假设进行论证。而非介入性研究假设的提出是从已有的文本、统计数据和历史记录中辨析出来的,后续的论证从历史资料中分析、综合,只不过比假设辨析阶段更加深入与精确。[①]

3. 研究者不介入被研究对象。在介入性研究方法中,研究者都不同程度上直接介入被研究对象,这可能会引起被研究的反应,存在"霍桑实验效应"。而在非介入性研究中,研究者独立于被研究者,就不存在此种缺陷。

二、非介入性研究的类型

非介入性研究主要可以分为三大类别:文本分析(content analysis)、现有统计数据分析(existing statistics analysis)和历程比较分析(history comparative analysis)。

1. 文本分析。文本分析是一种将文件中的文字与图像内容从零碎的定

---

① 李怀祖. 管理研究方法论. 西安:西安交通大学出版社,2004:156-159.

性形式转化为系统的定量形式的一种研究方法,其本质是一种编码运作。文本分析可以分为以下几个步骤:假设形成——变量抽取及属性归类——资料分析——结果分析。

文本分析的优缺点也是十分明显的。就其优点而言,主要表现在以下几个方面。首先是经济性:它不需要大量的研究人员与特殊设备,只需要接触资料进行编码,具有较好的经济性。其次是安全性:当发现研究中出现不完美的情况时,研究人员只需要对某个部分进行重新编码,而不需要重想试验研究方法或重做整个研究,可重复性高。再次是期间性:文本分析可以观察相对较长一段时间内发生的事情。最后是非介入性:研究者独立于被研究者,对被研究对象花费的时间精力较少。但是其缺点也十分明显,即研究者被局限在考察已经记录好的传播的内容上,并且其信度与效度的要求常常相互矛盾。

2. 现有统计数据分析。现有统计数据的来源可以通过以下几种途径获得:(1) 研究报告,包括公开发表的各种研究报告,研究者可以对其数据进行二次分析(secondary analysis);(2) 官方统计资料,包括统计年鉴、报表、报告等;(3) 信息调查研究机构与咨询公司数据库等。当然,随着互联网技术的发展,我们可以通过互联网更方便地获取信息。现有统计数据分析方法的研究步骤与文本分析类似,都包括"假设形成——变量抽取及属性归类——资料分析——结果分析"的过程。

3. 历程比较分析。历程比较分析是在系统收集与客观分析的基础之上,验证因果逻辑关系、相关关系的假设,从而揭示当前,预测未来。当然,这种方法常常被认为是思辨的而非科学的方法。

历程比较属于定性研究方法,因而不能简单地归纳为几个步骤,必须从大量详细描述研究议题的作品中发现其模式,这是一个由社会现象的本质特征所组成的概念模型。历程比较分析方法虽然被认为是一种定性而非定量的技术,但也绝非必然,因为研究者常常通过时间序列的资料来观察被研究者随着时间变化的情况,如死亡率、失业率等。

第五节 案 例 研 究

一、案例研究的定义与特点

通常认为,案例研究起源于19世纪末20世纪初的社会科学研究,随后被广泛应用于人类学、心理学等领域,并且成为当代社会学的重要研究范式之一。案例研究作为一种完整的管理研究方法,包含了其特有的设计逻辑、数据搜集及数据分析的方法,是一种研究设计的逻辑,被用于实证性的研究探索,用以探索当前现象在实际生活场景下的状况。当现象与场景界定不清且不容易做清楚区分时,研究者常常使用此种研究策略。

与实证主义研究模式相对比,案例研究作为一种理论构建主义范式,它们之间的区别见表9-2所示。

表9-2 理论构建主义研究模式与逻辑实证主义研究模式的区别

模式类型 区别	实证主义研究模式	理论构建主义研究模式
本体论	存在唯一的现实	现实存在是多元的、构建的
认识论	认识主体与客体之间的相互独立	认识主体与客体不可分割
价值论	研究者的价值中立	受研究者价值观的制约
通则论	可超越时间和情境进行通则化研究	超越时间和情境而通则化是不可能的
因果关系	在结果之前或同时必有真正的原因	区分原因与结果是不可能的
研究逻辑	强调预先假说与从一般到特殊的推论	强调"扎根"研究范式与从特殊到一般的推论

资料来源:唐权,陶建兵.再探案例研究的类型.科学与社会,2014,4(3).

二、案例研究的分类

根据不同的分类标准,可以将案例研究分为不同的类别。在日常工作中,根据使用对象和目的的不同,案例研究被分为教学案例与研究案例。根据研究任务的不同,案例研究方法在一些文章中被划分为5种类型,分别是探索型(exploratory)、描述型(descriptive)、例证型(illustrative)、实验型(experimental)和解释型(explanatory)的案例研究。[①②]贝西(Bassey)则将案例研究分为探索型、描述型、解释型和评价型四种。[③] 其中,探索型研究侧重于提出假设,它们的任务是寻找(新的)理论(theory seeking);描述型案例研究则侧重于叙述事例,方式主要是讲故事(story-telling)或画图画(picture-drawing);解释型案例研究侧重于理论检验(theory testing);评价型的案例侧重于对特定的事例作出判断。从运用案例数量的不同,案例研究可以分为单一案例(single case)研究和多案例(multiple cases)研究。以艾森哈特(Eisenhardt)为代表的学者更多地偏好于多案例的研究方法。艾森哈特认为,多案例研究能够更好、更全面地反映案例背景的不同方面,尤其是在多个案例同时指向同一结论的时候,案例研究的有效性将得到显著提高。

三、案例研究的方法和步骤

案例研究是一个动态的过程。因为研究目的的差异性,研究者们在研究步骤和侧重点上也有诸多的不同意见。本文将案例研究的过程区分为启动、研究设计与案例选择、研究工具与方法选择、数据搜集、数据分析、形成假设、文献对话及结束等八大步骤,并归结为准备、执行及对话等三大阶段。

1. 准备阶段。在案例研究的准备阶段,研究者明确需要探讨的问题和主要的构念。无论是理论验证还是理论构建,都应当在不脱离主题与研究方向的基础上,保留一定的研究空间和弹性。该阶段通常在研究中对于研究方法的选择上会进行综合运用,正如明茨伯格所强调的,理论构建依赖于对现象的丰富描述,此种描述常来自于质化的轶事或掌故资料,而非硬性的量化资料。而且量化数据通常会局限在有限的变量当中,无法处理所有的可能关系,但对于软性的质化资料则可以进行周详的考虑,并给以补足。[④]同时,质化数据虽然生动、丰富,但也可能不够精准而有赖于量化资料的

---

① R.W. Scapens. Researching Management Accounting Practice: The Role of Case Study Methods. *British Accounting Review*, 1990, 22(3): 259-281.
② J. Hussey, R. Hussey. *Business Research*. Basingstoke: Macmillan Press, 1997.
③ M. Bassey. *Case Study Research in Educational Settings*. Buckingham and Phiadelphia: Open University Press, 1999.
④ M. Mintzberg. An Emerging Strategy of "Direct" Research. *Administrative Science Quarterly*, 1979, 24: 580-589.

补充。

2. 执行阶段。在案例研究的执行阶段,研究者首先要对研究对象和研究背景进行资料收集与分析,同时为避免个人偏好的摄入,应当对自己的偏好保持清醒的自觉,时刻具有理论的敏感度和洞察力。在案例分析的阶段,除了案例内的分析之外,多个案例之间的跨案例分析比较也是非常有必要的。根据艾森哈特的观点,这种比较可以分为两类:一类为根据研究类别来进行跨案例比较,另一类为依照案例的所有性质进行全方位比较。经过案例收集和数据分析之后,逐步形成假设和理论化,使理论一般化、简单化,以趋近于目标。

3. 对话阶段。在案例研究的对话阶段,通过对案例研究中产生的矛盾因素进行梳理研究,有助于产生重大的价值。恰如艾森哈特所强调的,如果研究者忽略了矛盾的证据,则读者对研究的信心就会降低。面对矛盾的结果,如果研究者进行深入剖析,通常可以提升其理论的清晰性。当新增的案例无法提供更多的信息,或研究者很难从新的案例学到更多新的知识的时候,就是结束案例选择时机到来之时。[①]

第六节 系统性文献回顾与元分析

一、传统文献综述的缺陷

科学知识具有积淀特征,有序的知识体系建立在以往大量真实可信的研究的基础之上。随着社会科学研究数量的激增,需要更科学的文献综述(literature review),即那种把各个单独的研究项目综合成一个整体的方法。在经验研究中,由于传统的文献综述研究尚无统一规范,其实现形式较为灵活,研究者多喜欢按照自己认为合理的研究逻辑主线将该研究领域的研究成果加以联系,这就是所谓的"描述性文献综述"。[②]

传统的描述性文献综述存在以下几个方面的缺陷:(1)传统描述性文献

[①] B. G. Glaser, A. L. Strauss. *The Discovery of Grounded Theory: Strategies for Qualitative Research*. Chicago, US: Aldine Publishing Company, 1967.

[②] M. Borenstein, L. V. Hedges, J. P. T. Higgins, H. R. Rothstein. *Introduction to Meta-analysis*. Chichester, UK: Wiley and Sons, 2009.

综述未使用任何系统方法对所综述内容的原始数据进行收集、综合,从而使得文献选择标准主观随意,选择过程不够透明;(2)随着电子文献检索技术的发展,各类相关研究信息越来越容易获得,传统描述性文献综述法无法处理这种"信息爆炸"局面,也不能赋予各类相关研究成果以合理的比重,使得所得综述结论多有偏颇;(3)传统描述性文献综述法以描述既有文献研究成果为主,无法实现定量的综合研究,也查不出造成同一问题研究结论各异的真正原因,且无法消除各种表面的争论,不能为后继研究者贡献清晰的研究思路。

二、系统性文献回顾的概念与原理

鉴于传统的描述性文献回顾存在缺陷,20世纪80年代,现代系统性文献回顾应运而生。它摆脱了原有方法的局限,并且开发了一套与之相配套的元分析统计理论与技术。

系统性文献回顾最早被称为研究综述(research synthesis),它是指采用一套事先确定且透明的文献取舍标准,就某特定研究主题选取大量相关或者相近的研究成果,并用一套特定的统计分析技术从这些分散的研究成果中总结出该研究主题的主要结论。[1] 系统性文献综述法确保了从文献取舍标准的确定、文献的具体选择、分散研究文献结论的提炼等所有过程的明晰,它实质上是一种透明的文献综述研究机制,其突出特点是在传统文献综述过程中融入了对文献数据的统计综合分析,即元分析。[2]

研究综述大略可以分为五个阶段:(1)问题形成阶段;(2)数据搜集或文献检索阶段;(3)数据评估阶段,即评估每个阶段质量的阶段;(4)分析和解释阶段;(5)表述研究成果阶段。当然,这些阶段并不是固定不变的,在实际研究中研究人员可能会跨越某个或多个阶段。[3]

---

[1] H. M. Cooper. *Integrating Research:A Guide for Literature Reviews*. 2nd ed. Newburry Park, CA: Sage Publications, 1989.

[2] M. Borenstein, L. V. Hedges, J. P. T. Higgins, H. R. Rothstein. *Introduction to Meta-analysis*. Chichester, UK: Wiley and Sons, 2009.

[3] C. M. Judd, D. A. Kenny. Process Analysis:Estimating Mediation in Treatment Evaluations. *Evaluation Review*, 1981, 5(5):602-619.

三、元分析的统计学原理与技术

格拉斯(Gene Glass)介绍了"元分析"这一术语,它是指以综合已有的发现为目的,对单个研究结果进行综合的统计分析方法。研究的累积成果应该被视为复杂的数据点,与一项单独研究中的数百个数据点相比,如果研究人员不对这些复杂的数据点进行统计分析,它们就更难理解。随着元分析技术方法应用范围的扩大及其自身的发展,元分析既可以包括定量分析,也可以包括定性分析,它应用特定的设计和统计学方法对以往的研究结果进行整体的、系统的定量与定性分析。

元分析的统计学思路是,以原始数据为单位设计较严密的统计过程,强调对有关研究进行全面的文献检索,有明确的文献纳入和排除的标准,系统地考虑研究的对象、方法、测量指标等对分析结果的影响,对纳入文献进行严格评价,并在此基础上对结果进行定量合并。元分析的统计学原理主要包括以下几个方面。

1. 效应值。在元分析的过程中,首先应该计算出每一研究结果的效应值,因为其表明了实验组与控制组之间的关联程度。通过计算效应值的方差、置信区间等统计计量可以衡量效应值的精度。[1]

2. 效应值的齐性检验。齐性检验又称抽样样本效果大小的一致性分析,它是指所抽取的样本效果大小是否来源于共同的总体,即效应值之间的同质性检验。

3. 固定效应与随机效应模型。根据各个样本的效应值是否来源于同一总体,元分析提供了两种统计模型假设。这两种统计模型目前尚没有明显的优劣差异,模型的具体选择也取决于样本效应值分布和相关资料的误差。

有证据表明,元分析方法已经被大多数学者所接受,当然,对元分析的批评者也并非没有。很多对元分析的批评,与其说是对其本身,不如说是对更普遍意义上不合理的综述方法的批评。[2]

---

[1] M. Borenstein, L. V. Hedges, J. P. T. Higgins, H. R. Rothstein. *Introduction to Meta-analysis*. Chichester, UK: Wiley and Sons, 2009.

[2] H. M. Cooper. *Integrating Research: A Guide for Literature Reviews*. 2nd ed. Newburry Park, CA: Sage Publications, 1989.

第六编

管理学学科前沿

第十章 管理学学科发展热点与前沿

本章介绍当前管理学学科发展中的热点和前沿,主要选取了八个主题进行介绍。

第一节 热点与前沿之一:管理理论与实践的关系

管理理论与管理实践之间究竟是怎样的关系,是管理学长期以来讨论的热点问题。从完美主义的理想出发,管理理论和管理实践应该处于和谐统一的状态,既保持各自的优势,又相互融合,但现实中二者的关系往往并非如此,并常以矛盾的形态出现。对于管理学理论与实践脱节现象的批评之词不绝于耳,甚至管理研究对于管理实践的价值都受到了广泛质疑。1996年,亚瑟·贝德(Arthur G. Bedeian)通过对管理学相关论文的研究,发现管理学研究的结论与管理实践的相关度不高,研究者也不关注政策实行者对研究成果的理解和采用。麦格拉斯(McGrath)也认为,管理学研究者忽视了对管理实践中的现实问题的研究。① 明茨伯格认为商学院教的是商业管理上的各种功能,而不是管理实践本身。他对 MBA 教育表达了种种不满,认为管理既不是科学,也不是艺术,而是实践。他甚至辞去为 MBA 授课的工作,创建了实践导向的管理训练项目——国际实践管理教育(IM-PM)。《美国管理学会学报》(AMJ)与《管理科学季刊》(ASQ)分别在 2001 年、2002 年和 2007 年以专辑的形式对这个问题进行了讨论。AMJ 在该刊创刊 50 周年之际的专刊编辑寄语中,针对管理学的未来进行了分析和思考。莱恩斯(Rynes)在 2007 年提出管理研究要推动从管理知识到实践应用的转变。② 我国学者在 2010 年也呼吁中国管理科学的研究要直面管理实

---

① R. G. McGrath. No Longer a Stepchild: How the Management Field Can Come into Its Own. *Academy of Management Journal*, 2007, 50(6):1365-1378.
② S. L. Rynes. Afterword: to the Next 50 Years. *Academy of Management Journal*, 2007, 50(6):1379-1383.

践。① 围绕学术界与实践界之间的关系及其是否存在脱节、脱节的原因以及如何推动管理研究与实践相结合等一系列问题,学术界与实践界都展开了激烈的讨论。

一、管理理论与实践脱节原因的讨论

1. 管理学学科属性的困惑。管理学知识的科学性一直是理论界追求的目标,也是关乎其学科合法性的基础,特别是 20 世纪 80 年代时期开始,AMJ 所发表的论文实现了从"职能描述"为主的研究范式向"实证研究"为主的研究范式的转换,以科学为基础的管理研究模式和科学理念得到了传播和推广。② 探讨管理学学科属性时,存在不同的视角。此前探讨管理学学科属性的文献几乎都是科学外延(自然科学、社会科学与人文学科)视角,虽有争鸣,但基本上趋于达成共识,即管理学是自然科学("物的管理")、社会科学("人的管理")与人文学科("心的管理")的综合学科。③ 但学者面对管理学学科知识是对常识的一种精炼、一种以实践为基础的技艺,还是以研究为基础的科学等问题时,给出的答案仍存在较大分歧,进而不同的学者也会在"直面实践"与"远离实践"上做出不同的路径选择。20 世纪中期美国开始了管理学学科合法化运动,科学化浪潮很快席卷美国的商学院,并一直延续到 20 世纪 80 年代。20 世纪 90 年代之后,美国管理学界开始对管理学学科合法化、排斥实践相关性等问题进行深刻反思,学术界从重视实证研究方法转为提倡多元的研究方法,但美国管理学者马奇在梳理、分析了这场管理学学科合法性与实践相关性的矛盾冲突后,仍悲观地认为似乎看不到终点。

2. 管理主体的分裂。一直以来,管理学作为一门独立学科的价值体现困境,以及管理研究之于管理实践的价值体现困境,被视为管理学所面临的双重价值困境。产生该问题的一个重要原因在于管理主体处于分裂的状态,即管理学的研究主体和实践中的管理主体不一致。管理领域的研究人员精心构建自己的科学参照系并试图对实践予以指导,但他们却并非真正

---

① 齐善鸿等.出路与展望:直面中国管理实践.管理学报,2012,11:1685-1691.
② E. Goodrick. From Management as a Vocation to Management as a Scientific Activity: An Institutional Account of a Paradigm Shift. *Journal of Management*,2002,28(5):649-668.
③ 本刊特约评论员.再问管理学——"管理学在中国"质疑.管理学报,2013,4:473.

第十章 管理学学科发展热点与前沿

运行企业(或组织)的管理者。今天,许多人乐于将管理学和医学、法学对比,认为它们都与人打交道,在学科属性上具有某种相似性,但医生可以在临床工作的同时兼任医学院的教师和科研人员,法学教授在从事教学、科研的同时,也往往具有律师的资格,为社会提供法律服务。在医学、法学中,科研人员与实践人员是一体的,但管理学中的科研人员与实践人员却是一种背离的状态,所以实践人员才会常常发出"管理学无用"的呼声。他们认为科研人员所关注的问题往往并不是实践中最亟待解决的问题,而科研人员在构建学科体系和框架的过程中,对实践中的纷繁变化和琐碎现象也往往加以简化,甚至无暇顾及。管理学的学科合法性与实践相关性之间的矛盾似乎不可调和,管理学的学科价值体现和实践价值体现也往往难以兼顾。[①]

3. 学术评价的导向作用。学术评价犹如一双看不见的手,发挥着引领学术发展方向、推动学术进步的重要功能。在管理学发展过程中,理论研究者最主要的兴趣集中在与个人发展密切相关的课题获取和学术期刊论文发表上,由此而产生的评价体系对管理理论和管理实践的背离起到了推波助澜的作用。大学把位次排名争夺作为追求的目标,而提升排名最有效的措施是在高等级学术刊物上多发表论文。于是,位次排名目标分解为对大学教师在高等级学术刊物发表论文数量的考核指标,管理学科在其中自然也不能独善其身,大学的绩效考核和人员晋升制度是导致管理理论脱离实践的深层原因之一。始于20世纪30年代的美国管理教育,在第二次世界大战后发展更加迅速,但20世纪50年代的管理教育却更像缺乏坚实科学基础的贸易学校教育——半退休的经理人员给学生讲实战故事,没有什么系统的管理研究。[②] 这种状况在科学居主导话语权的高校中受到批评,甚至引发了商学院在大学中的学术地位和合法性问题的争议。于是,在1956年创刊的 *ASQ*、1958年创刊的 *AMJ*、1959年卡内基基金会和福特基金会(资助"科学化、学术化"研究)等期刊、机构的共同推动下,美国商学院采用主流学术的传统和途径,在教学和研究中定量的、统计的方法中获得了优势地位。这样看似解决了商学院在大学中的学术合法性的问题,但却带来管理理论脱离

---

① 高良谋,高静美.管理学的价值性困境:回顾、争鸣与评论.管理世界,2011,1:145.

② F. Verneulen. On Rigor and Relevance: Fostering Dialectic Progress in Management Research. *Academy of Management Journal*, 2005, 48(6):978-982.

实践的问题。同时,管理学学术期刊是连接管理研究与管理实践的桥梁之一,在管理研究的内部知识循环以及管理研究和实践间的外部知识循环中扮演了关键的角色。从管理研究和实践脱节的角度分析,可以发现管理学术期刊模糊的定位及其评审和排名仅仅是促进了管理知识的内部循环。[①] 到 20 世纪 80 年代,美国 *AMJ* 等主流管理学术期刊几乎只接受定量的实证研究论文。巴特奈克(Bartunek)统计分析了 *AMJ* 2006 年刊发的 59 篇论文,发现 64%(38 篇)的论文包含实践启示部分,但大多比较平淡。[②]

4. 管理知识传播途径不畅。一些学者将管理理论脱离实践的原因归于管理理论传播的渠道和形式存在一定问题。首先,商学院作为传播管理知识的重要渠道,将学术优秀作为竞争力的主要评价标准,聘请的教授缺乏实践经验,课程设置上过多地使用科学模式和定量分析,结果造成毕业生没有能力处理现实中复杂的管理问题。其次,尽管管理咨询活动具有实地研究的性质,但现实中人们会主观地认为管理咨询公司与理论研究相距甚远,其研究也很难符合学院派的学术标准,其传播理论、弥补管理理论与实践之间鸿沟的作用被忽略了。最后,还有学者认为管理理论的表现形式阻碍了管理理论的传播。凯勒曼(Kelemen)等人认为,管理理论与实践的鸿沟部分来自于学者发表的文章在体裁上的差异。他们对面向学者和面向实践者的研究在体裁上进行了详细的比较,认为大多数实践者并不熟悉学术研究的写作方式。[③]

二、解决管理理论与实践脱节方法的讨论

解决管理理论与实践脱节问题,首先要明晰管理学者开展研究工作的价值观和商学院追求的目标。当研究者把工作目标瞄准社会组织及其服务对象时,这种脱节可能就不会发生了。这要求商学院、大学、专业学术期刊等相关组织、机构在激励机制、审稿标准等学术导向方面进行改革。除此之外,更具体的解决方法可以围绕以下四点加以探讨。

---

① 夏福斌. 管理学术期刊的职责与使命. 管理学报,2014,9:1287-1293.
② J. M. Bartunek. Academic Practitioner Collaboration Need Not Require Joint or Relevant Research: Toward a Relational Scholarship of Integration. *Academy of Management Journal*,2007,50(6):1323-1333.
③ 龚小军,李随成. 管理理论的实践相关性问题研究综述. 管理学报,2011,5:775-783.

1. 面向管理实践中遇到的具体问题开展研究。管理学作为一门应用科学,实践中的问题是学科价值的重要体现,因此,应该在管理研究人员与实业界人士之间建立更强、更具创新性的联系。[①] 一些学者认为,加强学者部落和实践者部落之间的交流和合作,对于形成有实践意义的研究乃至形成管理知识本身都具有重要意义。[②]

2. 研究方法多样化。目前,管理研究采取了过于单一的实证主义方法论,这与管理学还处在"前科学"发展阶段的现状是矛盾的,这也是管理理论的实践相关性较低的主要原因之一。有学者认为,尽管管理理论与实践脱节的问题原因比较复杂,但本质上是研究方法论的问题。[③] 达夫特等人认为,虽然实证主义在正确的场合应用时有不可估量的价值,但当研究的主题更为复杂、涉及的变量更多时,实证主义会造成理论局限于有限的主题,实践的需要遭到忽视,因此,研究中应采用新的、更为多样化的方法。[④]

3. 多学科联合解决问题。从科学发展的历史来看,西方学说一直沿着分科治学的途径迈进,但从20世纪70年代起,人们已经逐渐认识到,许多社会现象和问题不是一门学科的学者能单独解决的,而需要联合相关学科的学者,并以此为基础发展出相关学科间共同的工作假设、理论模型、研究方法和语言。[⑤] 对于管理学而言,管理研究和组织分析本身就是一个跨学科的研究领域。管理学作为一门学科的知识基础也大都来源于社会学、心理学和经济学等相关学科。[⑥] 管理学的跨学科研究——作为一种理论方法——主要是通过思考的方式在学科之间探寻理论的共通之处,并对研究对象进行系统的、整体的考虑,以推进基本的认识或解决问题,而且其解决方法超越了单一学科或是单一研究实践领域的范围。管理问题是复杂的,常涉及很多领域,很多问题的解决必须依赖其他学科的概念、理论。很多管理研究者已经注意到这一点,这也是管理研究中大量引入心理学理论、社会学理论的原因。然而,由于学科分化,每个学科的研究者仅局限于自己的小圈子中

---

① 高良谋,高静美.管理学的价值性困境:回顾、争鸣与评论.管理世界,2011,1:158.
② 龚小军,李随成.管理理论的实践相关性问题研究综述.管理学报,2011,5:775-783.
③ 吕力."黑板管理学"的3个来源.管理学报,2010,8:1123-1129.
④ L. Y. Daft, et al. Can Organization Studies Begins to Break Out of the Normal Science Strait-jacket? An Editorial Essay. *Organization Science*,1990,11(1):1-9.
⑤ 孟卫青.教育研究的跨学科取向.教育评论.2003,2:33-35.
⑥ 高良谋,高静美.管理学的价值性困境:回顾、争鸣与评论.管理世界,2011,1:150.

的研究,管理研究者也只是去借鉴其他学科的概念,而很少与其他学科的学者坐在一起思考、探索、研究问题,因而他们仍然难以提出真正切合实际需要的理论,理论供给与社会需要之间存在巨大的鸿沟。因此,有必要成立跨学科的研究机构,综合各个学科背景的研究者共同进行研讨,发展出具有较强解释力的理论,从而缓解落后理论与先进实践之间的紧张局面。①

4. 有效地传播管理知识。首先,要尽量使管理研究中使用的学术语言贴近群众语言,从表现形式上利于管理知识转化为企业能力。其次,促进学术成果向实践转化,需要高校将研究人员为实践人士撰写的实践性文章作为研究成果给予认定,使得管理研究者有动力将学术知识转化为实践性知识,让实践人士理解和应用其研究成果。再次,可从学术期刊规范学术论文发表的角度入手,学术期刊在兼顾学术性的同时,要兼顾到实践人士的需求,这要求学术论文中必须有专门的部分对研究结果的实践意义以及操作建议进行讨论。② 最后,要促进管理研究者与咨询公司相结合,以提高管理理论服务于社会的水平。

第二节 热点与前沿之二:管理学在中国的发展道路

伴随着中国改革开放四十年的历史进程与变迁,管理学在中国取得了真正的进步与成长,总结与提炼管理学的中国特质成为中国学者的重要使命,关注管理学学科在中国的发展道路问题也成为我国管理学者义不容辞的责任。③④ 愈来愈多的中外学者积极投入到中国管理研究当中,关注管理学在中国的道路选择与发展问题。2008 年 6 月在广州召开的中国管理研究国际协会第三届双年会——"MOR 专题论坛——开发还是探索:中国管理研究的未来"——更是将中国管理研究的道路选择问题推向高潮。其中,杰伊·巴尼和张培强提出的"中国管理理论"(A Theory of Chinese Manage-

---

① 彭贺.管理研究与实践脱节的原因以及应对策略.管理评论,2011,2:122-128.
② 同上.
③ 谭力文.改革开放以来中国管理学发展的回顾与思考.武汉大学学报(哲学社会科学版),2013,66(1):79-86.
④ 苏勇,刘国华.中国管理学发展进程:1978~2008.经济管理,2009,31(1):164-172.

ment)与"管理的中国理论"(A Chinese Theory of Management)的经典论断十分发人深省,在国内外管理学学术共同体中产生了较大的影响。① 目前,关于管理学在中国发展道路的探讨有以下四种主要观点。

1. 理论的开发与利用的"康庄大道"说。管理学在中国的第一条发展道路强调对现有理论(尤其是西方理论)的开发、利用与完善,侧重于在中国背景下运用与完善其他情境中发展出的管理理论,而正在兴起的中国经济为验证与完善通用性的管理理论提供了天然的实验室。② 这条道路被一些学者称为"中国管理理论"③,或"康庄大道"④⑤。它的基本假设是文化具有普遍性,理论不具有情境专有性,其最终目的是解决中国管理实践的问题,同时增加现有理论的普适性。⑥ 大部分的中国管理学研究倾向于在有限情境中使用已有理论和概念,而且管理学者比较擅长于增加情境调节变量或者改变现有的理论联系。⑦ 尤其是 2000 年以来,中国主流的权威管理学期刊如《管理科学学报》《管理世界》《南开管理评论》等纷纷效仿西方主流的研究范式,这条"康庄大道"已然成为国内外管理学者开展管理学在中国的相关研究的首要选择。⑧

但也有不少学者对这条道路进行反思,认为虽然可以基于现有的管理理论来解释新情境下所出现的独特现象与问题,但这对现有的理论发展只有有限的贡献,因为其目的并不是寻找地方性问题的新解释⑨;有人认为这

---

① J. B. Barney, S. Zhang. The Future of Chinese Management Research: A Theory of Chinese Management versus a Chinese Theory of Management. *Management and Organization Review*, 2009, 5(1):15-28.
② Ibid.
③ Ibid.
④ A. S. Tsui. Editor's Introduction-Autonomy of Inquiry: Shaping the Future of Emerging Scientific Communities. *Management and Organization Review*, 2009, 5(1):1-14.
⑤ L. D. Jia, S. Y. You, Y. Z. Du. Chinese Context and Theoretical Contributions to Management and Organization Research: A Three-Decade Review. *Management and Organization Review*, 2012, 8(1):173-209.
⑥ D. A. Whetten. An Examination of the Interface between Context and Theory Applied to the Study of Chinese Organizations. *Management and Organization Review*, 2009, 5(1):29-55.
⑦ S. Zhao, C. Jiang. Learning by Doing: Emerging Paths of Chinese Management Research. *Management and Organization Review*, 2009, 5(1):107-119.
⑧ 本刊特约评论员. 再问管理学——"管理学在中国"质疑. 管理学报, 2013, 10(4):469-487.
⑨ D. A. Whetten. An Examination of the Interface between Context and Theory Applied to the Study of Chinese Organizations. *Management and Organization Review*, 2009, 5(1):29-55.

条道路缺乏对科学方法和科学哲学观的深入理解或对舶来理论的情境假设的适当认识,这可能会导致学界对中国管理现象的有限的或者是错误的解释①;有人认为如果继续沿着此路径走下去,学者注定要在科学严谨性与实践相关性之间有所取舍,这会妨碍管理学者对新知识的发现与探索②。

  2. 理论的探索与构建的"羊肠小道"说。这条研究道路着力于对中国独有的管理现象给出解释③,强调针对中国现象和问题提出自己的管理理论④,因此被一些学者称为"管理的中国理论"⑤,或称为"羊肠小道"⑥⑦。其基本假设是文化特殊性和理论情境专有性,其诞生的重要历史背景是基于中国独特的文化环境,有人认为那些旨在使用西方的舶来理论来解释中国独特的管理实践的研究议题和套路,不适合理解中国的管理与组织⑧,因此需要基于中国的传统文化、哲学及中国独特的管理实践来构建与创新本土管理理论,从而提高管理学学科的国际话语权。此路径具体包括两种方法:一是基于中国传统文化与哲学构建本土管理理论,二是从中国近现代管理实践中创新管理理论。然而,从学术共同体学术对话的视角来看,无论是"接着中国传统文化讲"还是"接着中国近现代管理实践讲"⑨,目前中国管理学学

---

  ① A. S. Tsui. Editor's Introduction-Autonomy of Inquiry: Shaping the Future of Emerging Scientific Communities. *Management and Organization Review*,2009,5(1):1-14.

  ② M. A. von Glinow, M. B. Teagarden. The Future of Chinese Management Research: Rigour and Relevance Redux. *Management and Organization Review*,2009,5(1):75-89.

  ③ J. B. Barney, S. Zhang. The Future of Chinese Management Research: A Theory of Chinese Management versus a Chinese Theory of Management. *Management and Organization Review*,2009,5(1):15-28.

  ④ A. S. Tsui. Editor's Introduction-Autonomy of Inquiry: Shaping the Future of Emerging Scientific Communities. *Management and Organization Review*,2009,5(1):1-14.

  ⑤ J. B. Barney, S. Zhang. The Future of Chinese Management Research: A Theory of Chinese Management versus a Chinese Theory of Management. *Management and Organization Review*,2009,5(1):15-28.

  ⑥ A. S. Tsui. Editor's Introduction-Autonomy of Inquiry: Shaping the Future of Emerging Scientific Communities. *Management and Organization Review*,2009,5(1):1-14.

  ⑦ L. D. Jia, S. Y. You, Y. Z. Du. Chinese Context and Theoretical Contributions to Management and Organization Research: A Three-Decade Review. *Management and Organization Review*,2012,8(1):173-209.

  ⑧ A. S. Tsui. Contextualization in Chinese Management Research. *Management and Organization Review*,2006,2:1-13.

  ⑨ 郭重庆. 中国管理学者该登场了. 管理学报,2011,8(12):1733-1736.

术成果通常发表在中文期刊上[1],其在世界主流的管理学学术共同体中的认可程度还有待进一步提高,其学术潜力还需进一步深度挖掘。在中国传统文化与哲学的挖掘方面,虽然诞生了不少本土管理理论,如和谐管理理论、东方管理学、和合管理、中国式管理等,但是现有情况基本表明,国内学者依然缺少对本土管理理论的信心,这导致学界并未对其进行进一步的验证、检验与完善。另一方面,从中国的近现代管理实践的角度来看,虽然理论的组成要素包括概念(what)、概念之间的联系(how)、解释逻辑(why)和适用边界(who、where 和 when),而且其中最为重要的是元素解释逻辑[2],但是2006年之后,本土管理学者构建与探索管理理论的途径主要是通过案例研究,很少有学者提出新的理论解释逻辑(why)。

3. 对理论既探索又开发的综合之道。管理学在中国的第三条道路选择强调在对现有的西方管理理论进行开发利用的同时,也进行本土新管理理论的探索与构建,甚至是实现中西管理思想的整合与动态互动。[3] 无论是使用西方现有的理论解释中国管理问题的同时对这些理论进行完善,从而达到增强其普适性的目的,还是基于中国传统文化与特殊的管理实践来构建本土管理理论,其背后的逻辑都是文化普遍性与文化特殊性、探索新理论与完善已有理论、主位与客位的抉择与比较。这条发展道路强调东西方文化的共同追求以及文化普遍性与文化特殊性在横向与纵向的整合。一方面,中西方管理思想的有效融合,可以促进中西文化的交流与碰撞,这种理论融合的方法可以在国际学术界产生重大影响[4];另一方面,中西方管理思想的动态互动可以充分体现文化特殊性与文化普遍性二者的动态影响:文化特殊性研究可以通过提供新观点来修正和扩展文化普遍性理论;文化普遍性研究可以突出在某一特定文化中被文化特殊性研究者错过的重要理论构念和过程。随着研究的积累,文化特殊性和文化普遍性理论通过不断交流和

---

[1] J. B. Barney, S. Zhang. The Future of Chinese Management Research: A Theory of Chinese Management versus a Chinese Theory of Management. *Management and Organization Review*, 2009, 5(1):15-28.

[2] D. A. Whetten. What Constitutes a Theoretical Contribution?. *Academy of Management Review*, 1989, 14:490-495.

[3] K. Leung. Never the Twain Shall Meet? Integrating Chinese and Western Management Research. *Management and Organization Review*, 2009, 5(1):121-129.

[4] Ibid.

相互刺激得以完善,进而促成理论整合和普遍性理论的形成。① 随着文化双融思想②的提出及其逐渐在国际学术共同体中获得认可,这条道路正在吸引越来越多的管理学者做出尝试。

4. 不重视理论的探索与开发的发现之道。选择这条发展道路的话语权正在日益衰减,但近年来已有不少国内外学者开始提倡和呼吁管理学者也重视这条道路,如徐叔英认为创造好理论是非常困难的,而创造坏理论并非目的,虽然观察和记录实施规律是有价值的,但是并不应该急于去发展不成熟的新理论③;汉布尼克(Hambrick)认为,高级别刊物应该基于数据集和有趣而重要的发现以求获得相对更高的评价,尽管其理论贡献不能即刻显现或者是研究发现不能融入目前的理论架构中④;唐(Tsang)也认为,试图创造新的理论来解释中国独特的管理现象,可能导致理论的过度繁衍,并延续薄弱甚至虚假的理论,因此提倡将研究管理实践背后的实证规律作为对理论构建与应用的可行替代⑤。

第三节 热点与前沿之三:管理创新

企业创新研究是多维的,对于商业模式创新、服务创新、过程创新等新的创新研究子领域的研究正被逐步拓展。⑥ 其中,管理创新(management innovation)被一些学者认为是技术或产品(服务)创新与企业绩效之间的中介变量,再加上管理创新具有较强的系统性、难以被竞争对手模仿等特征,

---

① K. Leung. Never the Twain Shall Meet? Integrating Chinese and Western Management Research. *Management and Organization Review*,2009,5(1):121-129.
② M. J. Chen. Presidential Address—Becoming Ambicultural:A Personal Quest and Aspiration for Organizations. *Academy of Management Review*,2014,39:119-137.
③ A. S. Tsui. Editor's Introduction-Autonomy of Inquiry:Shaping the Future of Emerging Scientific Communities. *Management and Organization Review*,2009,5(1):1-14.
④ D. Hambrick. The Field of Management's Devotion to Theory:Too Much of a Good Thing?. *Academy of Management Journal*,2007,50:1346-1352.
⑤ E. W. K. Tsang. Chinese Management Research at a Crossroads:Some Philosophical Considerations. *Management and Organization Review*,2009,5(1):131-143.
⑥ M. Mol,J. Birkinshaw. The Sources of Management Innovation:When Firms Introduce New Management Practices. *Journal of Business Research*,2009,62(12):1269-1280.

越来越多的人认为管理创新是公司长期竞争优势的源泉之一。[1] 于是,不仅公司管理者开始意识到管理创新的重要性,许多管理学者也开始探索研究,试图构建管理创新理论和实证研究框架。

一、管理创新的概念分析

概念的界定是对所要观测事物本质的抽象表达,是在此概念下对事物各种形态的描述,其概念界定差异决定了研究范围的边界。目前,对于管理创新所要研究的现象的认识基本一致,学界都将其界定为为了更好地实现目标而发明和实施的新的管理实践活动、管理过程、组织结构或管理技术等。[2] 但事实上,不同学者在研究中给出了不同的定义,差异主要表现在对"新"的相对范围的界定上,对此学界多采取两种方法进行界定[3]:一种是相对于整个管理知识体系与实践而言的"新",如钱德勒首创的 M 型组织结构,由于其具体组织的管理创新易于被观察,便于采用统计等方法进行研究,当前研究集中于某组织的管理创新问题;另一种是相对于某组织而言的"新",特指在该组织情境中对已存在的管理知识的运用,如扎布拉奇(Zbaracki)的研究探索了组织中的各种制度力量对全面质量管理技巧的歪曲作用。[4] 这种区分实际上反映了管理创新与其所产生的组织情境之间紧密的关系。因此,可将组织区分为管理创新的创造者和采纳者两类,前者的管理创新主要是创造加实施,而后者的管理创新主要是模仿加实施。[5] 这种区分背后的隐喻是这两类组织分别需要不同的能力,亦即产生创新的能力和吸收创新的能力,尽管识别问题并触发管理创新的能力都是必需的,但二者在识别问题之后的行为存在巨大的差异。

---

[1] J. Barney. The Resource-based Model of the Firm: Origins, Implications and Prospects. *Journal of Management*, 1991, 17(1): 97-98.

[2] J. Birkinshaw, et al.. Management Innovation. *Academy of Management Review*, 2008, 33(4): 825-845.

[3] M. Harder. *Internal Antecedents of Management Innovation*. Dissertation of the Degree of Doctor at Copenhagen Business School: 2011.

[4] Mark J. Zbaracki. The Rhetoric and Reality of Total Quality Management. *Administrative Science Quarterly*, 1998, 43: 602-634.

[5] F. Damanpour, J. D. Wischnevsky. Research on Innovation in Organizations: Distinguishing Innovation-generating from Innovation-adopting Organizations. *Journal of Engineering and Technology Management*, 2006, 23(4): 269-291.

二、管理创新的动因与过程探索

1. 管理创新的动因

管理创新是由企业组织本质所决定的,但现实中企业组织进行管理创新活动的原因是复杂的。埃里克·亚伯拉汉森(Eric Abrahamson)在1991年分析创新传播过程的研究文献后发现,组织必须相信创新对其有益才会有某种创新行为,他将此总结为技术经济因素的作用,认为其主要包含三个方面[1][2]:管理者为了提高劳动生产率而对于管理创新的需求;劳资双方的矛盾迫使管理者不断进行管理创新;管理内在的不可调和的矛盾使得管理者虽居于其中,但难以获得实践应用中把握尺度的能力——如对集权和分权的选择问题,于是管理者不断追求管理创新。当前研究常从理性视角和西蒙的行为主义理论出发,把管理者对现状的认识和不满看作推动具体管理创新的逻辑起点,亦即驱动管理创新是问题导向的[3],并常在研究中作为管理创新的操作性定义[4],于是诊断能力与管理创新的成功呈正相关关系[5]。

与此同时,组织进行管理创新要避免错误地识别问题及选择不合适的解决方法,更要避免误入亚伯拉汉森1996年所描述的管理时尚市场,他将其总结为社会心理因素作用的结果,这些社会心理因素包括个人主义的驱动、革新的心理需求、攀比心理、把管理创新看作是增进组织绩效的灵丹妙药的心理等,他对此进一步的研究形成了管理时尚理论。[6]

2. 管理创新的过程

朱利安·伯金绍(Julian Birkinshaw)等人在 2006 年、2008 年对管理创

---

[1] E. Abrahamson. Management Fads and Fashion: the Diffusion and Rejection of Innovation. *Academy of Management Review*,1991,16(3):586-612.

[2] E. Abrahamson. Management Fashions. *Academy of Management Review*,1996,21(1):254-285.

[3] J. Birkinshaw, et al. Management Innovation. *Academy of Management Review*,2008,33(4):825-845.

[4] M. Mol,J. Birkinshaw. The Sources of Management Innovation: When Firms Introduce New Management Practices. *Journal of Business Research*,2009,62(12):1269-1280.

[5] M. Harder. *Internal Antecedents of Management Innovation*. Dissertation of the Degree of Doctor at Copenhagen Business School:2011.

[6] 参见下一节的介绍。

新过程的持续研究较有代表性。2006年,伯金绍等人将管理创新过程简单地描述为一个线性发展的过程:由于管理者对组织现状的不满或外界的刺激发展了管理创新,在被该组织或其他组织证实其有效性之后,管理创新在整个社会传播开来。① 2008年,伯金绍等人的研究修正了这种线性发展过程观点,在考虑管理创新发展的不同阶段的基础上增加了创新主体的差异,形成了包含两个维度的管理创新过程框架(参见图10-1)。

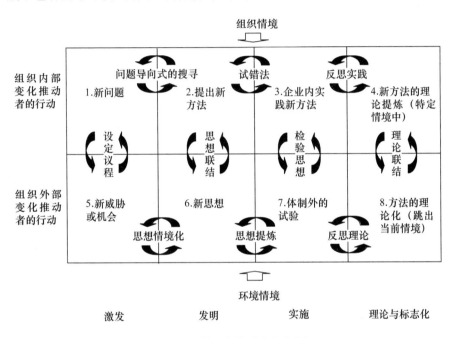

图 10-1 管理创新过程框架图

资料来源:J. Birkinshaw, et al. Management Innovation. *Academy of Management Review*,2008,4:825-845.

在纵向维度上,可将管理创新主体区分为组织内的实践主体和组织之外的学术研究者、管理咨询公司等组成的提供管理知识的主体。伯金绍等人2008年的研究认为外部推动者通过与内部推动者的良性互动而在管理创新中扮演关键角色,管理功能具体包括:在组织进行创新的议程设定时提供

---

① J. Birkinshaw, et al. How Management Innovation Happens. *MIT Sloan Management Review*,2006,33(4):81-88.

专家意见,使其更具合法性基础;在发明和实施阶段为内部推动者的行动提供理论指导,或者直接将其想法付诸实施;创新成功后,发挥理论与标志化方面的天然优势对创新行动进行总结,推动管理创新的一般化。但现实中的研究主体和实践中的管理主体总是处于分裂的状态,这使得学术研究主体对于实践主体的管理创新活动所起的作用受到了质疑,以至于实践人员认为学术研究者所关注的问题往往不是实践中亟待解决的问题,因而他们发出了"管理无用"的呼声。[①] 而外部以管理知识为商品的推动主体则可能会使组织在向外寻求管理创新时,面对管理时尚市场,或可能误入非理性的"泥沼"。因此,内、外部推动者在管理创新过程中所扮演的角色以及它们之间如何进行和谐互动,应是未来研究的重要方向。

在横向维度上,可将每个管理创新活动分为激发、发明、实施、理论与标志化四个阶段,但不同创新主体在不同阶段的活动内容不尽相同。其中,激发阶段实践主体方面主要强调对问题的理性判断,外部推动者则被认为有能力识别出外部环境中存在的机会或威胁。在发明阶段,组织内的实践主体通过以问题为导向的搜寻、试错法尝试或者对外部分散想法进行联结等途径找出解决问题的方法;外部推动者通过思想情境化、思想提炼和联结化来满足组织内的创新需要。这三种活动实际上也是理论发展的过程,即情境化可以提炼出研究的问题,思想提炼实际上是一系列思维活动的结果,联结化则体现了归纳—演绎循环。在实施阶段,组织内实施的方案来源有两方面,一是内部以直觉或经验为基础提出解决方法的具体实施(试错法),二是对外部推动者提出的方案进行精心设计后的实施。外部推动者此阶段的主要作用是在不同组织内试验以验证该方法的有效性。在理论与标志化阶段,内部和外部推动者分别对实践和理论的发展进行反思和提炼,成功的管理创新将在组织内实施制度化,外部主体通过去情境化以发展出普适的管理理论或方法。[②]

---

① 高良谋,高静美.管理学的价值性困境:回顾、争鸣与评论.管理世界,2011,1:145.
② J. Birkinshaw, et al. Management Innovation. *Academy of Management Review*,2008,33(4):825-845.

三、管理创新的相关实证研究

管理创新的实证研究主要围绕管理创新的影响因素、管理创新与组织绩效之间的关系和机制等方面展开。

1. 管理创新的影响因素

(1) 组织特征。组织特征是管理创新的主要情境因素。[①] 已有研究探讨组织规模、组织年龄、组织绩效、组织成员受教育程度、组织内沟通情况、组织管理者的入职时间和领导风格等组织特征的影响,组织的管理创新倾向亦受以上因素影响。

组织规模与管理创新倾向之间存在相关关系,但学者对大型和小型组织的创新倾向强弱则有不同看法。一些学者认为小型组织具有灵活性,因此更具有创新倾向,一些学者认为大型组织掌握了更多的资金、更高素质的人力资源且拥有更多的知识储备而更有能力进行创新,还有一些学者持折中的观点,认为不同规模的组织擅长不同性质的创新,即小型组织善于进行具有新颖性的创新,而大型组织善于进行需要更多资源的创新。

组织创新倾向与组织存续年限的关系密切,但其关系的类型有待进一步探讨。一方面,组织年限的增加会带来更多的知识积累,这不仅是创新的基础,也促使组织积累更多的知识进而不断创新;另一方面,年限的增长则可能会使组织因为惯性、"路径依赖"等而削弱其创新。

组织绩效的下降常被视为组织管理创新的重要特征,甚至被视为是其直接诱因。根据西尔特和马奇的企业行为理论,组织的行为总是问题导向的,且会将组织过去的业绩或相关组织作为参照系。当它发现组织绩效低于参照系时,就会做出某种改变,并且当新问题或更复杂的问题出现时,会更强烈地诱使组织产生管理创新行为。

组织成员受教育程度高低会对组织创新倾向和执行情况产生影响,其原因在于理论一般会假设组织成员的受教育程度越高,对组织问题的认识越深入,也有更多机会接触到新观点,越愿意接受组织变革和创新,也更有

---

① F. Damanpour, J. D. Wischnevsky. Research on Innovation in Organizations: Distinguishing Innovation-generating from Innovation-adopting Organizations. *Journal of Engineering and Technology Management*, 2006, 23(4):269-291.

执行的积极性,并具备更强的吸收能力,实证研究也证明了这一点。

组织内频繁、充分的沟通对管理创新至关重要。野中(Nonaka)认为知识创新过程包含大量信息、想法的传播和联结化,创造信息和知识的能力也是组织不断反省并开展创新活动的内驱力,因此,组织内沟通越强、越多,组织成员就能接触更多信息和更新的想法,他们对问题的诊断能力会更强,也越可能通过管理创新来解决面临的问题。

高层管理者往往是组织内管理创新的直接推动者,但由于路径依赖等因素,在职时间越长的高层管理者进行管理创新活动的倾向越弱,高层管理者的更替则可能意味着组织经营管理核心价值观的变化和管理创新的产生。

管理者的领导风格会促进或阻碍管理创新的产生,但在不同规模的组织中,不同类型的领导风格对管理创新的影响大小不同。瓦卡多(Sonny Vaccaro)等人的研究显示,小型、复杂程度低的组织中实行交易型领导更利于管理创新,大型组织则需要变革型领导者,以弥补其复杂性增加造成的管理创新困难的缺陷,此时的组织规模是调节变量。[①]

有学者认为组织所面对的市场范围越大,管理创新倾向就越高。[②] 其原因主要有两方面:一是面对不同的环境,信息来源也更广泛;二是市场越大,竞争者就越多,起参照作用的群体也越多。如日本丰田汽车公司20世纪50年代在美国的市场竞争中没有取得成功,但其失败却促使其认识到变革的必要性,并从美国超市的经营中获得启发,进行管理创新,形成了精益求精的生产方式。

(2) 管理创新能力。管理创新能力常被视为企业动态能力的重要组成部分,或者贯穿于动态能力的各组成部分之中,进而将动态能力等同于管理创新能力。[③] 因此,界定管理创新能力内涵借鉴了动态能力的概念,即管理创新能力是指组织为应对快速变化的环境而有目的地创造、延伸和改进管

---

① Vaccaro, et al.. Management Innovation and Leadership: The Moderating Role of Organization Size. *Journal of Management Studies*, 2012, 49(1):28-51.

② M. Mol, J. Birkinshaw. The Sources of Management Innovation: When Firms Introduce new Management Practices. *Journal of Business Research*, 2009, 62(12):1269-1280.

③ H. Gebauer. Explore the Contribution of Management Innovation to the Evolution of Dynamic Capability. *Industrial Marketing Management*, 2011, 40(8):1238-1250.

理措施的能力。管理创新能力主要由诊断能力、寻找新知识的搜寻能力和执行能力构成。

将诊断能力作为管理创新能力重要组成部分的理论基础是西蒙的有限理性假说,该假说将诊断能力界定为一种组织发现管理中的问题或外部可利用的机会及找到解决问题或利用机会的方法的能力。① 在实证研究中,诊断能力常被操作化为管理者的认知能力和组织资源情况等变量来进行测量。管理者的认知能力常用管理者的态度、信仰、价值观等来衡量,它决定了组织的诊断能力。根据动态能力理论,组织拥有的独特资源是核心能力的重要决定因素,因此可将组织所拥有的资源情况视为诊断能力的一部分,特别是组织成员当前技能和以前经历对其今后行为的影响,因此,组织成员的教育背景、教育水平、组织内知识共享方式、组织结构等均会影响组织创新的诊断能力。

创新理论和学习理论研究把获取新知识、对现有知识实现联结化的能力作为技术创新能力的关键组成部分,管理创新研究借鉴了该观点,将其称为搜寻能力。目前研究较多的是双方信任程度和组织所拥有的社会资本等对组织间关系和知识互相交换的影响。莫尔和伯金绍从技术创新中消费者和供应商所扮演的关键角色中受到启发,将研究聚焦于知识来源渠道的差异对管理创新的影响,并将知识来源分为三个渠道,即组织内部的知识来源、以市场方式从外部获得知识和从外部专业人士处获得知识。②

执行能力是对新管理措施实施情况进行控制的能力,这种能力本身不会导致管理创新,但却是管理创新取得成功的保障,是管理创新过程中的重要环节。执行能力可分为两个维度:一是组织的资源情况,包括组织制度或惯例、当前所拥有的知识资源、内部权力分配、组织历史与发展路径以及受教育背景、教育水平等结构变量;二是管理者的认知管理能力。③

(3)管理创新的特征。组织内实施不同的管理创新,意味着组织要承担

---

① M. Harder. *Internal Antecedents of Management Innovation*. Dissertation of the Degree of Doctor at Copenhagen Business School:2011.
② M. Mol, J. Birkinshaw. The Sources of Management Innovation:When Firms Introduce New Management Practices. *Journal of Business Research*,2009,62(12):1269-1280.
③ M. Harder. *Internal Antecedents of Management Innovation*. Dissertation of the Degree of Doctor at Copenhagen Business School:2011.

不同的成本与风险,其期望获得的回报以及与现有系统的互补性方面的判断也存在差异。因此,管理创新所具有的特征,如创新的程度、复杂程度、组织现状的互补性等,会影响管理创新能力与实施管理创新的情况,这常被视为这两者之间的调节变量。例如,如果管理创新的风险较高、复杂程度较高且比较彻底,则管理创新能力对组织来说就更重要。①

2. 管理创新与组织绩效的关系与作用机制

长期以来,组织进行管理创新会导致更高的组织绩效似乎是不言而喻的道理,甚至在这两者之间可以画等号,然而研究这两者之间关系的文献相对较少。但亚伯拉汉森却发现无效的管理创新也会被广泛传播,他将这种现象归因于具有非理性特点的社会心理因素驱使的结果,此时管理创新不是为了取得财务结果,而是为了提高声誉或达到其他目的。② 管理创新也意味着风险,并不能保证其结果一定是成功的,因此,组织进行管理创新并不见得必然会导致组织绩效的提高,故有研究的必要。

组织进行管理创新的隐含逻辑是与某个参照系相比,组织对当前绩效不满意。③ 这种不满意包含两个方面,即组织整体绩效和某方面的绩效。波特认为,组织的主要目标是达成良好绩效。20 世纪 80 年代日本企业挑战西方企业的核心方法就是提高经营效率,并采用生产率边界(productivity frontier)概念使组织管理创新可视化。市场竞争中的领先企业总是处在生产率边界上,通过相对于整个管理知识体系与实践而言的"新"管理方法将生产率边界的整个区域外推。绝大多数企业都与生产率边界有一定距离,通过标杆瞄准等方法将已存在的管理方法运用于本企业以实现管理创新,使多个层面的绩效得到改善。这意味着对管理创新的绩效进行衡量有两方面的含义,一个是对获得长期竞争优势过程的动态衡量,而不是重点对某一时期内组织的绝对绩效进行衡量,另一个则是对与所采纳管理创新直接相关的绩效进行衡量。因此,莫尔和伯金绍认为生产率是对组织绩效最合适

---

① M. Harder. *Internal Antecedents of Management Innovation*. Dissertation of the Degree of Doctor at Copenhagen Business School:2011.

② B. M. Staw, L. D. Epstein. What Bandwagons Bring:Effects of Popular Management Techniques on Corporate Performance, Reputation and CEO Pay. *Administrative Science Quality*, 2000, 45(3):523-556.

③ H. R. Greve. Performance, Aspirations and Risky Organizational Change. *Administrative Science Quality*, 1998, 43(1):58-86.

的衡量工具,能兼顾对投入和产出两方面的衡量,相对于以资本市场为基础的测量,该方法又能排除市场等因素的影响。① 目前对组织绩效的衡量还没有最好的指标,因此很少有对组织创新与组织绩效之间关系的大规模抽样调查,但有案例研究结果表明管理创新与组织绩效之间呈正相关的关系。②

随着研究的深入,人们开始探究管理创新与组织绩效之间的作用机制或原理。基于理性角度,管理创新的概念之中已包含提高组织绩效的目的,但组织为自己设置合理目标的能力不同,对员工的个人目标和组织整体目标进行协调的能力也不同,因此,组织具有设置使命或目标的能力是高绩效组织的关键特征之一。此外,组织绩效的提高要靠出色的执行力进行保证。因此,目标设定能力与执行力可被视为管理创新与组织绩效之间的调节变量。③

第四节 热点与前沿之四:管理时尚

管理时尚(management fashion)理论是由亚伯拉汉森等人提出,用来解释管理技术层出不穷、快速传播并被迅速抛弃的现象。本节从一个新的视角来描述和反思管理时尚思想的传播。

一、管理时尚理论的合法性与概念构建

1. 概念的合法性问题讨论

作为被广泛研究的社会现象,"时尚"研究大多停留在社会心理学和大众文化范畴,被认为是"模仿"天性和"从众"心理使然。亚伯拉汉森把"时尚"看作一个中性词汇,借用该词来描述管理技术的迅速传播和被迅速抛弃的现象。他指出:区别于审美时尚表现出的美丽和时髦特征,时尚的管理技巧表现出理性和进步性特征;除了社会心理因素的作用外,由于竞争压力产生

---

① M. Mol, J. Birkinshaw. The Sources of Management Innovation: When Firms Introduce New Management Practices. *Journal of Business Research*, 2009, 62(12):1269-1280.

② R. M. Walker, et al. Management Innovation and Organizational Performance: The Mediating Effect of Performance Management. *Journal of Public Administration Research and Theory*, 2010, 21(2):367-386.

③ Ibid.

的技术经济因素也是管理技术时尚化的主要原因。因此,对管理时尚的选择也就认为它是可以"解谜"的,即认为其可以解决理论与工作中的实际问题。尽管管理时尚的流行是短暂的,但是未解之"谜"依然存在,因此,管理时尚研究工作就会有价值。范式改变,"谜"也就随之而消失。① 故在某种程度上可把时尚视为"探究真理"的中心,应引起人们的关注和研究。即使在衰落后,管理时尚仍会对组织结构和管理思想产生影响;即使是失败,也会帮助我们更好地理解问题,以便将来更有可能解决问题。② 因此,管理时尚现象不仅仅是一种社会表面现象,也可能是新思想的前奏。也有学者指出,一种思想的真伪是一回事,对它的接受和传播却是另外一回事,故有必要对管理时尚产生与传播的机理及其与经典管理理论之间的关系进行研究。③

2. 概念的构建

亚伯拉汉森较早根据其对管理时尚制造过程的研究对管理时尚进行了界定:管理时尚是管理时尚制造者制造与传播的一种管理技术,且人们相信它能理性地促进管理进步,是一种相对短暂的集体信仰。④ 由此可见,他将管理时尚归于管理技术,认为这一管理技术是理性的、进步的,但在持续时间上相对短暂。卡尔森(Carson)等学者总结了众多观点,认为管理时尚可界定为:(1) 以能进行社会传播为条件,因为它们是新颖的、先进的或优于先前存在的时尚;(2) 创新的、合理的、有作用的;(3) 采用该技术提高组织形象,不仅会带来象征性的利益,也会实实在在地帮助企业实现更好的组织绩效;(4) 其受以下动机的驱动:弥补现在作业中的不足,或者能利用未来的机会以实现组织绩效的改善;(5) 被认为具有短暂的价值,因为尽管在潜伏期之后会被接受,但是由于缺乏系统和综合的研究,这就使长期使用缺乏理性基础,或者是缺乏使其一般化的能力。⑤ 其后研究大多据此概念,把管理时

---

① T. Kuhn. *The Structure of Scientific Revolutions*. Chicago:Chicago University Press, 1970.

② R. Birnbaum. The Life Cycle of Academic Management Fads. *The Journal of Higher Education*, 2000, 71(1):1-14.

③ 〔英〕安德泽杰·胡克金斯基. 管理宗师:世界一流的管理思想. 王宏方,译. 大连:东北财经大学出版社,1998.

④ E. Abrahamson. Management Fashions. *Academy of Management Review*, 1996, 21(1):254-285.

⑤ P. Carson, P. Lanier, B. Guidry. Clearing a Path through the Management Fashion Jungle. *Academy of Management Journal*, 2000, 43(6):1143-1158.

尚看作是对新管理技术的需求和供给相互作用所形成的管理知识市场中出现的一种社会现象。

二、管理时尚产生根源的探讨

管理时尚产生的根源在于管理者的需要。当管理时尚供给者能敏锐地捕捉并满足这种需要时,管理时尚就出现了。因此,分析的重点是需求情况。

管理者对管理时尚的需求可分为两方面。[①] 一方面是社会心理方面的需求,即管理者希望通过追求时尚,来满足其合法性需要以及个人主义和社会归属的双重需要等。

管理者的合法性需要源于其角色的矛盾:既被他人控制,又要控制他人。根据麦耶和罗恩的新制度主义理论中关于股东期待经理阶层理性地管理组织的观点,股东的标准就是处于管理学前沿的管理技巧。如果经理们没有使用股东认可的管理技巧,就会失去股东的支持,故而经理们必须追逐被股东认可的管理方能获得信任。同时,在组织内部人眼里,管理者也需要捍卫和提高自己的地位合理性,而采用"管理和决策的神话"的管理时尚,能够在组织内确立管理者角色的合法性地位。[②]

管理者的需要既有希望成为显赫人物的个人主义需要,又具有融入群体中的社会性需要。因此,采纳新管理技术可能是出于个人主义与革新的心理需求以及攀比的心理,或者是因公司之间的激烈竞争,经理们常感到挫折和失望,想找出新的办法以获得成功,于是他们把希望寄托于新的管理时尚的采用。但是,社会学学者早就指出,时尚是一种阶级分野的产物,当老的管理时尚被较低声誉的组织大量采用时,新的管理时尚将会在时尚市场浮现,即低级别的公司总是试图模仿高级别公司采用的管理技巧,而高级别公司总是希望能和低级别公司采用的管理技巧有所区别。于是高级别公司就会选择新的管理时尚,这样便进一步刺激了市场对管理时尚的需求。此时,管理时尚化作不同的符号象征,当扩散模糊了两个阶层之间的区别时,

---

[①] E. Abrahamson. Management Fashions. *Academy of Management Review*,1996,21(1):254-285.

[②] Ibid.

较高的社会阶层就会去寻求新的时尚。

另一方面,管理者的需求是技术经济方面的,即管理者在组织中的本质职责以及不确定的环境使其期望提高可预测性和控制力。

管理理论体系内不可调和的矛盾引发了管理时尚的产生。管理理论的纷争造成的实业界思想之混乱,给管理实践者造成了困惑,致使理论研究与实践者之间的裂痕长期不能得到弥补。① 此外,管理学者与管理者在面临同样问题时的知觉、定义和行动差异,使得管理者难以直接使用学者们提出的管理理论,而一套被包装好的原则和建议则合时宜地填补了空白,有助于管理者合情合理地选择,因此刺激了管理时尚的产生。②

由于环境的不稳定、非线性特征以及人的有限理性,管理者需要能简单明了地指出关键因素的理论,使其能清晰而准确地认识工作环境,便于行动。职业经理人的天职要求其借助管理技巧来提高劳动生产率。另外,劳工斗争和工会活动也会影响管理时尚风潮——要缓解经理和工人之间的矛盾,经理们就需要去寻求新的有效的管理技巧。

管理技术能够成为时尚的原因在于它能满足管理时尚消费者的需要。正是由于组织内管理者的认知和情感的需要,且这些需要被满足的途径之一就是采纳和运用某种管理思想及技术,加之这种需要也是经常性的、永远不能完全满足的,因此,对管理思想的需要是持续不断的。但是,前者似乎只会导致虚伪的管理时尚的传播,对管理学科的发展不会产生积极作用,而后者引致的管理时尚则有可能帮助企业解决组织绩效障碍问题。③

三、管理时尚的制造与传播机理

管理时尚的兴起与衰落是供需双方共同作用的结果。有学者从供需双方相互作用的角度提出了管理时尚从形成到结束的三阶段说,认为管理时

---

① S. Rynes, J. Bartunek, R. Daft. Across the Great Divide: Knowledge Creation and Transfer between Practitioners and Academics. *Academy of Management Journal*, 2001,44(2):340-355.

② 〔英〕安德泽杰·胡克金斯基. 管理宗师:世界一流的管理思想. 王宏方,译. 大连:东北财经大学出版社,1998.

③ E. Abrahamson. Management Fashion, Academic Fashion, and Enduring Truths. *Academy of Management Review*, 1996,21:616-618.

尚具有制造阶段、传播阶段、衰落或低迷阶段。①

1. 管理时尚的制造机理

管理时尚的制造者是学术界的学术权威、商业学校、咨询公司、经营管理者与大众媒体。管理时尚供给者通过创造、选择、处理、传播四个阶段的层层筛选和加工,运用市场化策略把管理技术转化为管理知识市场上的流行商品。②

(1) 在创造新的管理技术时,无论新的技术是否是创新,制造者都会让人们相信该管理技巧是创新的,比当前的技巧有所改进。研究也发现,20 世纪 80 年代以来流行的"新"管理思想多是"旧瓶装新酒",且"瓶"的总数还是一样的,这也说明管理者关注的焦点是相对稳定的。③

(2) 在选择管理技巧以对其进行商品化时,遵循的基本原则是要能够满足对新管理技巧的需求。研究者发现,那些强调普遍关联思想的管理技术不太流行,而让管理者产生世界是可预测的、稳定的思想,能帮助管理者预测和控制不确定的环境的管理思想,都能流行开来,且要能够满足管理者的个人和社会需要。④

(3) 在使一项管理技术成为流行产品的过程中,市场策略很重要。其中,包装和促销起着关键作用。因此,公司都会对选定的管理技巧进行语义上的修饰,都会通过成功公司的经典案例、准理论的诠释、有效的实践训练和科学理论解释等手段,使人确信该技巧是实现组织目标的有效手段。有学者在对美国管理咨询公司进入西欧市场的研究中发现,产品、品牌信誉和关系资产是管理咨询公司开展业务的关键因素。⑤

(4) 在传播过程中,品牌、广告和产品开发是三个关键的市场因素。⑥ 其

---

① A. Rossem. *Classic, Fads and Fashions in Management: A Study of Management Cognition*. Dissertation of the Degree of Doctor at Ghent University, 2006.
② E. Abrahamson. Management Fashions. *Academy of Management Review*, 1996, 21(1): 254-285.
③ Ibid.
④ 〔英〕安德泽杰·胡克金斯基. 管理宗师:世界一流的管理思想. 王宏方,译. 大连:东北财经大学出版社,1998.
⑤ M. Kipping. American Management Consulting Companies in Western Europe, 1920 to 1990: Products, Reputation, and Relationships. *Business History Review*, 1999, 73: 190-220.
⑥ 〔英〕安德泽杰·胡克金斯基. 管理宗师:世界一流的管理思想. 王宏方,译. 大连:东北财经大学出版社,1998.

中,现代大众传媒从观念上引导人们接受其主导的管理技术,在管理时尚的形成过程中扮演着重要的角色。许多管理时尚供给者利用自己主办的出版物直接影响经理阶层,如《麦肯锡季刊》《商业周刊》等,或者利用间接媒介影响经理阶层。因此,有学者就提出,管理时尚的主要来源是学术与畅销书出版物、咨询公司的业务活动、《哈佛商业评论》的年刊,凡是同时在这三种途径中成为热点的管理理论都可以被认为是管理时尚。① 对大众传媒在管理时尚形成中的作用,可以从功能主义和批判主义两个视角分析。功能主义的视角把传播看作是承担了正常的社会运转功能的行为,迎合并满足了社会对管理技术的需要。批判主义视角则认为媒介传播会通过控制社会话语来影响受众对环境的感知方式,刺激人们的需求,以制造虚假繁荣的表象,其中隐含着某种话语权力。人们在其中是被动和服从的,而不是自由和自律的,因此,传媒在管理思想传播过程中扮演着异化、帮凶的角色。当然,单一视角看待问题难免有失偏颇,我们应辨证看待大众传媒在管理技术的传播和形成时尚中的作用。

2. 管理时尚的传播过程

借鉴创新传播理论和其他时尚生命周期的研究成果,研究认为管理时尚的发展符合生命周期的规律,其生命周期曲线呈现钟形,并且周期越来越短、峰值越来越高。但学界对其生命周期各阶段的划分和特征描述看法不一,如五阶段说为:发现、狂热接受、消化吸收、觉醒、坚持。在此过程中,有的公司扮演领导者角色,有的公司则是模仿者。而在供给一方,各领域的传播顺序依次是:管理大师、咨询业者、商业出版机构和商学院。因此,会出现在商业界已经被抛弃而在教育领域仍属于时尚的现象。在高等教育领域,管理时尚首先在文献中被大量赞美并被探询如何正确实施;接着刊物上出现大量案例研究,这也就同时证明了该方法的有效性;最后,该名词和方法将逐渐从人们的视线中消失。②

在传播过程中,管理时尚总是从大众传媒的关注开始,当大众传媒已经

---

① P. Carson, P. Lanier, B. Guidry. Clearing a Path through the Management Fashion Jungle. *Academy of Management Journal*, 2000, 43(6):1143-1158.

② R. Birnbaum. The Life Cycle of Academic Management Fads. *The Journal of Higher Education*, 2000, 71(1):1-14.

失去兴趣时,学术领域仍会讨论并尽量将其一般化,因此管理时尚呈现波浪式的发展。在这个传播过程中,文章用词的不同反映了人们态度的变化。在钟形曲线的上升阶段,文章的用词是正面、肯定的,而在下降阶段则以负面、否定的词汇为主。据此可推测:人们的态度在开始阶段多为情绪化的,在随后的阶段则更有理性思考的特征。有学者将其总结为是集体学习和协同进化的过程。①

管理时尚的衰落也可以划分为两个阶段:需求动机的减弱阶段和衰退阶段。② 关于需求动机的减弱有两方面的解释:一是由于运用管理时尚失败而理性地减弱该动机,或者是基于非理性传染动机的减弱;另一方面则是新管理时尚的兴起,使管理时尚需求者的兴趣发生了转移。但其中的情绪化因素少些,理性因素多些。③ 研究表明,由于传播"时滞",出现了在商业界已经抛弃而在教育领域仍属于时尚的现象,其主要原因是发起和支持管理时尚的人都坚持认为学术组织客观、理性且强调因果关系,因此它不会随市场"起舞"。④ 而在教育领域进行的系统和综合的研究也会发现管理创新的真正价值,提出合理的解释,并使其一般化。

第五节 热点与前沿之五:领导理论的新进展

目前,与领导者发挥作用的环境变化相适应,CPM 领导理论、魅力型领导理论、变革型领导理论和以价值观为本的领导理论,以及领导类型与组织绩效、员工满意度、组织公民行为等相关的影响效果变量之间的关系,是学术界关注的热点。本节选取伦理型领导、谦卑型领导、自恋型领导等热点做一简要介绍。

---

① E. Abrahamson, G. Fairchild. Management Fashion, Lifecycles, Triggers and Collective Learning Processes. *Administrative Science Quarterly*, 1999,44(4):708-740.
② A. Rossem. *Classic, Fads and Fashions in Management: A Study of Management Cognition*. Dissertation of the degree of Doctor at Ghent University,2006.
③ E. Abrahamson, G. Fairchild. Management Fashion, Lifecycles, Triggers and Collective Learning Processes. *Administrative Science Quarterly*, 1999,44(4):708-740.
④ R. Birnbaum. The Life Cycle of Academic Management Fads. *The Journal of Higher Education*, 2000,71(1):1-14.

一、伦理型领导研究

伦理型领导(Ethical leadership)是在领导者道德问题越来越受到社会的广泛关注、道德规范在领导力中的重要性日渐突显的社会背景下,由恩德勒(Goorges Enderle)在1987年最早提出的概念。

1. 伦理型领导的内涵。恩德勒将伦理型领导界定为一种思维方式,认为其旨在明确描述管理决策中的伦理问题,并对决策过程所参照的伦理原则加以规范。恩德勒在对伦理型领导的注释中指出,伦理型领导应当包括个体层面领导(影响他人)与组织层面领导(影响组织)两个层面的内涵。① 特雷维索等对相关定义进行过综合,并清晰地指出伦理型领导包含两方面的含义:一是合乎伦理的个人,其具备诚信等个体特征,并执行合乎伦理的决策;二是合乎伦理的管理者,其采取影响组织道德观与行为的合乎伦理的策略。② 基于社会学习视角,布朗等人较为系统地界定了伦理型领导的内涵,认为伦理型领导是指通过个体行为和人际互动,向下属表明什么是规范的、恰当的行为,并通过双向沟通、强制等方式,促使他们遵照执行的领导。③ 综合现有研究可见,伦理型领导的具体内涵主要在一般/中层管理者和企业家/高层管理者两个层面展开讨论。④

2. 影响因素。国外一些关于伦理型领导的综述性文献将影响伦理型领导的因素归为两类:情境因素和领导者的个人特质。近年来也有一些研究在探寻影响伦理型领导行为的情境因素方面取得了新的进展,具体分析了社会距离、决策情境和绩效压力等对伦理型领导行为的影响。例如汤姆斯德等人认为,社会距离远会导致更苛刻的道德不端行为评估,并因此降低伦理型领导评级;而伦理型领导行为将会正向影响领导-成员交流(leader-

---

① G. Enderle. Some Perspective of Managerial Ethical Leadership. *Journal of Business Ethics*,1987,6(8):657-663.

② L. K. Trevino, L. P. Hartman, M. Brow. Moral Person and Moral Management:How Executives Develop a Reputation for Ethical Leadership. *California Management Review*,2000,42(4):128-142.

③ M. E. Brown, L. K. Trevino, D. A. Harrison. Ethical Leadership:A Social Learning Perspective for Construct Development and Testing. *Organizational Behavior and Human Decision Processes*,2005,97(2),117-134.

④ 莫申江,王重鸣. 国外伦理型领导研究前沿探析. 外国经济与管理,2010,2:32-37.

member exchange)。陈(Chen)认为,企业中的非伦理型领导是导致当前引起广泛关注的财务会计丑闻现象的主要原因。谢丽尔等检验了一系列影响领导者道德决策制定过程的情境因素,包括绩效压力、人际冲突、领导者决策制定自主权、决策所面临的道德问题类型以及卷入决策过程的他人的权威水平等。[①]

个人特质方面的研究认为公平公正、关怀他人、道德意识、榜样作用等是影响伦理型领导形成的原因。布朗等人在2005年总结了伦理型领导个人特质的影响因素,比如宜人性、尽责性、道德推理、神经质、权术主义和心理控制源等。布朗等人在2007年提出,情境因素也是其主要的前因变量,注重伦理道德的文化背景和组织氛围可以有效促进伦理型领导的出现来匹配其所处的环境。胡(Hoogh)等人在2008年关注了领导者社会责任中的道德规范、内部义务、关心他人、注重结果和自我评判对伦理型领导的影响,其研究对于现实企业中经常出现的各种道德丑闻有一定的启示。托马斯等人在2011年的研究认为,道德品质是伦理型领导出现的重要原因,领导能够遵守道德规范并在人际互动中表现出符合道德准则的互动和决策行为,会更容易成为伦理型领导。

3. 伦理型领导的测量。随着研究的持续深入,伦理型领导维度的结构与测度研究逐步发展,已有一系列维度划分和测量的可操作化方法来支持进一步开展伦理型领导的相关实证研究。彼得等根据布朗等人提出的伦理型领导概念,将伦理型领导划分为道德和公平、角色界定和权利分享三个维度,并采用多文化领导行为问卷(MCLQ)进行测量。理斯克(Resick)等根据全球领导和组织行为有效性研究成果编制了由15个题项组成的伦理型领导量表,其中包含诚信、利他主义、集体动机、激励等四个子维度,具有较好的跨文化代表性。布朗等通过对MBA学员的调查,编制了由10个条目构成的单维度伦理领导量表(ELS)。卡尔斯霍芬(Kalshoven)等开发了由7个维度构成的多维度伦理型领导问卷(ELW),这些维度包含公平、诚信、道德导向、以人为本、权利分享、角色扮演、关心可持续发展等。虽然伦理型领导维度和测量取得了一定进展,但其合理性和普适性尚需进一步验证。

---

① 张笑峰,席酉民.伦理型领导:起源、维度、作用与启示.管理学报,2014,1:142-148.

4. 伦理型领导的实证研究。布朗等人认为伦理型领导主要通过自身的榜样作用来影响下属的伦理感知，并设计了包含三组取样于金融服务机构的大样本的实证研究，进一步明确了伦理型领导与其他相近概念（变革型领导的"理想化影响"维度）的显著区别，以及伦理型领导对组织成员所产生的伦理影响效果。结果显示，伦理型领导能够强化其自身的关怀行为、互动公平和领导诚信。尤其是在团队层面，员工感知到的直接管理者所采取的伦理型领导行为与管理者实现的伦理领导效能（员工效能感与满意感、额外的工作努力与投入、主动报告问题的行为等）之间表现出较强的正相关关系。布朗等人的研究引发了其后一系列关于中层伦理型领导内涵及其效能的探讨。古迪纳夫（Goodenough）2005 年的研究设计了包含个体和群体两个层面的伦理型领导效能模型，发现在群体层面，伦理型领导对组织成员价值认同和越轨行为的影响效果并不显著。彼得等人 2008 年的研究发现，伦理型领导明显有助于提升组织高管团队的整体合作水平与决策效能，并能促使组织成员对组织的未来发展形成乐观态度，而专制型领导则不能产生这样的显著影响，这说明伦理型领导的主要功能是能够更加有效地促使组织实现积极的持续发展。麦耶等人在 2009 年构建了一个自上而下的多层面伦理型领导效能模型，将组织的伦理型领导视为一个多层面的构念，其对组织成员的效能影响是由组织高层管理者开始逐层向下传递的过程。这一模型揭示了为何拥有声誉卓著的高管的组织同样存在许多行为不合乎伦理的员工。[1]

二、谦卑型领导研究

谦卑是人类的一种优秀道德品质，谦卑型领导被许多研究者视为是"自下而上领导"的核心，是领导风格领域近年来兴起的研究热点之一，其相关研究正处于起步阶段。

1. 谦卑型领导的内涵。英文 humility（谦卑）一词来源于拉丁文"humus"和"humi"，意思分别是"泥土"和"在地面上"，因此，按字面理解，谦卑意味着以一种接地的即有充足理由或基础的观点来审视自我和他人，意即谦

---

[1] 莫申江,王重鸣.国外伦理型领导研究前沿探析.外国经济与管理,2010,2:32-37.

卑者以一种自下而上的方式来审视自我和他人。现代观点则把谦卑当作关于自我的"科学"。学术界对谦卑的研究起源于积极心理学,认为谦卑是一种既稳定又持久的积极人格特质。① 在现有研究文献中,研究者就谦卑给出的定义也不尽相同。尼尔森(Nielsen)等将谦卑定义为"能反映个人愿意认识自我(个性、优势、局限)、自己和其他人的关系(认为自己不是宇宙的中心)的理想的个人品质"。莫里斯(Morris)等将其定义为"一种建立在正确地看待自我的意愿之上的个人导向"。尼尔森等通过对已有理论的回顾发现谦卑有三个特征:认清个人优势和局限;积极利用在与他人互动中得到的信息,不仅认清自己,而且在需要时改变自己;在更大的整体关系中考虑自己。② 维拉(Vera)和罗德里格斯-洛佩兹(Rodriguez-Lopez)2004 年在对来自不同国家的多名高管进行访谈后,归纳出谦卑型领导的特点:对新思想持开放的心态;渴望向他人学习;承认自己的局限和过错,并尝试去改正;求实地接受失败;寻求建议;发展他人;带着真正的渴望去服务;尊重他人;与合作伙伴分享荣誉与称赞;低调地接受成功;毫不自恋,厌恶奉承;避免自满;节俭。③

2. 谦卑型领导的测量。目前国外对谦卑型领导的测量大多是通过测量领导者的谦卑特质来进行的,所以学界在测量时仅对谦卑特质的心理学量表稍加修订,因而谦卑型领导行为目前还缺乏能得到普遍认同的量表,这也是该领域未来研究的热点。

3. 谦卑型领导的影响效应。国内学者将谦卑型领导的影响效应归纳为对下属、对领导者和对组织三方面的影响,并对其分别展开研究。④

(1) 谦卑型领导对下属的影响。谦卑型领导能促进下属的心理自由和工作投入,提升下属的自我效能感、动机与奉献意愿,增进下属对领导者的信任、认同与忠诚,还能让下属的职业发展路径明确化。欧文斯(Owens)和海克曼(Hekman)在 2012 年认为谦卑型领导行为对下属有三个方面的影

---

① 雷星晖,单志汶,苏涛永,杨元飞.谦卑型领导行为对员工创造力的影响研究.管理科学,2015,3:115-125.

② 曲庆,何志婵,梅哲群.谦卑领导行为对领导有效性和员工组织认同影响的实证研究.中国软科学,2013,7:101-109.

③ D. Vera, A. Rodriguez-Lopez. Strategic Virtues:Humility as a Source of Competitive Advantage. *Organization Dynamics*,2004,33(4):393-408.

④ 莫申江,王重鸣.国外伦理型领导研究前沿探析.外国经济与管理,2010,2:32-37.

响,即明确下属的职业发展路径、增强下属的心理自由、提升下属的工作投入程度。此外,谦卑型领导还能提升下属的自我效能感、奉献意愿程度以及对领导者的认同感。

(2) 谦卑型领导对领导者的影响。这主要体现在两个方面。一方面是有助于形成支持性领导-下属关系和影响社会化魅力型领导行为的效果。研究者发现,谦卑能使领导者无私地运用权力,从而促进支持性领导-下属关系的形成。另一方面,谦卑是让社会化魅力型领导变得有效的重要前因。对于社会化魅力型领导的三种行为——愿景设立行为、可模仿愿景实施行为和沟通行为——领导者的谦卑程度均影响其有效性的发挥。

(3) 谦卑型领导对组织的影响。科林斯(Collins)在2001年首先指出,同时拥有谦卑品质和强大意志力的领导者能把好企业转变成伟大的企业。随后,研究者发现,当领导者表现出正确看待自己的意愿、对他人优点的欣赏和可教性时,组织更可能实现成长。可见,谦卑型领导致力于打造一种鼓励组织学习、更好地为顾客服务以及有效适应改变的组织,这类组织与其领导者拥有相似的特征,即谦卑。

三、自恋型领导研究

"自恋"概念来源于古希腊的"narcissus(水仙)"神话,指具备膨胀的自我观点、功能失调的人际关系以及牺牲他人以增强自己等特点的一种人格特质。近年来,研究者一直试图探究个体特质与领导效能之间的关系,自恋型领导即属其中一种,是一个比较新的概念。

1. 自恋型领导的概念。对于自恋型领导的概念,相关学者并没有达成完全的一致。罗森塔尔(Rosenthal)和皮廷斯基(Pittinsky)在2006年最早系统地提出了自恋型领导的概念,即当领导者的行为主要受极端自私的个人需求和观念驱动而不是受他们所领导的组织机构的利益驱动时,该领导者即为自恋型领导。科霍(Khoo)等人2008年的研究认为,自恋型领导主要基于个人目的或自利动机行使权力,其行为所造成的影响总体上负面大于正面。自恋型领导具有自大的特点和领导风格,总体上来看,对权力和赞美的渴望是他们行为动机的源泉,他们对组织和制度缺乏移情性。① 希格斯(Higgs)和麦考比(Maccoby)的研究认为,为了确信自己所具有的优越感,自恋型领导利用自己所能利用的资源来求得别人的倾慕和赞许,因此他们利用这些资源最主要的目的并非是为组织服务。但这些学者并没有给出关于自恋型领导的可操作的定义。

2. 自恋型领导的测量。学者们对自恋型领导的内容和维度的探讨,大多是根据自恋人格特别是显性自恋人格所具有的特质来进行归纳的。欧米特(Ouimet)认为,自恋型领导特质主要由以下成分构成:魅力、自私地追求自我影响力、虚伪的动机(他们提出的一些宏伟目标,其实更多的是为自己的私利着想)、对他人表现出的抑制和假装的关心等。作者在提出这些成分时,都是基于现有的一些实证研究提出的。罗森塔尔和皮廷斯基2006年在综合相关研究的基础上,提出自恋型领导行为中可能包含的维度和内容:自大、自卑感、永不满足他人的赞誉与自身的优越感、高度敏感、愤怒、非道德、非理性、缺乏同情心和偏执等特质。总体来说,自恋型领导的构成成分主要包括魅力、自私、优越感、抑制他人和追求他人的倾慕等。② 对自恋型领导的测量主要是基于测量自恋水平的自恋人格量表(Narcissistic Personality Inventory,NPI),区别在于调查对象变成了领导者。NPI最初是为识别自恋个体而开发。得到最广泛应用的一个自我报告量表是拉斯金(Raskin)和特里(Terry)在1988年开发的NPI,具有40个题项,并采用迫选的方式进行测量。艾姆斯(Ames)等在2006年开发了一个只有16个题项的版本,但是该版本并没有得到广泛的应用与验证。使用NPI时会出现一些偏颇情况,例如男性比女性得分要高,年轻人比年长者得分要高,非裔美国人得分较高,而亚裔美国人得分较低。所以,米勒(Miller)等建议研究自恋的学者放弃NPI而分别使用独立的自大型自恋与优越型自恋等量表来测量自恋水平。③

3. 自恋型领导形成的影响因素。当前研究主要从特质因素、文化因素、环境因素和结构因素四个方面探讨了影响自恋型领导形成的关键因素。④

---

① 黄攸立,李璐.组织中的自恋型领导研究述评.外国经济与管理,2014,7:24-33.
② 张兵兵,陈春花.国外关于自恋型领导的研究述评及未来展望.领导科学,2015,6:53-56.
③ 黄攸立,李璐.组织中的自恋型领导研究述评.外国经济与管理,2014,7:24-33.
④ 同上.

(1) 特质因素。霍夫曼(Hoffman)利用文献研究了个体特质对领导效能的影响,发现了七个对领导效能有显著影响的特质,包括活力、支配力、自信、魅力等,而这些都与自恋密切相关。自恋者给人的第一印象完美地体现了领导者的诸多特质,让人们相信其会成为一个有效的领导者。所以,初步的证据显示自恋者更容易成长为领导者。

(2) 文化因素。福斯特(Foster)的研究表明,在个人主义文化中,个体的自恋水平更高,而且两者正相关,即文化环境越是推崇个人主义,个体的自恋水平越高,也越容易催生自恋型领导。此外,一些研究也表明,组织中激烈的竞争性文化氛围,推动着具有高成就动机的自恋者走上领导岗位;员工间的高度相互依赖和交互作用也容易促使自恋者成为领导者;组织伦理要求的严格程度也是自恋者能否成长为领导者的关键影响因素。

(3) 环境因素。面临危机的非常时期能够为自恋者快速成长为领导者提供绝佳的机会。罗森塔尔和皮廷斯基指出,在有些情境下,自恋者的特点(如魅力、自大、缺乏同情心)带来的优势会大于其本身的劣势。在混乱和危机时期,一个坚持自己观点的自信的领导者将胜过怯弱的、犹豫不决的领导者。

(4) 结构因素。一些结构因素,例如缺乏对行政行为的监督和严重的信息不透明,会导致个体的能力得不到施展,但却给自恋者的成长提供了条件,自恋者能够在这样的组织制度中持续不断地提高自己的影响力。从结构因素的角度来看,只有制度化的组织才能有效地限制自恋型领导的特权,畅通的信息传播有助于组织成员对自恋型领导的权力运用进行评价,以对其进行有效监督。

4. 自恋型领导的影响效应。目前的研究普遍赞成自恋型领导是个矛盾综合体的观点,意即自恋型领导的影响既有阴暗、消极的一面,也有积极的一面。

(1) 消极影响效应。总体来看,自恋型领导的影响效应可以分为以下三个方面。一是对领导者个人的影响效应。鲁比特(Lubit)在2002年的研究认为,破坏性自恋领导为了让自己较快升迁到拥有更大权力的岗位,容易冲动地做出灾难性的商业决定。布莱尔(Blair)等在2008年的研究则认为,自恋型领导一般都是根据个人利益行事,经常利用他人,这会使得领导者与其下属的关系及交往缺乏诚信,二者相互之间的关心是以利益为纽带产生的。二是对下属的影响效应。总体来讲,自恋型领导多数情况下会给下属造成身心上的消极影响。例如,彭尼(Penny)和斯佩克特(Spector)研究发现,在日常工作中,在自恋型领导者领导下的员工会产生工作场所反常行为和反生产行为。自恋型领导还会导致领导自身的恃强凌弱行为、对员工的强迫行为,甚至给员工身心健康造成伤害。根据本森(Benson)和霍根(Hogan)2008年的研究,自恋型领导者与下属的不信任之间存在着正相关关系,领导者的自恋程度越高,下属对其越不信任。自恋型领导者会对自己的竞争对手以及那些能力突出并对自己造成威胁的员工进行抑制和打压,所以有时候会造成有能力的员工选择离开公司。自恋型领导者在工作中只有当符合自身利益的时候才会对下属给予一定关心,一般不会真正地为下属着想,导致领导者与下属、下属与下属之间的人际交往表现变差。布里克勒(Blickle)等人2006年的研究甚至认为自恋型领导会导致白领的犯罪行为。三是对组织的影响效应。关于自恋型领导对组织的负面影响,学者们认为,自恋型领导会降低组织的绩效。贾奇(Judge)等人2002年的研究认为,自恋型领导会降低组织的关系绩效。本森和霍根2008年的研究认为,领导自恋会降低组织效能。希格斯2009年的研究则认为,该种领导会使组织缺乏达到可持续绩效的组织氛围。戈德曼2006年的研究也认为,自恋型领导会造成有害的工作氛围。罗素(Russell)2013年的研究指出,自恋型领导会导致团队沟通问题的产生。坎贝尔(Campbell)等人2009年的研究则认为自恋型领导会导致管理上的混乱。鲁比特2002年的研究认为,自恋型领导会导致组织道德的破坏,导致员工产生非道德行为。[1]

(2) 积极影响效应。从正面来看,自恋型领导具有有效影响他人的社会技巧和魅力。他们的积极影响某种程度上来源于他们大胆表达的倾向、目标灵活的导向、对工作群体创造力的促进以及在追求目标的过程中敢于冒险的倾向。[2]

---

[1] 张兵兵,陈春花. 国外关于自恋型领导的研究述评及未来展望. 领导科学,2015,6:53-56.
[2] 黄攸立,李璐. 组织中的自恋型领导研究述评. 外国经济与管理,2014,7:24-33.

第六节 热点与前沿之六:社会网络研究

网络既可以描述个人之间的关联,也可以描述组织之间的关联,还被用于描述技术、行业和产品空间的特征。① 网络研究具有不同的学科背景来源,包括社会计量学、情感心理学、文化人类学和图论数学。基于这种多学科的基础,一些学者做出了理论和实证研究的贡献,获得了方法论的突破。来源于社会学的社会网络研究文献构成网络理论开发的主体,以格兰诺维特(Granovetter)、伯特(Burt)为代表的社会学家将经济学和社会学结合起来,创立了全新的社会网络理论分析框架,形成了"新经济社会学派"。

一、社会网络理论

社会网络理论(Social network theory)发端于 20 世纪 30 年代,成熟于 20 世纪 70 年代,但直到 20 世纪 90 年代才开始被广泛应用于企业研究领域。社会网络的概念最早是由英国著名人类学家阿尔弗雷德·拉德克利夫-布朗(Alfred Radcliffe-Brown)在对结构的关注中提出来的。布朗所探讨的网络概念聚焦于文化如何规定有界群体(如部落、乡村等)内部成员的行为。较成熟的社会网络的定义是韦尔曼(Wellman)于 1988 年提出的"社会网络是由某些个体间的社会关系构成的相对稳定的系统",即把"网络"视为是联结行动者(actor)的一系列社会联系(social ties)或社会关系(social relations),它们相对稳定的模式构成了社会结构(social structure)。随着应用范围的不断拓展,社会网络的概念已超越了人际关系的范畴,网络的行动者既可以是个人,也可以是集合单位,如家庭、部门、组织。

社会网络分析有五个范式特征:一是用行动的外在结构限制而不是单位节点的内在驱力解释行为,网络分析的前提假设是联结关系对行为的影响往往大于节点的属性(如个体心理特征或人口结构特点),此外,节点的行

---

① 〔美〕W. 理查德·斯科特,〔美〕杰拉尔德·F. 戴维斯. 组织理论:理性、自然与开放系统的视角. 高俊山,译. 北京:中国人民大学出版社,2011:263.

为不仅受其直接联结点的影响,还受更大范围的网络结构和联结模式的制约;二是网络分析关注的是单位节点之间的关系;三是个人社会网络的结构特征决定双边关系的作用;四是世界是由网络而非群体构成的;五是网络方法补充和替代个体主义方法。①

根据分析的着眼点不同,社会网络理论有两大分析要素:关系要素和结构要素。关系要素关注行动者之间的社会性粘着关系,通过社会联结的密度、强度、对称性、规模等来说明特定的行为和过程。结构要素则关注网络参与者在网络中所处的位置(如中心性、结构洞),讨论两个或两个以上的行动者和第三方之间的关系所折射出来的社会结构,以及这种结构的形成和演进模式。联结强度、结构洞理论、嵌入理论、社会资源和社会资本理论构成社会网络理论的核心。

1. 联结强度:强联结与弱联结。社会网络的节点依赖联结产生联系,所以联结是网络分析的最基本分析单位。1973年,格兰诺维特在《美国社会学杂志》上发表的《弱关系的力量》一文中最先提出联结强度的概念。他将联结分为强联结和弱联结(strong tie, weak tie),从互动的频率、感情力量、亲密程度和互惠交换四个维度来对二者进行区分。他根据劳动力市场中信息传递的过程和特点进一步提出,弱关系联结而非强关系联结才是信息传递的真正桥梁。因为弱关系分布范围很广,比强关系更可能充当跨越社会界限的桥梁。

2. 结构洞理论。美国学者伯特1992年提出了结构洞概念。他认为无论是个人还是组织,其社会网络均表现为两种形式:一是网络中的任何主体与其他主体都发生联系,不存在关系间断现象,从整个网络来看是"无洞"结构;二是社会网络中的某个或某些个体只与网络中的部分个体发生直接联系,网络存在无直接联系或关系中断的现象,因而这种网络结构称作"结构洞"。伯特认为,一个网络中最有可能给组织带来竞争优势的位置,位于横跨关系稠密地带之间的结构洞上。占据了结构洞位置的企业,能将两个关系稠密地带联结起来,有机会接触到两种异质的信息流,获取无冗余信息;同时作为信息流动的必经节点,该企业具有相对控制优势。

---

① 许小虎,项保华.企业网络理论发展脉络与研究内容综述.科研管理,2006,1:1.

3. 嵌入理论。1985年格兰诺维特又在《美国社会学杂志》上发表了一篇重要论文《经济行动和社会结构:嵌入性问题》,在该文中进一步发展波兰尼在《大变革》一书中所提的"嵌入性"概念,把"嵌入性"界定为"具体的个人间的联系以及催生信任、防范社会不法行为的结构"。他指出,嵌入性是指这样一个事实,即像所有的社会行动及其后果一样,经济行动及其后果会受到行动者双方关系以及整个网络关系的影响,人际网络、制度等社会性因素在经济行为中发挥着重要作用,对经济行为的解释应更多地在社会性背景中进行。因此,针对经济学家"社会化不足"和社会学家"过度社会化"的现状,他提出人类的经济行动是嵌入在具体的、不断变化的社会关系之中的。此外,他对嵌入性的关系嵌入与结构嵌入的划分,使得嵌入性可以方便地应用于对个体行动及集体行动的分析,大大提高了这一概念的应用能力。乌齐1996年在既有研究的基础上,通过对美国纽约制衣工厂的研究,发现嵌入性强度与企业绩效呈现倒U型分布,网络嵌入性的理想强度处于中间状态,嵌入性关系过强反而会影响企业绩效,但是嵌入性强度太弱则会导致关系无法形成。一家企业可能会"嵌入性不足"或者"过度嵌入化",只有在市场交易关系和长期稳固联系之间取得平衡的企业才最成功。

4. 社会资本理论。法国社会学家布尔迪厄(Bourdieu)首先提出"社会资本"概念,其后科尔曼(Coleman)认为社会资本指个人所拥有的表现为社会结构资源的资本财产,它们由构成社会结构的要素组成,主要存在于社会团体和社会关系网之中。权威关系、信任关系、规范信息网络、多功能组织、有意创建的组织等都是社会资本的特定形式。

5. 社会资源理论。美籍华人社会学家林南(Nan Lin)在发展和修正格兰诺维特的弱关系力量假设时提出了社会资源理论。在林南看来,所谓资源就是"在一个社会或群体中,经过某些程序而被群体认为是有价值的东西,这些东西的占有会增加占有者的生存机遇"。他把资源分为个人资源和社会资源。个人资源指个人拥有的财富、器具、自然禀赋、体魄、知识、地位等可以为个人支配的资源;社会资源指那些嵌入个人社会关系网络中的资源,如权力、财富、声望等,这种资源存在于人与人的关系之中,必须与他人发生交往才能获得。社会资源的利用是个人实现其目标的有效途径,个人资源又在很大程度上影响着其所能获得的社会资源。在林南的社会资源理论中,弱关系的作用超出了格兰诺维特所说的信息沟通的作用。由于弱关系联结着不同阶层拥有不同资源的人们,所以资源的交换、借用和摄取往往通过弱关系纽带来完成。而强关系联结着阶层相同、资源相似的人们,因此类似资源的交换既不十分必要,也不具有工具性的意义。

二、组织间网络研究的分析框架

社会网络分析在应用于组织情境研究时,产生了大量有价值的文献,研究的组织间关联有战略联盟、买方-供应方关系、交叉董事、投资银行关联、跨专利索引关联等。网络视角的分析增加了我们对组织行为及后果(如绩效)解释力的另一理解。新古典经济学把企业视为一个独立自主的甚至隔离的实体,运用自身资源与其他独立自主的自力更生的实体进行竞争,而网络观提出企业可以通过企业间的连接网络接触外部资源与能力,因而网络分析方法把组织行为及后果的分析视角从独立自主、自力更生观转变到关系结构观。

所有的网络研究文献都强调"网络结构很重要",但如何重要、为什么重要,尚缺乏一个理论体系,这给研究者留下了发挥想象力和创造力的空间,学者们结合许多理论来探索和解释企业间网络问题,如社会资本、资源基础观、资源依赖理论、社会地位、发信号、信任和关系观。查希尔(Zaheer)等人在 2010 年通过梳理组织间网络研究文献,归纳出网络关联影响组织行为及后果的四种因果理论机制——网络作为资源的通道、网络作为信任的来源、网络作为权力/控制的工具、网络作为一种信号机制,以及现有研究的三个分析层面——双元层面、自我层面、整体网络层面,并以上述两个方面为维度,提出了一个组织间网络研究的整理框架(见表10-1)。

表 10-1　组织间网络研究的一个框架

理论机制	分析层面		
	双元	自我	网络
资源通道	乌齐,兰开斯特: 强关联→隐性知识转移 弱关联→显性知识转移 罗利等人: 利用情境→强关联 探索情境→弱关联	阿尤贾,肖恩等人: 中心度→信息 鲍威尔等人、乔治等人: 中心度→能力和学习 伯特、查希尔、贝尔: 结构洞→信息 麦克维利、查希尔: 结构洞→能力和学习	萨克森尼亚: 组织间网络→地区的成功 辛格、阿尔梅达和库格特: 组织间网络→有效的知识转移
信任	古拉蒂: 强关联→信任 查希尔等人: 信任→绩效	阿尤贾,罗利: 闭合→信任 英格拉姆和罗伯茨: 中心性→信任	萨克森尼亚: 组织间网络→地区的成功
权力/控制	贝和卡尔吉罗: 权力不平衡→关联形成 卡西罗、皮斯科尔斯基: 相互依赖→约束的吸收	伯特: 结构洞→讨价还价的权力	诺里亚和加西亚-庞特: 组织间关系→战略性封锁
发信号	未来研究	本杰明和普多尼,古拉蒂和希金斯,詹森: 中心性视为地位	未来研究

资料来源:Akbar Zaheer, Remzi Gözubuyuk, Hana Milanov. It's the Connections: The Network Perspective in Interorganizational Research. *Academy of Management Perspectives*, 2010, 2: 62-77.

第七节　热点与前沿之七:网络时代的商业模式

网络经济的迅速发展,已经逐步影响到社会经济的各个环节。对于现代企业管理而言,新技术革命对传统的企业生产方式、组织形式、管理模式、经营策略、贸易渠道和营销观念等提出了有力的挑战,意味着企业在战略思想、管理理念、运行方式、组织结构等方面的革命性变革。本节主要介绍商业模式研究方面的新发展。

第十章　管理学学科发展热点与前沿

一、商业模式的概念

迄今为止,商业模式仍然没有得到普遍认同的定义。在大多数情况下,管理学界和企业界都默认商业模式是一个约定俗成的习惯用语。国内学者王雪冬等人总结前人研究成果后认为,商业模式曾经出现过经济、运营和价值类三种不同性质的定义。[①]

1. 早期的经济类定义。在互联网经济发展初期,互联网企业的创业者们用"商业模式"来描述互联网环境下的企业行为。与互联网免费模式相对应,商业模式在刚出现的最初阶段被理解为企业的"盈利模式"。

2. 中期的运营类定义。此时,商业模式被看作是一种结构设置,对商业模式的定义聚焦在企业内部流程和基础结构设计上,以便企业能够通过系统的结构设置来创造价值。麦耶和布朗在1999年认为商业模式是为了创建竞争力强劲的企业并保持企业的竞争力而对企业相互依存的关键系统进行的总体设计。奥斯特沃尔德在2005年认为,商业模式能反映企业组织提供给不同顾客的价值,并反映为创造、营销和传递这种价值以实现有利可赚的可持续收入流所必需的能力、合作伙伴和关系资本。

3. 近期的价值类定义。简而言之,商业模式就是企业如何向顾客传递价值,并从中获取收益。该类界定是在亚德里安·斯莱沃茨基(Adrian Slywotzky)提出的价值转移和利润区概念的基础上,将"价值"概念逐渐纳入商业模式的理论范畴,价值定位、价值创造、价值网、价值传递、价值实现等逐渐成为商业模式的关键构成要素,商业模式也逐渐涉及企业的市场定位、组织边界、竞争优势及其可持续性等问题。切萨布鲁夫(Chesbrough)在2010年提出,商业模式包括价值主张,辨识细分市场,详述收入产生机制,定义价值链结构、收入获取机制,预估成本结构和盈利潜力,描述企业在联系供应商和顾客的价值网络中的定位,以及企业创新性地构建和保持竞争优势的竞争策略。提斯(Teece)在2010年提出,商业模式阐述了支撑顾客价值主张、收入结构可行性与价值传递成本的逻辑原因、数据与依据等。

商业模式定义的变化反映了商业模式研究重心的转移:逐渐从早期关

---

① 王雪冬,董大海. 商业模式的学科属性和定位问题探讨与未来研究展望. 外国经济与管理,2012,3:2-9.

注财务、内部运营问题转向关注战略、营销问题,从关注利润转向关注价值,从关注收入盈利结构转向关注价值网络,从关注互联网单体企业扩展到电子商务、传统企业等多领域。

二、商业模式的理论模型

长期以来,商业模式研究者一直试图找到一套商业模式理论模型,这项研究可归结为对以下两个基本问题的回答:(1) 商业模式包括哪些基本要素?(2) 这些要素具有哪些基本关系?奥斯特沃尔德和皮格尼尔在2004年提出一个在早期研究中具有代表性的模型,模型是由四个界面共10种基本要素构成的系统,包括:客户界面的客户、客户关系、渠道;产品界面的价值主张;基础设施管理界面的能力、伙伴关系、价值培植;财务界面的成本、收入、利润(亏损)。之后的学者对此不断进行提炼和发展,约翰逊等人提出的模型较有代表性(见图10-2),已将商业模式的基本要素简化为4个,较早期研究大大提高了概念抽象度。这些模型分别列举出各自的商业模式要素,指出各要素是相互联系的,却尚未完整、确切地揭示出要素间的理论关系,未指出具有明确的因果、中介、调节等理论含义的变量关系。这使这些模型看似呈现出"果篮式"构造:各种"要素水果"组合成一个系统,呈现出一个整体模型,但无法确切解释其相互影响的关系。因此,这些模型实际上还远未揭示价值创造的深层机制,还不能传达关于商业模式的较完整的理论知识,在实践上和理论上都还无法成为辨识、设计商业模式的完善工具,亟待进一

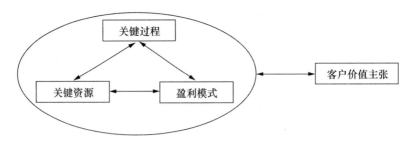

图 10-2 一般性商业模式理论模型

资料来源:M. W. Johnson, C. M. Christensen, H. Kagermann. Reinventing Your Business Model. *Harvard Business Review*, 2008, 86(12):54.

步改进和发展。①

三、大数据背景下的商业模式

随着互联网的不断发展,我们已逐步进入大数据时代。商业模式的变革必须适应时代的发展。在大数据时代,很多企业都将融合了大数据技术的商业模式作为未来的竞争战略之一,基于大数据的商业模式创新及转型是商业模式未来的发展方向之一。

目前,对于大数据的概念较为普遍的理解是规模大且复杂以至于很难用现有数据库管理工具或数据处理应用来处理的数据集。大数据具有三大特征,即"3V":(1) Volume(海量),数据规模庞大,数据容量越来越大;(2) Velocity(速度),一方面指数据量增长速度越来越快,另一方面指数据需要处理和响应的速度越来越快;(3) Variety(多样性),数据类型多样,不仅包括关系数据类型,还包括半结构化和非结构化等数据类型。② "3V"是被业界广泛采纳的对大数据基本特征的归纳。在此基础上,如何将大数据和商业模式有效结合,探究大数据对商业模式的影响及大数据背景下商业模式的创新问题,具有重要意义。

麦肯锡在2011年发布了《大数据:下一轮创新、竞争和生产力的前沿》一文,指出大数据能够使企业改善、创新产品及服务,创造全新的商业模式,这是大数据创造价值的方式之一,也将成为未来企业竞争的关键。舍恩伯格、库克耶2013年在《大数据时代:生活、工作与思维的大变革》一书中,前瞻性地指出大数据正在变革我们的生活、工作和思维,并列举了大数据背景下VISA、亚马逊等企业进行商业模式变革的例子,探究了不同条件下商业模式变革的方式,论证数据已经成为企业重要的资产和新商业模式的基石,甚至将大数据本身定义为一种全新的商业模式。克里斯蒂安·哈根(Christian Hagen)等人2013年提出,大数据具有对目前商业模式进行创造性破坏的潜能,大数据时代企业获得成功的关键是建立以数据作为资产的商业模式。③

国内学者陈晓霞等人2013年总结了大数据产业链衍生出的6种商业模

---

① 程愚,孙建国.商业模式的理论模型:要素及其关系.中国工业经济,2013,1:141-153.
② 于艳华,宋美娜.大数据.中兴通讯技术,2013,19(1):57-60.
③ 张清辉,陈昊.大数据背景下商业模式研究回顾与展望.中国管理信息化,2015,7:159-161.

式,并对每一种商业模式做了定义、案例分析和优势归纳。李文莲等人在 2013 年提出大数据背景下商业模式创新的三维视角,即大数据资源与技术的工具化运用、商品化推动大数据产业链的形成、大数据所引发的商业跨界与融合,分别从企业、大数据产业链、行业层面探究大数据在商业模式创新中的作用,从资源基础理论、创新理论等角度剖析不同层面的创新原理,为大数据背景下商业模式创新建立了系统化的分析框架。杨灿荣等人 2014 年论述了零售企业商业模式应用大数据创新的运营支撑条件和资源支撑条件,提出注重顾客需求、优化数据组织结构等零售企业商业模式创新的建议。荆浩在 2014 年从商业模式的经济、运营和战略角度论证了大数据提升企业竞争力的优势,基于创新目标和机制描绘了大数据背景下商业模式创新的框架,围绕奥斯特瓦尔德和皮根纳提出的商业模式 4 个界面分析了大数据背景下商业模式的构成要素和构成结构的变革。

第八节 热点与前沿之八:企业社会责任

美国钢铁集团公司创始人安德鲁·卡内基在 1899 年出版的《财富福音》一书中,首次提出企业社会责任的观点。1924 年,英国学者谢尔顿(Oliver Sheldon)在对美国企业进行考察后,提出了企业社会责任(Corporate Social Responsibility,CSR)这一概念,20 世纪中后期其在西方得到普遍实践。随着时代的变迁和认识的变化,企业社会责任的研究与实践的程度和范围也在不断变化,但作为社会热点问题其一直受到广泛关注。

一、企业社会责任研究的基本问题

有关企业社会责任的理论研究大致可以归结到三个方面:"企业社会责任是什么"的理论、"企业为什么要承担社会责任"的理论和"企业怎样承担社会责任"的理论。这三方面的理论是目前西方理论界探讨得最多的领域,它们一起构成了企业社会责任的比较完整的理论体系(见图 10-3)。[①]

1. 企业社会责任的范围。该问题的争议较大,目前主要观点有以下几

[①] 高勇强. 西方企业社会责任理论体系研究述评. 当代经济管理,2010,7:13-19.

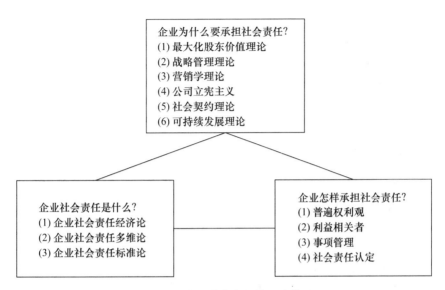

图 10-3 企业社会责任的理论体系

资料来源:高勇强.西方企业社会责任理论体系研究述评.当代经济管理,2010,7,13-19.

种。一种观点是企业社会责任经济论,认为企业的主要责任是为股东赚取最大利润,代表性人物是弗里德曼(Milton Friedman)和莱维特(Theodore Levitt)。另一种观点被称为多维论,认为企业作为社会的一个器官,理应承担除了经济责任之外的更多的社会责任,代表人物是卡罗尔(Carroll)等人。第三种观点是责任标准理论,认为除了企业纯自愿承担的社会责任外,政府可以通过法律来强制企业承担某些社会责任。

2. 企业承担社会责任的理由。对该问题的回答大体可分为企业应该主动承担社会责任的理论和企业被动承担社会责任的理论两大类。企业主动承担社会责任的理论主要探讨通过承担社会责任能给企业带来利益的问题。企业被动承担社会责任的理论重点是从企业生存的环境、企业存在的基础、企业的本源等角度来展开分析,认为不管愿意与否,企业都应该承担社会责任。

3. 企业怎样承担社会责任。普遍权利观点认为企业应顺应社会在人权、劳工、环境等方面的进步和要求,主动承担自己的社会责任。利益相关者观点认为经理们对利益相关者负有受托关系,一个负有社会责任的企业要求同时关注和平衡所有合适的利益相关者的合法利益,而不仅仅是企业股东的利益。事项管理的方法则认为公司要能够识别、评价那些可能对公司有显著影响的社会和政治事项并对此做出反应。企业社会责任认证的方法主要体现于"社会责任 8000"(Social Accountability 8000,SA8000)认证体系,它是基于《国际劳工组织宪章》《联合国儿童权利公约》《世界人权宣言》等公约中的原则,由国际民间组织"社会责任国际"(Social Accountability International)于 1997 年制定,以保护劳动环境、劳动条件、劳工权利等为主要内容的管理标准认证体系。该体系之后又不断被修订。

二、企业社会责任的研究视角

近年来,关于企业社会责任的研究在利益相关者视角、契约论、企业公民论三大主流视角下展开并形成相关理论。[①]

1. 利益相关者视角。利益相关者(Stakeholder)指的是那些能够影响企业和受企业影响的个人或团体,除了股东以外,还有员工、供应商、消费者、公众,以及被称为公共利益相关者的政府和社区等利益相关者群体。利益相关者概念最早由斯坦福研究所的研究人员于 1963 年提出,随后经过弗里曼(Edward Freedman)、布莱尔、克拉克森、米切尔等众多学者的共同努力,利益相关者理论形成了比较完善的理论框架。20 世纪 90 年代开始,利益相关者理论被广泛用于企业社会责任理论的研究中。该理论认为利益相关者理论掌握了企业和社会之间的关系,回答了企业应向谁负责这个问题。利益相关者在企业社会责任中至少扮演了三个角色,即确定企业行为的规范、受企业行为影响、对这些影响的体验进行评价。[②]

2. 契约论视角。所有的契约论都有一个共同特点,即寻求缔约者的"同意"。契约论可以分为自利契约论和非自利契约论。自利契约论假设缔约各方都是自利的理性主义者,他们都从各自利益出发,以理性自利为基础制定契约或达成共识。非自利契约论假设缔约各方都是道德上自由平等的

[①] 刘学平,孙燕青. 近 30 年企业社会责任研究的三大视角述评. 广东行政学院学报,2014,4,95-100.

[②] D. J. Wood, R. E. Jones. Stakeholder Mismatching: A Theoretical Problem in Empirical Research on Corporate Social Performance. *International Journal of Organizational Analysis*,1995,3(3):229-267.

人,他们基于某种公平性的理想或合作互惠的原则订立契约或达成共识。1937年,科斯将契约论引入企业领域,将企业定义为一系列契约的组合,这为日后将契约论引入到企业社会责任的研究奠定了基础。从20世纪80年代开始,不少学者就开始运用契约论对企业社会责任进行研究,以期为企业社会责任提供坚实的理论基础。契约论视角下的企业社会责任观仍然具有强烈的工具性内涵,只是它避免了利益相关者理论视角下将企业视为追求股东私利和社会公益的工具两个极端,转而将企业视作各利益相关者签订和履行契约的场所,也就是将企业当作利益相关者追求各自利益的工具,使得非股东利益相关者获得了相对平等的地位。将企业当作工具是企业作为人造组织所不可避免的弊端,但是这也导致部分企业社会责任难以得到确切说明。相比之下,企业公民理论则对工具性观点有所超越。[①]

3. 企业公民理论视角。20世纪90年代中后期,通过引入公民与公民权利等政治学核心概念和分析方法,企业公民理论突破了企业社会责任理论的传统分析思路与框架,为企业社会责任理论注入了新的内容与活力。[②]该视角的研究将企业经济行为与社会信任联系在一起,特别强调企业在社会中作为经济实体应该发挥和承担类似于自然人的权利、义务和作用。美国波士顿大学企业公民研究中心认为,企业公民理论使得企业将社会基本价值与日常商业实践、运作和政策整合起来,企业的成功与社会的健康和福利密切相关,因此企业必须考虑到雇员、顾客、社区、自然环境等利益相关者的影响。英国企业公民公司认为,企业公民具有以下四点:企业是社会的主要部分;企业是国家的公民;企业有权利和责任;企业有责任为社会的一般发展作出贡献。菲利普·米尔维斯(Philip Miwis)和布拉德雷·古津斯(Bradley Gogins)认为企业公民的发展是分阶段的,企业在发展的最初阶段,应该重点考虑股东利益,随着不断发展壮大,企业要逐步考虑社会和环境责任等。因此,企业公民的发展也要跟随企业发展而呈现出阶段性的特点。总之,企业公民的研究保留了企业社会责任的工具性观点,但也对工具

---

① 刘学平,孙燕青. 近30年企业社会责任研究的三大视角述评. 广东行政学院学报,2014,4:95-100.
② 唐更华,史永隽. 企业公民理论视角下的企业社会责任观. 广东行政学院学报,2009,6:88-91.

性观点有所超越,使企业获得了类似于自然人的权利和责任,同时还注意到了企业履行社会责任的阶段性。①

三、企业社会责任缺失研究

当前,社会责任的缺失现象不断涌现,更大范围、更强力度地冲击着社会的道德底线,以更大的破坏力动摇着社会的诚信机制。于是,企业社会责任缺失(corporate social irresponsibility,CSIR)问题开始受到学者们的关注。阿姆斯特朗(Armstrong)1977年把企业社会责任缺失界定为没有考虑对不同相关方影响的次优行为决策,以牺牲社会总体利益为代价来获取个体利益的企业行为。蒂莫西(Timothy)和克里斯汀(Kristen)在2012年拓展了阿姆斯特朗的定义,明确指出:企业社会责任缺失活动可被定义为一切非法活动,同时还包括那些利用负外部效应获利而导致整体系统不可持续的企业活动。兰格(Lange)和沃什伯恩(Washburn)在2012年将其定义为以不负责任的方式行事,会给社会造成明显损失或危害的企业行为。②

1. 企业社会责任缺失的原因

当前研究主要从环境、组织和员工三个层面来探讨可能导致企业社会责任缺失行为的因素及其具体作用机理。

(1) 环境因素。环境的资源稀缺性、动态性和异质性是触发企业社会责任缺失事件的重要因素。行业因素与企业社会责任缺失行为的发生有着直接的关系,在食品等行业发生违法行为的可能性要大于其他行业,而且这些行业的企业违法概率也比较接近。另外,专业化、个性化和全球化的发展趋势正使商业世界逐步脱离具有广泛意义的社会规范的制约,这导致企业社会责任缺失现象的出现。

(2) 组织因素。巴尔奇(Balch)和阿姆斯特朗2009年的研究发现,组织文化是影响企业社会责任缺失行为的主要组织因素,主要原因是竞争压力、对财务指标的过分追求以及对企业的过度忠诚造成企业行为失范。鲍卡斯(Baucus)和尼尔(Near)在1991年研究了组织资源冗余度与采取企业社会

---

① 刘学平,孙燕青. 近30年企业社会责任研究的三大视角述评. 广东行政学院学报,2014,4:95-100.
② 姜丽群. 国外企业社会责任缺失研究述评. 外国经济与管理,2014,2:13-23.

责任缺失行为之间的关系,认为绩效差的组织更容易发生企业社会责任缺失行为。达布布(Daboub)在 1995 年的研究及皮尔斯(Pearce)和曼茨(Manz)在 2011 年的研究都发现集权型组织结构容易触发企业社会责任缺失行为。

(3) 个体因素,包括管理者的决策行为和员工的从业行为。1995 年达布布的研究发现,高管团队成员年龄、任职时间、受教育背景、职业经历等特征与他们应对管理困境或难题时的反应方式和能力相关,因此,这些特征与企业做出社会责任缺失的决策之间也具有一定的相关性。皮尔斯和贾卡隆(Giacalone)在 2003 年发现,如果管理者经常以不太礼貌的方式对待下属,那么,企业忠诚度低的下属就可能会采取社会责任缺失行为来做出回应。普通员工在企业社会责任缺失方面的主要表现是盲目服从和具体参与,一些学者还研究了企业社会责任缺失行为与员工的道德认知水平、自控能力等个人因素之间的关系。

2. 企业社会责任缺失的影响效应

当前研究主要从企业价值、声誉、品牌以及利益相关者等方面考察企业社会责任缺失事件对企业的影响。①

(1) 对企业价值的影响。短期内资本市场会有相应的反应,还可能导致企业价值长期受损,而且在某些关键时刻会变得更加显著。

(2) 对声誉与品牌的影响。企业社会责任缺失行为会通过消费者的认知和评价对企业声誉和品牌造成负面影响,但并非全部社会责任缺失行为都会有负面影响。鲁伯(Reuber)和费希尔(Fischer)2010 年的研究发现,企业社会责任缺失行为对企业声誉是否造成和可能造成多大的负面影响,与以下三个因素相关:一是消费者对企业社会责任缺失行为的认知;二是其他外部利益相关者的判断;三是媒体的态度。在这三个因素中,消费者认知会直接影响企业声誉,而其他外部利益相关者的判断和媒体的态度起调节作用。利昂尼杜(Leonidou)等人 2013 年的研究发现,消费者感知到企业社会责任缺失行为后,就会对企业品牌产生不信任感,进而降低对企业品牌的满

---

① 姜丽群. 国外企业社会责任缺失研究述评. 外国经济与管理,2014,2:13-23.

意度,最终导致品牌忠诚度的降低。

（3）对利益相关者的影响。研究发现,由企业社会责任缺失的决策和目标造成的非伦理氛围会对员工工作行为产生不良影响。企业社会责任缺失行为还会导致投资者做出快速反应,但这种反应并不一定都是负面的,其结果比较复杂。

第七编

管理学重要学术组织与经典文献

第十一章　管理学重要学术组织及学术期刊

学科的发展与成熟的一个重要标志是其学术组织与学术期刊的发展与成熟。从整体上看,经过一百多年的学术发展,管理学学科已经形成了世界性的学术组织,并有一批重要的管理学期刊成为管理学学科研究的学术阵地。本章介绍管理学学科领域中有重要影响的学术组织和学术期刊。

第一节　管理学重要学术组织

一、美国管理学会

美国管理学会(Academy of Management,简称 AOM)是世界最大也是历史最悠久的致力于管理科学知识传播的学术性组织,成立于 1936 年。该学会有来自 100 多个国家的近 20000 名会员,这些会员大多来自高校、科研院所和大型企业。

美国管理学会每年均举办一次管理学年会。美国管理学会主办的期刊有:《美国管理学会学报》(Academy of Management Journal)、《美国管理学会评论》(Academy of Management Review)、《美国管理学会进展》(Academy of Management Perspectives)、《美国管理学会学习与教育》(Academy of Management Learning and Education)、《美国管理学会年刊》(Academy of Management Annals)和《美国管理学会发现》(Academy of Management Discoveries)等。

二、美国战略管理学会

美国战略管理学会(Strategic Management Society,简称 SMS)是世界上最著名的管理学会之一,1981 年成立,聚焦于开发和传播战略管理领域的真知灼见。该学会现有来自 80 多个国家的 1200 多个学术机构和公司的 3000 位会员。

美国战略管理学会每年均举办一次年会。美国战略管理学会主办的期刊有《战略管理杂志》(Strategic Management Journal)、《战略创业杂志》(Strategy

Entrepreneurship Journal)、《全球战略杂志》(*Global Strategy Journal*)等。

三、美国国际商务学会

美国国际商务学会(Academy of International Business,简称 AIB)是世界上最著名的管理学会之一。该学会成立于1959年,现有来自86个国家的3000多名会员。

美国国际商务学会每年均举办一次年会。美国国际商务学会主办的期刊是《国际商务研究》(*Journal of International Business Studies*)。

四、美国运筹学和管理学研究协会

美国运筹学和管理学研究协会(Institute for Operations Research and the Management Sciences,简称 INFORMS)是世界上运筹学、管理学和商业分析领域最大的专业学会,出版14种专业期刊(见表11-1)。该协会致力于促进、推动运筹学和管理学领域里各学科的学术交流,推动学科发展。该协会每年均举办一次年会。

表 11-1 INFORMS 出版的 14 种专业期刊

序号	期刊	序号	期刊
1	*Decision Analysis*	8	*Mathematics of Operations Research*
2	*Information Systems Research*(ISR)	9	*Operations Research*(OR)
3	*INFORMS Journal on Computing*	10	*Organization Science*
4	*Interfaces*	11	*Service Science*
5	*Management Science*	12	*Transportation Science*
6	*Manufacturing & Service Operations Management*(M&SOM)	13	*INFORMS Transactions on Education*
7	*Marketing Science*	14	*Strategy Science*

资料来源:[2015.08.05]https://www.informs.org/Find-Research-Publications/INFORMS-Journals.

五、欧洲组织研究学会

欧洲组织研究学会(European Group for Organizational Studies,简称 EGOS),是欧洲著名的管理学会,聚焦于组织和组织工作领域的研究。该学会于1973年11月由13位欧洲学者发起成立,现有来自53个国家的2100多名会员。

欧洲组织研究学会每年7月均举办一次年会。欧洲组织研究学会主办的期刊是《组织研究》(Organization Studies)。

六、中国管理现代化研究会

中国管理现代化研究会成立于1978年11月,是由中国科协主管、国家民政部备案的管理学领域国家一级民间学术组织。该学会以管理科学的学术交流、普及,实践经验的总结、交流为主要业务,以推动中国管理科学发展、提升中国管理水平为宗旨。中国管理现代化研究会主办的期刊是《管理现代化》。

中国管理现代化研究会从2006年起开始举办中国管理学年会。中国管理学年会是中国管理学领域规模最大、层次最高的综合性学术会议。年会旨在加强中国管理学界的合作与交流,推动中国管理科学研究的发展,提升中国管理实践的水平。

七、中国管理研究国际学会

中国管理研究国际学会(International Association for Chinese Management Research,简称IACMR)是由美籍华人、国际管理学界著名学者徐淑英(Anne S. Tsui)教授于2001年发起创立的大型国际学术组织,其注册地点在美国。该学会现已拥有近7800名注册会员。

中国管理研究国际学会每两年举办一次年会,是中国管理学学者相互交流研究成果的重要渠道之一。《管理组织评论》(Management and Organization Review)是中国管理研究国际学会的正式刊物,由香港科技大学和北京大学联合赞助出版。

八、中国企业管理研究会

中国企业管理研究会,原名中国工业企业管理教育研究会,创建于1981年,1995年3月经国家民政部批准,改名为中国企业管理研究会。中国企业管理研究会主办的期刊是《经济管理》。

第二节　管理学重要学术期刊

一、管理学学术期刊概览

国际上公认的管理类一流学术期刊,主要是得克萨斯大学达拉斯分校

商学院(UTD)学术评价认定的 24 种期刊(见表 11-2)和英国《金融时报》(Financial Times,FT)评定的 50 种期刊(见表 11-3)。

表 11-2 UTD 24 种顶级管理学期刊

序号	期刊名称和主题领域	序号	期刊名称和主题领域
1	*The Accounting Review*（Accounting）	13	*Marketing Science*（Marketing）
2	*Journal of Accounting and Economics*（Accounting）	14	*Management Science*（Management/Operations）
3	*Journal of Accounting Research*（Accounting）	15	*Operations Research*（Management, operations）
4	*Journal of Finance*（Finance）	16	*Journal of Operations Management*（Management, operations）
5	*Journal of Financial Economics*（Finance）	17	*Manufacturing & Service Operations Management*（Management, operations）
6	*The Review of Financial Studies*（Finance）	18	*Production and Operations Management*（Management, operations）
7	*Information Systems Research*（Information Systems）	19	*Academy of Management Journal*（Management, general）
8	*Informs Journal on Computing*（Information Systems）	20	*Academy of Management Review*（Management, general）
9	*MIS Quarterly*（Information Systems）	21	*Administrative Science Quarterly*（Management, general）
10	*Journal of Consumer Research*（Marketing）	22	*Organization Science*（Management, general）
11	*Journal of Marketing*（Marketing）	23	*Journal of International Business Studies*（Management, general）
12	*Journal of Marketing Research*（Marketing）	24	*Strategic Management Journal*（Management, general/strategy）

资料来源:[2015.05.12]http://jindal.utdallas.edu/the-utd-top-100-business-school-research-rankings/journals.

表 11-3 FT 50 种管理学一流期刊

序号	期刊名称和主题领域	序号	期刊名称和主题领域
1	*Academy of Management Journal*（Management）	3	*Accounting, Organizations and Society*（Accounting）
2	*Academy of Management Review*（Management）	4	*Accounting Review*（Accounting）

(续表)

序号	期刊名称和主题领域	序号	期刊名称和主题领域
5	Administrative Science Quarterly (Management)	24	Journal of International Business Studies (Management)
6	American Economic Review (Economics)	25	Journal of Management (Management)
7	Contemporary Accounting Research (Accounting)	26	Journal of Management Information Systems (Operations & Information Systems)
8	Econometrica (Economics)	27	Journal of Management Studies (Management)
9	Entrepreneurship Theory and Practice (Entrepreneurship)	28	Journal of Marketing (Marketing)
10	Harvard Business Review (Management)	29	Journal of Marketing Research (Marketing)
11	Human Relations (Human Resources)	30	Journal of Operations Management (Operations & Information Systems)
12	Human Resource Management (Human Resources)	31	Journal of Political Economy (Economics)
13	Information Systems Research (Operations & Information Systems)	32	Journal of the Academy of Marketing Science (Marketing)
14	Journal of Accounting and Economics (Accounting)	33	Management Science (Operations & Information Systems)
15	Journal of Accounting Research (Accounting)	34	Manufacturing and Service Operations Management (Operations & Information Systems)
16	Journal of Applied Psychology (Organizational Behaviour)	35	Marketing Science (Marketing)
17	Journal of Business Ethics (Ethics)	36	MIS Quarterly (Operations & Information Systems)
18	Journal of Business Venturing (Entrepreneurship)	37	MIT Sloan Management Review (Management)
19	Journal of Consumer Psychology (Marketing)	38	Operations Research (Operations & Information Systems)
20	Journal of Consumer Research (Marketing)	39	Organization Science (Organizational Behaviour)
21	Journal of Finance (Finance)	40	Organization Studies (Organizational Behaviour)
22	Journal of Financial and Quantitative Analysis (Finance)	41	Organizational Behavior and Human Decision Processes (Organizational Behaviour)
23	Journal of Financial Economics (Finance)	42	Production and Operations Management (Operations & Information Systems)

(续表)

序号	期刊名称和主题领域	序号	期刊名称和主题领域
43	*Quarterly Journal of Economics*(Economics)	47	*Review of Finance*(Finance)
44	*Research Policy*(Economics,Management)	48	*Review of Financial Studies*(Finance)
45	*Review of Accounting Studies*(Accounting)	49	*Strategic Entrepreneurship Journal*(Entrepreneurship)
46	*Review of Economic Studies*(Economics)	50	*Strategic Management Journal*(Management)

资料来源：[2015.05.28]http://www.ft.com/intl/cms/s/2/3405a512-5cbb-11e1-8f1f-00144feabdc0.html#axzz2ZIkzdY5M。

就国内而言，由南京大学中国社会科学研究评价中心研究和编制的中文社会科学引文索引（Chinese Social Sciences Citation Index，CSSCI）中，管理学类收录了29种期刊（见表11-4）。国家自然科学基金委员会管理学部认定了30种管理科学重要学术期刊（见表11-5）。

表11-4 CSSCI(2017—2018)收录来源期刊目录列表

序号	期刊名称	序号	期刊名称
1	公共管理学报	16	科研管理
2	管理工程学报	17	南开管理评论
3	管理科学	18	软科学
4	管理科学学报	19	社会保障评论
5	管理评论	20	外国经济与管理
6	管理世界	21	系统工程
7	管理学报	22	系统工程理论与实践
8	华东经济管理	23	系统管理学报
9	经济管理	24	研究与发展管理
10	经济体制改革	25	预测
11	科技进步与对策	26	中国管理科学
12	科学管理研究	27	中国行政管理
13	科学决策	28	中国科技论坛
14	科学学研究	29	中国软科学
15	科学学与科学技术管理		

资料来源：[2018.11.27]http://cssrac.nju.edu.cn/uploads/file/20171224/1514081117591600.pdf。

第十一章 管理学重要学术组织及学术期刊

表 11-5 国家自然科学基金委员会认定 30 种管理科学重要学术期刊列表

序号	期刊名称	类别	序号	期刊名称	类别
1	管理科学学报	A	16	公共管理学报	A
2	系统工程理论与实践	A	17	管理科学	A
3	管理世界	A	18	预测	A
4	数量经济技术经济研究	A	19	运筹与管理	A
5	中国软科学	A	20	科学学研究	A
6	金融研究	A	21	中国工业经济	A
7	中国管理科学	A	22	农业经济问题	A
8	系统工程学报	A	23	管理学报	B
9	会计研究	A	24	工业工程与管理	B
10	系统工程理论方法应用	A	25	系统工程	B
11	管理评论	A	26	科学学与科学技术管理	B
12	管理工程学报	A	27	研究与发展管理	B
13	南开管理评论	A	28	中国人口、资源与环境	B
14	科研管理	A	29	数理统计与管理	B
15	情报学报	A	30	中国农村经济	B

资料来源：[2018.11.30] http://www.nsfcms.org/index.php? r=site/journalList.

2014 年 11 月，中国社会科学院中国社会科学评价中心发布《中国人文社会科学期刊评价报告（2014 年）》，其中管理学学科共收录 25 种期刊，排名前三名的期刊分别是《管理世界》《南开管理评论》和《管理学报》。

二、管理学重要期刊简介

1.《美国管理学会学报》

《美国管理学会学报》(*Academy of Management Journal*, AMJ)是美国管理学会主办的期刊，是代表英语世界中组织管理研究领域最高学术水平的期刊。该刊致力于提高管理领域的理论研究水平、管理教育机构的教学水平和企业界的管理实践水平，所发表的文章具有很强的理论与实证贡献，并对管理实践具有显著的指导意义。《美国管理学会学报》于 1958 年创办，到 2015 年已连续出版到 58 卷，目前每卷 6 期。

《美国管理学会学报》目前由塞奇出版公司出版发行，既可以在 EBSCO 数据库中获取现刊全文，也可以在 JSTOR 和 ProQuest 数据库中获取过刊全文。

2.《美国管理学会评论》

《美国管理学会评论》(Academy of Management Review, AMR)是美国管理学会主办的期刊,致力于发表理论性文章,即通过对已有文献的分析和逻辑推演来建立管理理论。该刊所刊登的文章在选题的重要性、概念化、文献整合与分析、逻辑推导等方面都代表了管理学界的最高水平。《美国管理学会评论》于1976年创办,到2015年已连续出版到40卷,目前每卷4期。

《美国管理学会评论》目前由塞奇出版公司出版发行,既可在 EBSCO 数据库中获取现刊全文,也可以在 JSTOR 和 ProQuest 数据库中获取过刊全文。

3.《行政科学季刊》

《行政科学季刊》(Administrative Science Quarterly, ASQ)——也翻译为《管理科学季刊》——由权变理论的代表人物之一詹姆斯·汤普森(James Thompson)于1956年创办,由康奈尔大学约翰逊商学院管理。该刊是全球管理学者公认的一流管理科学期刊,以发表最高质量的组织管理研究成果为宗旨。《行政科学季刊》到2015年已连续出版到60卷,目前每卷4期。

《行政科学季刊》目前由塞奇出版公司出版发行,既可在其数据库中获取现刊全文,也可以在 JSTOR、EBSCO 和 ProQuest 数据库中获取过刊全文。

4.《组织科学》

《组织科学》(Organization Science, OS)是美国运筹学和管理学研究协会(INFORMS)主办的期刊,专门发表有关组织方面的开创性研究,内容涵盖组织的程序、结构、技术、性质、能力、形式和运行等方面。该刊从不同学科角度出发进行研究,如组织行为和理论、战略管理、心理学、社会学、经济学、行政学、信息系统、技术管理和认知科学等,这是该刊的一大特点。《组织科学》于1990年创办,到2015年已连续出版到26卷,目前每卷4期。

《组织科学》目前由美国运筹学和管理学研究协会出版发行,既可在 INFORMS 数据库中获取现刊全文,也可以在 JSTOR 和 EBSCO 数据库中获取过刊全文。

第十一章　管理学重要学术组织及学术期刊

5.《国际商务研究》

《国际商务研究》(Journal of International Business Studies，JIBS)是美国国际商务学会的官方学术期刊,也是国际学术界公认的国际商务研究领域的顶级期刊。该刊致力于提高国际商务领域的理论研究水平、管理教育机构的教学水平和企业界的管理实践水平,所发表的文章聚焦于商业和管理研究领域的基础理论。《国际商务研究》于1970年创办,到2015年已连续出版到46卷,目前每卷9期。

《国际商务研究》目前由麦克米伦出版公司出版发行,既可在其数据库中获取现刊全文,也可以在JSTOR、EBSCO和ProQuest数据库中获取过刊全文。

6.《战略管理杂志》

《战略管理杂志》(Strategic Management Journal，SMJ)是美国战略管理学会的官方学术期刊,也是国际学术界公认的国际商务研究领域的顶级期刊。《战略管理杂志》于1980年创办,到2015年已连续出版到36卷,目前每卷13期。

《战略管理杂志》目前由威利出版公司出版发行,既可在威利出版公司数据库中获取现刊全文,也可以在和JSTOR、EBSCO数据库中获取过刊全文。

7.《管理研究杂志》

《管理研究杂志》(Journal of Management Studies，JMS)由管理研究促进会主办。《管理研究杂志》发表创新性的实证和概念性文章,旨在推进管理和组织领域的知识进步,包括组织理论、组织行为、人力资源管理、战略、国际商务、创业、创新和批判管理等。该期刊创刊于1964年,到2015年已连续出版到52卷,每卷8期。

《管理研究杂志》目前由威利出版公司出版发行,既可在威利出版公司数据库中获取现刊全文,也可以在EBSCO数据库中获取过刊全文。

8.《哈佛商业评论》

《哈佛商业评论》(Harvard Business Review，HBR)是哈佛大学商学院的标志性杂志。创办之初,其使命就是致力于改进管理实践。经过多年的努力,《哈佛商业评论》已经成为先进管理理念和学术思想的发源地。该刊致力于为全球的专业人士提供缜密的管理见解和优秀的管理研究。

《哈佛商业评论》创刊于 1922 年,到 2015 年已连续出版到 93 卷,目前每卷 12 期。创刊以来,《哈佛商业评论》曾经孕育出许多先进的管理观念,对全球的商业管理实践产生了深远的影响。

《哈佛商业评论》目前由哈佛商学院出版社出版发行,既可在其网站上获取现刊全文,也可以在 EBSCO 数据库中获取过刊全文。

9.《麻省理工学院斯隆管理评论》

《麻省理工学院斯隆管理评论》(*MIT Sloan Management Review*,MIT SMR)由美国麻省理工学院斯隆管理学院编辑、出版。作为全球管理学界的顶级期刊,该刊集聚了麻省理工学院的创新和管理优势。该刊创刊于 1959 年,到 2015 年已连续出版到 56 卷,每卷 12 期。2013 年该期刊推出中文版,旨在传播最新的管理战略及理论,以国际视野研究中国问题。

《麻省理工学院斯隆管理评论》可以在 EBSCO 和 ProQuest 数据库中获取过刊全文。

第十二章　管理学学科经典文献

管理学经过一百多年的发展,已经基本完成了本学科的基本概念、理论体系、研究方法等方面的建设。本章择要介绍管理学学科的经典文献。考虑到在前面的章节中对一些著作进行过介绍,本章将分一般管理理论、战略管理理论、管理思想史、管理学研究方法四个方面进行介绍。

第一节　一般管理理论的经典著作

一、《科学管理原理》

《科学管理原理》(*The Principles of Scientific Management*)一书由弗里德里克·泰罗所著,是人类管理思想从传统走向现代、经验走向科学的标志性著作。该书1911年首次在美国出版。在该著中,泰罗介绍了科学管理思想的基本特点以及科学管理工作在工厂管理中的具体做法。泰罗及《科学管理原理》在前面的章节中进行过介绍,这里不再赘述。

二、《工业管理与一般管理》

《工业管理与一般管理》(*Administration Industrielle et Générale*)一书由亨利·法约尔所著,是与《科学管理原理》同一时代的管理名著。该书的思想来源于法约尔1900年在国际矿业和冶金会议上提交的论文,以及1908年在矿业学会五十周年纪念大会上所做的报告《论管理的一般原则》。该著1916年发表于《法国矿业工业学会公报》第三期,1925年以单行本形式出版。1930年《工业管理与一般管理》英文版在英国翻译出版。

在该著中,法约尔不仅将工厂中的管理职能从其他职能中分离出来,并对其特征进行了准确描述,而且还对管理职能的构成、原则、教育问题进行了研究与探讨。法约尔及《工业管理与一般管理》的思想在前面的章节中进行了介绍,此处不再赘述。

三、《经理人员的职能》

《经理人员的职能》(The Functions of the Executive)一书由切斯特·巴纳德所著,1938年由哈佛大学出版社出版。

该书包括18章和一个附录,主要围绕协作体系的初步考察(第一至第五章)、正式组织的理论和结构(第六至第九章)、正式组织的要素(第十至十四章)和协作体系中组织的职能(第十五至十八章)等四个问题展开分析与研究。在对协作体系初步的考察中,巴纳德归纳出组织中协作的有效性和能率概念,并由此提出组织存续的两个相互关联和相互依存的过程——组织与环境、组织中个人创造与分配——的关系。在正式组织的理论和结构的研究中,巴纳德根据霍桑试验的结果对正式组织、非正式组织的问题开展了研究,提出了有关组织的著名定义,指出正式组织是一个体系,在这个体系中,组织成员的努力是非个人化的行为。在正式组织的要素分析中,巴纳德从人的专门化、工作的职能化入手探讨组织协调的问题,然后引入了维系组织运行的两个重要概念——诱因和权威,并对其进行了定义与分析,介绍了有关决策在组织中的作用。巴纳德在协作体系中组织的职能分析中,指出了组织中最为关键的经理人员的基本职能——提供组织信息交流的体系、促成个人付出的必要努力和提出与制定目标。在结论一章中,巴纳德给出了16点结论,并对组织理论存在的问题进行了探究。

《经理人员的职能》可以作为管理学领域高年级本科生、研究生和学者的参考读物。

四、《管理行为:管理组织决策过程研究》

《管理行为:管理组织决策过程研究》(Administrative Behavior: A Study of Decision-Making Processes in Administrative Organizations)一书由赫伯特·西蒙所著,于1947年首次出版,并于1997年出版了第四版。

该书分为11章和1个附录。该书在总论和第一章的概要及评论之后,主要从5个层次的主题展开,每一层次的讨论都是为下一层次的论述奠定基础。第二章、第三章提出了为人类选择的结构奠定基础的概念性议题。第四章、第五章构建理论来描述和说明人类决策行为的实际情况,这对于理解组织环境中决策行为的各种因素和动力非常重要。第六章介绍了组织和个人之间在动机上的关联,解释组织影响力尤其是权威的影响力,并探讨为什么其对塑造人类行为如此有效。第七章到第十章详细探讨了主要的组织影响过程——权威、效率和组织忠诚,来解释组织如何影响决策过程。第十一章将前述的方法用于分析组织结构问题。

《管理行为》可以作为管理学领域高年级本科生、研究生和学者们的参考读物。

五、《组织》

《组织》(Organization)是由詹姆斯·马奇、赫伯特·西蒙合著的著作,被誉为现代组织理论的奠基之作,1958 年出版。在该书第二版的前言中,马奇与西蒙回顾了该书第一版到第二版 25 年间组织理论的发展历程,阐述了他们撰写这本书的目的和依据的主要理论。

《组织》一书由 7 章构成。在第一章"组织行为"中,作者介绍了该书的结构、命题的类型和心理学的假定。在第二章"古典组织理论"中,作者认为可以将传统的组织理论分为两条主线,分别以泰罗的研究和古利克、厄威克的研究为代表,然后分别介绍了这两条主线的相关内容及其局限性。第三章和第四章探讨了动机限制与决策的关系。第五章"组织中的冲突"讨论了组织与组织成员目标和努力出现矛盾时的决策。第六章关注理性的认知局限。第七章探讨了组织的计划与创新问题。

马奇和西蒙认为:"在写作本书时我们想到本书探讨的问题都是棘手的难题,但我们还是完成了。我们希望为今后重要的研究奠定基础。"① 应该承认,马奇和西蒙的工作达到了他们的期许效果。

六、《管理的实践》

《管理的实践》(The Practice of Management)是彼得·德鲁克 1954 年的著作,被德鲁克自己认为是"全面探讨管理学的第一本著作",由概论、五个部分、29 章构成。其中"管理的本质"这一部分分析了管理层的角色、职责

---

① 〔美〕詹姆斯·马奇,〔美〕赫伯特·西蒙.组织.邵冲,译.北京:机械工业出版社,2008:再版前言,XXXIII.

和面临的挑战。"管理企业"这一部分分析了当时美国最大的百货公司——西尔斯公司面对美国农村市场的变化开展邮购业务取得发展的实例,主张企业的根本目标是通过营销与创新来创造顾客。在"管理的结构"这一部分,德鲁克认为组织的目的是达到经营绩效,企业可以通过活动、决策和关系分析寻找到适合经营目标所需的结构。在"管理员工和工作"这一部分,德鲁克结合IBM员工管理的实例,分析了将员工视为资源的重要性。最后一个部分中,德鲁克结合管理者的工作,简明扼要地介绍了管理者应该担负的基本职责、管理者所能依赖的资源、决策工作的要求以及未来管理者需要担负的新任务等。

七、《卓有成效的管理者》

《卓有成效的管理者》($The\ Effective\ Executive$)是彼得·德鲁克1966年的著作。

该书旨在回答两个问题:管理者的工作如何卓有成效;卓有成效是否可以学会。该书第一章在分析由知识工作者组成的组织迅速增加的现实状况后,介绍了在由知识工作者构成的现代组织中管理者的特征;然后结合管理者的工作特征,明确回答了卓有成效的管理者在组织中的重要地位,认为卓有成效的管理者是可以学会的。围绕着如何成为卓有成效的管理者的问题,德鲁克提出:管理者应管理好自己的时间;管理者将自己的注意力集中在贡献上;管理者要充分发挥他人的长处;管理者要强化自己的领导力;管理者应了解决策要素,关注管理工作中最为重要的决策应该遵循的工作程序和标准。

八、《管理学》

有关管理学的教材可以说是汗牛充栋,其中哈罗德·孔茨、西里尔·奥唐奈(Cyril O'Donnell)、海因茨·韦里克(Heinz Weihrich)所著的《管理学》($Management$)是其中的佼佼者。

该书首次出版于1955年,共由6篇构成。第一篇"管理学理论和管理科学基础"分别介绍了相关的概念、管理学思想发展的历史沿革、管理研究的流派、对管理人员工作有重要影响的外部环境因素,以及当时正在兴起的跨

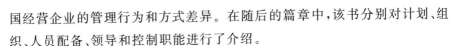

国经营企业的管理行为和方式差异。在随后的篇章中,该书分别对计划、组织、人员配备、领导和控制职能进行了介绍。

此书可以作为学习管理学理论的本科生教材,也是喜爱管理学的读者的入门读物。

第二节 企业战略管理理论的经典著作

计划是组织管理的首要职能,战略管理是计划职能中最为重要的工作,因为战略管理工作会对组织发展的方向和路径进行选择,因此其对组织的发展起到重要的作用。战略管理理论在军事博弈、国家治理中的运用很早,企业战略管理理论的形成源于20世纪60年代。

一、《公司战略》

伊戈尔·安索夫被称为"企业战略管理之父"。从企业战略管理理论思想形成的过程,特别是企业战略管理理论思想史的角度看,安索夫较为重要的著作是1965年出版的《公司战略:增长与扩张商业政策的分析方法》(*Corporate Strategy: An Analytic Approach to Business Policy for Growth and Expansion*)。

《公司战略:增长与扩张商业政策的分析方法》由10章构成。20世纪60年代正是美国企业第三次收购兼并的高潮期,这个时期又以多元化的跨行业收购兼并为主要特点,受当时环境的影响,安索夫将其对企业战略的研究放在了企业增长和多元化的战略上。在第一章"商业决策的结构"中,安索夫从企业高层管理者的工作入手,对企业的决策层级进行了战略、管理和运营的划分,认为在企业不同的管理层级中所面临的决策问题、问题的性质、决策的内容和特性是不同的。此看法在很长一个时期内成为企业战略管理工作中的经典理论。在第二章"决策的模型"中,安索夫构建了自己的战略构建模型,分析了战略管理工作中必须思考的企业目标和内外环境,但受当时美国企业所面临的问题的限制,安索夫将战略选择集中在了是否多元化——扩张或非同一中心多元化的战略选择上。在随后的章节中,安索夫对战略的目标、战略的协同、战略的原理、为什么企业要多元化、战略的评价、战略的选择和运用等问题进行了分析和论述。从企业战略管理理论发展的过程看,安索夫是企业战略管理理论构建的先行者,他所构建的企业战略管理理论已呈现出企业战略管理理论和工作流程的雏形。

二、《公司战略概念》

《公司战略概念》(The Concept of Corporate Strategy)由哈佛大学商学院教授肯尼斯·安德鲁斯撰写,1971年出版。

《公司战略概念》一书由8章构成。在第一章中,安德鲁斯分析了首席执行官、总裁或总经理作为公司的高层领导在公司中的角色和责任。第二章"公司战略概念"是该书的重要章节,给出了公司战略的定义,对战略评价的标准和可能存在的问题进行了讨论。第三章对公司资源与其环境机会的问题进行了探讨,分析和研究"可能做什么"和"能做什么"的问题。第四章对公司战略与个人价值观的关系进行分析,研究"想做什么"的问题。第五章研究了公司战略与伦理价值的关系,即对"应该做什么"的问题进行分析。第六章分析了目标实现中战略与组织的问题,提出在战略实施的过程中,组织结构十分重要,甚至认为可以简单地将战略管理视为公司治理的本质。第七章研究目标实现中组织过程和行为的问题。第八章讨论了战略管理与公司治理的问题,从战略是一个过程、过程管理、董事会的战略功能三个方面讨论了公司治理的基本意愿和董事会的责任问题。

《公司战略概念》一书中所界定的基本概念、影响战略制定与实施中重要因素的分析及其设计的分析框架,标志着企业战略管理理论的成熟。

三、迈克尔·波特的"竞争三部曲"

迈克尔·波特是企业战略管理理论的大师级人物。他在1980年、1985年、1990年分别出版了《竞争战略:产业与竞争分析技术》(Competitive Strategy: Techniques for Analyzing Industries and Competitors)、《竞争优势:创造与维护卓越的业绩》(Competitive Advantage: Creating and Sustaining Superior Performance)和《国家竞争优势》(The Competitive Advantage of Nations),这三本书被称为波特的"竞争三部曲"。

《竞争战略》的出版标志着企业战略管理理论进入到以产业分析为基本

框架的新阶段。该书由前言、绪论和三篇16章构成。在绪论中,波特简明地介绍了《竞争战略》的基本内容,然后回顾了战略理论形成的经典方法,勾勒了竞争战略与各个职能活动之间的关系,刻画了公司内外的四个主要因素对竞争战略的交互影响。第一篇"一般分析技巧"由8章构成,是该书最为重要的理论建立部分。在这8章中,波特首先构建了竞争战略分析的行业理论模型(俗称"五力模型"),然后介绍了行业竞争中的三种基本战略,并对影响行业竞争的五个要素、市场信号传递和产业发展的规律进行了分析。第二篇"基本产业环境"由5章构成,主要内容是运用其建立的理论模型,针对五种不同的产业环境(零散型产业、新兴产业、成熟产业、衰退产业和全球性产业)进行了具体的分析。第三篇"战略决策"由3章构成,分析了产业纵向整合、主业能力的扩展和进入新的业务领域的战略决策问题。

《竞争优势》一书从企业内部价值链构成的原理出发,探讨了企业建立独特竞争优势的战略,并结合产业的分析,为企业将竞争战略转化为竞争优势指出了可能的路径。

波特1983年被任命为里根总统的产业竞争委员会委员,因此波特撰写的《国家竞争优势》是他积累实际工作经验后的作品。《国家竞争优势》一经出版,很快成为分析、研究国家竞争优势的重要著作。其原因是波特在书中对国家竞争力进行了新的界定,进一步明确细分了初级生产要素与高级生产要素的构成及其作用,建立了分析国家竞争力的"钻石模型",为国家竞争力的分析、探索提供了有力的理论工具。在此理论体系下的产业集聚理论也为国家产业的发展、竞争力的提升提供了明确的思路,书中所运用的案例、统计分析方法也为人们提供了国家竞争优势研究的范式。

四、《战略历程:纵览战略管理学派》

《战略历程:纵览战略管理学派》(Strategy Safari: A Guided Tour Through the Wilds of Strategic Management)由明茨伯格、布鲁斯·阿尔斯特兰德和约瑟夫·兰佩文合著,1998年出版。

《战略历程:纵览战略管理学派》是第一次全面介绍战略管理十大流派的著名学术著作,作者沿着战略管理理论发展的历史脉络,系统而客观地分析了各个战略管理流派的内涵和优缺点,为读者全面把握和运用战略管理

理论提供了工具。

该书为企业战略理论的研究者提供了简明的企业战略管理思想史的读本,是学习企业战略管理理论的优秀入门读本。

第三节 管理思想史的经典著作

虽然研究者们对于何为思想史尚有不同的看法,但思想史在一个学科中的地位是重要的,学科思想史的形成既是学科发展积累、沉淀的表现,也是学科理论成熟的标志。管理学学科的历史不算久远,但人类管理实践活动所经历的漫长岁月,管理学理论的博大精深,为管理思想史的研究做了深厚的铺垫与积累。

一、《管理思想史》

1972 年丹尼尔·雷恩出版了《管理思想的演变》(The Evolution of Management Thought),在第五版时作者曾将书名改为《管理思想史》(The History of Management Thought),但在第六版时又将书名恢复为《管理思想的演变》,所以该书在国内翻译的书名也有两种译法。

《管理思想史》一书的学术贡献在于通过对管理思想的梳理、回顾和总结,提炼出了影响管理思想演变的文化框架,并用框图的形式勾勒出了管理思想发展的主要脉络,在最后的尾声部分还画出了现代管理思想梗概框图,为学习者提供了方便,也为研究者提供了分析的逻辑框架。除此之外,雷恩还介绍了在管理思想上做出了重大贡献的学者的观点,举出了大量的实例反映社会文化变迁对管理思想变化的影响。此书为希望学习、了解人类组织管理思想演变的读者提供了很好的读本。

二、《管理百年》

《管理百年》(The Management Century)是英国学者斯图尔特·克雷纳(Stuart Crainer)撰写、2000 年由约翰·威利父子公司出版的管理思想史著作。

《管理百年》由前言和11章构成。其前言对管理学的发展历史进行了概括和总结。该书前10章是以十年为跨度撰写的,每章由正文和管理百年表组成,正文偏重于对管理思想、理论的介绍,而管理百年表则以大事记的形式介绍了涉及管理问题的重大事件。

克雷纳对管理思想发展的描述和总结,使人们在被美国管理学者垄断的学术领域中看到了不同的观点,虽然该书的一些观点受到了批评,但学术争论中兼听则明是需要的。

三、《看得见的手:美国企业的管理革命》

《看得见的手:美国企业的管理革命》(*The Visible Hand*:*The Managerial Revolution in American Business*)由美国企业史学家小艾尔弗雷德·钱德勒撰写,由哈佛大学贝尔纳普出版社于1977年出版。

该著偏重于对美国这个管理学科的主要发源地和管理学科教学、研究重地的企业发展历史的回顾,展现了美国企业发展的历程,也为研究管理思想、理论的发展提供了研究的素材,更为诸如现代企业的产生过程、产生条件的研究提供了丰富、翔实的材料。该书可以作为管理学领域高年级本科生、研究生和青年教师学习的参考读物。

第四节 管理学研究方法的重要著作

在中国,管理学科重视和使用科学的研究方法始自20世纪90年代后期,这是中国管理学与国际接轨和实现科学化的重要标志,也是中国管理学学科走向成熟的标志之一。本节介绍目前使用较为普遍的两种著作。

一、《管理研究方法》

《管理研究方法》是由李怀祖撰写,1999年由西安交通大学出版社出版。2002年该书被教育部研究生工作办公室推荐为全国研究生教学用书,并于2004年发行了第二版。

《管理研究方法》的特点是内容较为全面,结构简单,易于学习。其作者在大学指导研究生多年,因而其对管理研究方法的介绍多结合研究生在学

习、运用管理研究方法时易出现的问题进行指导、分析和帮助,针对性较强。

二、《组织与管理研究的实证方法》

《组织与管理研究的实证方法》由陈晓萍、徐淑英、樊景立担任主编,于2008年首次出版,2012年发行了第二版。

该著的目的是通过管理学科学研究方法的介绍,让更多的中国管理学研究者了解世界顶级管理学期刊对科学研究的规范要求,因而其起点较高,对希望全面掌握管理学科学研究方法,特别是希望在世界较好的管理学学术期刊上发表论文的研究者而言,是很好的读本。

北京大学出版社教育出版中心
部分重点图书

一、北大高等教育文库·大学之道丛书

大学的理念	［英］亨利·纽曼
德国古典大学观及其对中国的影响（第三版）	陈洪捷
哈佛，谁说了算	［美］理查德·布瑞德利
美国大学之魂（第二版）	［美］乔治·M. 马斯登
大学理念重审：与纽曼对话	［美］雅罗斯拉夫·帕利坎
什么是博雅教育	［美］布鲁斯·金博尔
美国文理学院的兴衰——凯尼恩学院纪实	［美］P. E. 克鲁格
营利性大学的崛起	［美］理查德·鲁克
学术部落及其领地：当代学术界生态揭秘（第二版）	［英］托尼·比彻等
大学如何应对市场化压力	［美］埃里克·古尔德
美国现代大学的崛起（第二版）	［美］劳伦斯·维赛
大学的逻辑（第三版）	张维迎
我的科大十年（续集）	孔宪铎
教育的终结——大学何以放弃了对人生意义的追求	［美］安东尼·克龙曼
哈佛通识教育红皮书	［美］哈佛委员会
知识社会中的大学	［美］杰勒德·德兰迪
高等教育理念	［美］罗纳德·巴尼特
美国大学时代的学术自由	［美］罗杰·盖格
高等教育何以为"高"——牛津导师制教学反思	［英］大卫·帕尔菲曼
美国高等教育通史	［美］亚瑟·科恩
现代大学及其图新	［英］谢尔顿·罗斯布莱特
印度理工学院的精英们	［印度］桑迪潘·德布
麻省理工学院如何追求卓越	［美］查尔斯·韦斯特
后现代大学来临	［英］安东尼·史密斯 弗兰克·韦伯斯特
高等教育的未来	［美］弗兰克·纽曼
学术资本主义	［美］希拉·斯劳特等
美国公立大学的未来	［美］詹姆斯·杜德斯达等
21世纪的大学	［美］詹姆斯·杜德斯达
理性捍卫大学	眭依凡
美国高等教育质量认证与评估	［美］美国中部州高等教育委员会
大学之用（第五版）	［美］克拉克·克尔
废墟中的大学	［加拿大］比尔·雷丁斯
高等教育市场化的底线	［美］大卫·L. 科伯

世界一流大学的管理之道——大学管理决策与高等教育研究　　程星
美国的大学治理　　［美］罗纳德·G.艾伦伯格

二、21世纪高校教师职业发展读本

教授是怎样炼成的　　［美］唐纳德·吴尔夫
给大学新教员的建议（第二版）　　［美］罗伯特·博伊斯
学术界的生存智慧（第二版）　　［美］约翰·达利等
如何成为卓越的大学教师（第二版）　　［美］肯·贝恩
给研究生导师的建议　　［英］萨拉·德兰蒙特等
如何提高学生学习质量　　［英］迈克尔·普洛瑟等

三、北大高等教育文库·学术规范与研究方法丛书

如何成为优秀的研究生（英文影印版）　　［美］戴尔·F.布鲁姆等
如何撰写与发表社会科学论文：国际刊物指南（第二版）　　蔡今中
给研究生的学术建议　　［英］戈登·鲁格
　　玛丽安·彼得
社会科学研究的基本规则（第四版）　　［英］朱迪思·贝尔
如何查找文献（第二版）　　［英］莎莉·拉姆奇
如何写好科研项目申请书　　［美］安德鲁·弗里德兰德
　　卡罗尔·弗尔特
高等教育研究：进展与方法　　［美］马尔科姆·泰特
教育研究方法：实用指南（第二版）　　［美］乔伊斯·P.高尔等
如何进行跨学科研究　　［美］艾伦·瑞普克
社会科学研究方法100问　　［美］尼尔·萨尔金德
如何利用互联网做研究　　［爱尔兰］尼奥·欧·杜恰泰
如何成为学术论文写作高手　　［美］史蒂夫·华莱士
　　——针对华人作者的18周技能强化训练
参加国际学术会议必须要做的那些事　　［美］史蒂夫·华莱士
　　——给华人作者的特别忠告
做好社会研究的10个关键　　［英］马丁·丹斯考姆
法律实证研究方法（第二版）　　白建军
传播学定性研究方法（第二版）　　李琨
生命科学论文写作指南　　［加拿大］白青云
学位论文写作与学术规范　　肖东发　李武

四、北大开放教育文丛

西方的四种文化　　［美］约翰·W.奥马利
人文主义教育经典文选　　［美］G.W.凯林道夫
教育究竟是什么？——100位思想家论教育　　［英］乔伊·帕尔默
教育：让人成为人——西方大思想家论人文和科学教育　　杨自伍
我们教育制度的未来　　［德］尼采
透视澳大利亚教育　　［澳］耿华
道尔顿教育计划（修订本）　　［美］海伦·帕克赫斯特

五、科学元典丛书

天体运行论	［波兰］哥白尼
关于托勒密和哥白尼两大世界体系的对话	［意］伽利略
心血运动论	［英］威廉·哈维
薛定谔讲演录	［奥地利］薛定谔
自然哲学之数学原理	［英］牛顿
牛顿光学	［英］牛顿
惠更斯光论（附《惠更斯评传》）	［荷兰］惠更斯
怀疑的化学家	［英］波义耳
化学哲学新体系	［英］道尔顿
控制论	［美］维纳
海陆的起源	［德］魏格纳
物种起源（增订版）	［英］达尔文
热的解析理论	［法］傅立叶
化学基础论	［法］拉瓦锡
笛卡儿几何	［法］笛卡儿
狭义与广义相对论浅说	［美］爱因斯坦
人类在自然界的位置（全译本）	［英］赫胥黎
基因论	［美］摩尔根
进化论与伦理学（全译本）（附《天演论》）	［英］赫胥黎
从存在到演化	［比利时］普里戈金
地质学原理	［英］莱伊尔
人类的由来及性选择	［英］达尔文
希尔伯特几何基础	［俄］希尔伯特
人类和动物的表情	［英］达尔文
条件反射：动物高级神经活动	［俄］巴甫洛夫
电磁通论	［英］麦克斯韦
居里夫人文选	［法］玛丽·居里
计算机与人脑	［美］冯·诺伊曼
人有人的用处——控制论与社会	［美］维纳
李比希文选	［德］李比希
世界的和谐	［德］开普勒
遗传学经典文选	［奥地利］孟德尔等
德布罗意文选	［法］德布罗意
行为主义	［美］华生
人类与动物心理学讲义	［德］冯特
心理学原理	［美］詹姆斯
大脑两半球机能讲义	［俄］巴甫洛夫
相对论的意义	［美］爱因斯坦
关于两门新科学的对谈	［意大利］伽利略
玻尔讲演录	［丹麦］玻尔
动物和植物在家养下的变异	［英］达尔文

攀援植物的运动和习性	[英]达尔文
食虫植物	[英]达尔文
宇宙发展史概论	[德]康德
兰科植物的受精	[英]达尔文
星云世界	[美]哈勃
费米讲演录	[美]费米
宇宙体系	[英]牛顿
对称	[德]外尔
植物的运动本领	[英]达尔文
博弈论与经济行为(60周年纪念版)	[美]冯·诺伊曼 摩根斯坦
生命是什么(附《我的世界观》)	[奥地利]薛定谔
同种植物的不同花型	[英]达尔文
生命的奇迹	[德]海克尔

六、其他好书

苏格拉底之道:向史上最伟大的导师学习	[美]罗纳德·格罗斯
大学章程(精装本五卷七册)	张国有
未来的学校:变革的目标与路径	[英]路易斯·斯托尔等
教学的魅力:北大名师谈教学(第一辑)	郭九苓
科研道德:倡导负责行为	美国医学科学院、美国科学三院国家科研委员会
国立西南联合大学校史(修订版)	西南联合大学北京校友会
我读天下无字书(增订版)	丁学良
大学与学术	韩水法
科学的旅程(珍藏版)	[美]雷·斯潘根贝格 [美]黛安娜·莫泽
科学与中国(套装)	白春礼等
如何成为卓越的大学生	[美]肯·贝恩
世界上最美最美的图书馆	[法]博塞等
中国社会科学离科学有多远	乔晓春
道德机器:如何让机器人明辨是非	[美]瓦拉赫等
彩绘唐诗画谱	(明)黄凤池
彩绘宋词画谱	(明)汪氏
如何临摹历代名家山水画	刘松岩
芥子园画谱临摹技法	刘松岩
南画十六家技法详解	刘松岩
明清文人山水画小品临习步骤详解	刘松岩
西方博物学文化	刘华杰
物理学之美(彩图珍藏版)	杨建邺
杜威思想在中国	张斌贤 刘云杉